촘스
키,

Noam
Chomsky

만들어진
세계

우리가
만들어갈
미래

촘스키, 만들어진 세계 우리가 만들어갈 미래
미국이 쓴 착한 사마리아인의 탈을 벗기다

지은이 | 노엄 촘스키
옮긴이 | 강주헌
펴낸이 | 김성실
기획편집 | 이소영 · 박성훈 · 김하현 · 김성은 · 김선미
마케팅 | 곽흥규 · 김남숙
인쇄 | 삼광프린팅
제책 | 바다제책사

초판 1쇄 | 2014년 1월 6일 펴냄
초판 2쇄 | 2014년 7월 28일 펴냄

펴낸곳 | 시대의창
출판등록 | 제10-1756호(1999. 5. 11.)
주소 | 121-816 서울시 마포구 연희로 19-1 4층
전화 | 편집부 (02) 335-6125, 영업부 (02) 335-6121
팩스 | (02) 325-5607
이메일 | sidaebooks@daum.net

ISBN 978-89-5940-280-9 (03300)

책값은 뒤표지에 있습니다.
잘못된 책은 바꾸어드립니다.

Making the Future
by Noam Chomsky
Copyright (c) 2010 Noam Chomsky
First printed in North America by Open Media / City Lights

Korean translation copyright (c) 2014 Window of Times
Korean edition was arranged with Noam Chomsky c/o Roam Agency, USA
through Best Literary & Rights Agency, Korea
All rights reserved.

이 도서의 국립중앙도서관 출판시도서목록(CIP)은
서지정보유통지원시스템 홈페이지(http://seoji.nl.go.kr)와
국가자료공동목록시스템(http://www.nl.go.kr/kolisnet)에서 이용하실 수 있습니다.
(CIP제어번호: CIP2013026063)

촘스키,
Noam Chomsky

만들어진 세계
미국이 쓴
착한 사마리아인의
탈을 벗기다

우리가 만들어갈 미래

노엄 촘스키 지음 | **강주헌** 옮김

시대의창

일러두기

*본문에 달린 주는 모두 옮긴이 주이다.
* '중동'은 유럽 관점에서 아시아를 볼 때 '극동'과 '근동'의 중간 지역을 지칭하는 말이어서 최근에는
'서아시아(서남아시아)'로 바꾸어 쓰는 움직임이 있다. 하지만 '서아시아(서남아시아)'는 정확히 어느
나라를 포함하는지 분명하지 않고, '중동'은 유럽뿐만 아니라 범영어권에서도 'Middle East'라는 용어
로 사용될 만큼 고유명사화된 개념이며, 이 책에서는 특히 미국과 오랜 세월 대립각을 세우며 갈등해
온 지역을 지칭하는 의미로 쓰이므로 '중동'이라 표기했다.

우리는 지금 제국입니다. 우리는 행동할 때마다 우리의 실체를 만들어냅니다. 여러분이 그 실체를 연구하는 동안, 사려 깊게 연구하는 동안, 우리는 다시 행동하며 새로운 다른 실체를 만들어내고, 여러분은 다시 그 실체를 연구합니다. 세상은 이런 식으로 굴러갑니다. 우리는 역사를 만들어가는 주역들입니다. …… 우리가 무엇을 하는지 연구할 책임은 여러분, 여러분 모두의 몫입니다.

— 조지 W. 부시 전 대통령의 수석 보좌관, 《뉴욕타임스》, 2004. 10. 17.

미래를 위하여

존 스티크니John Stickney
《뉴욕타임스》 신디케이트 선임 편집자

누가, 무엇이 미래를 만들까?

이 책의 제목은 조지 W. 부시George W. Bush 대통령 수석 보좌관의 세계관을 인용한 제사題詞와 관계가 있다. "우리는 지금 제국입니다. 우리는 행동할 때마다 우리의 실체를 만들어냅니다. 여러분이 그 실체를 연구하는 동안, 사려 깊게 연구하는 동안, 우리는 다시 행동하며 새로운 다른 실체를 만들어내고, 여러분은 다시 그 실체를 연구합니다. 세상은 이런 식으로 굴러갑니다. 우리는 역사를 만들어가는 주역들입니다. …… 우리가 무엇을 하는지 연구할 책임은 여러분, 여러분 모두의 몫입니다."•

'역사를 만들어가는 주역들'은 불운한 탓인지, 노엄 촘스키처럼 아는 것도 많고 끈질기며 글솜씨까지 뛰어나고 좀처럼 굽히지 않는 관찰자

• 조지 W. 부시 대통령의 비서실 부실장과 정치고문을 지낸 칼 로브Karl Rove의 말로 밝혀졌다.

가 바로 옆에서 지켜보며 '우리가 무엇을 하는지 연구'하고 있다.

이 책의 편집을 끝냈을 즈음, 수석 보좌관의 말이 거짓임을 보여주는 사건들이 터졌다. '점령하라Occupy' 운동이 전 세계로 들불처럼 퍼져 나갔고, 촘스키가 이 책에서 폭로한 무도한 행위들, 즉 불평등과 시민권 박탈, 공직자들의 오만과 기만으로 인해 더욱 뜨겁게 타올랐다.

촘스키는 2011년 10월 22일 '보스턴을 점령하라' 시위대 앞에서 "나는 이곳은 물론 세계 전역에서, 규모와 특징에서 '점령하라' 운동과 같은 조직을 여태껏 본 적이 없습니다. '점령하라' 운동이 만들어가려는 협동조합식의 공동체만이 우리 앞을 가로막는 장벽을 허물고, 이미 꿈틀대기 시작한 반발을 극복하는 데 반드시 필요한 지속적인 조직을 건설하는 기초가 될 것입니다"라고 말했다.

촘스키가 《뉴욕타임스The New York Times》 신디케이트에 매달 기고한 칼럼의 방향도 크게 다르지 않다. 《촘스키, 만들어진 세계 우리가 만들어갈 미래Making the Future: Occupations, Interventions, Empire and Resistance》는 《촘스키, 우리가 모르는 미국 그리고 세계Interventions》에 이어 두 번째로 이 칼럼들을 모은 책이다. 2007년에 출간(한국어판은 2008년 출간)된 《촘스키, 우리가 모르는 미국 그리고 세계》는 2009년 관타나모 수용소에서 반입을 거부당했다.

캐럴 로젠버그Carol Rosenberg가 《마이애미 헤럴드Miami Herald》에 기고했듯이, 펜타곤 측 변호사가 아랍어판 《촘스키, 우리가 모르는 미국 그리고 세계》를 한 억류자에게 보냈지만, 미군에 의해 반입을 거부당했다. 그때 촘스키는 로젠버그 기자에게 "이런 만행은 전체주의 체제에서나 간혹 일어날 사건입니다. 그들이 내 책을 거부한 것은 내 책의 성격과도 적잖은 관계가 있을 겁니다. 내가 《뉴욕타임스》 신디케이트에 기고해서 신디케이트가 배포한 기명 칼럼을 모은 책이거든요. 미국이 기초까지 썩어버린 게 확실합니다"라는 이메일을 보냈다.

나는 촘스키의 칼럼을 편집했다. 촘스키의 칼럼은 신디케이트 편집자들이 9·11 사태 1주년을 맞아 적절한 논평을 물색하던 때 시작되었다. 더구나 촘스키가 2001년 10월에 발표한 《촘스키, 9—11$^{9·11}$》이 베스트셀러가 된 터여서, 촘스키만큼 9·11 사태를 정확하게 평가해줄 적임자는 없었다.

신디케이트에 기고한 촘스키의 첫 기명 칼럼, 〈왜 그들은 미국을 미워하는가$^{9·11: Lessons\ Unlearned}$〉에 대한 독자의 호응은 대단했다. 특히 해외 독자들이 뜨거운 박수를 보냈다. 하지만 촘스키의 글은 국내 주류 언론에게 거의 외면당했다. 그가 '범세계적인 패권국'이라 칭하는 국가에 대해 강경한 입장을 굽히지 않기 때문이라 여겨진다. 그러나 그의 목소리는 국경을 넘어 전 세계로 퍼져 나갔다. 따라서 칼럼을 계속 기고하지 않을 이유가 없었다.

이 책에 수록된 칼럼들을 하나로 모으면, 2007년 이후 미래를 만들어간 사건들 — 아프가니스탄과 이라크에서의 전쟁, 미국 대통령 선거전, 욱일승천하는 중국의 기세, 라틴아메리카의 좌경화, 이란과 북한의 핵확산 위협, 이스라엘의 가자 지구 침략 및 예루살렘과 요르단 강 서안 지구(이하 서안 지구)에서의 정착지 확대, 기후변화의 폐해, 세계 금융 위기, 아랍의 봄, 오사마 빈라덴$^{Osama\ bin\ Laden}$의 죽음, '점령하라' 운동의 저항 — 의 역사적 기록이 된다.

흔히 그렇듯이, 촘스키의 칼럼은 사건의 발생을 정확히 예측하기도

한다. 2011년 8월의 칼럼, 〈쇠락하는 미국^{America in Decline}〉은 '점령하라' 운동의 전제를 예언하며 "[1970년대 이후] 그 결과로 빚어진 부의 집중은 정치권력을 강화시켰고, 이를 바탕으로 국민 1퍼센트 가운데 최상위 일부가 부를 거의 독식한 반면에 대다수 국민의 실질임금은 정체되는 악순환이 가속화되었다"라고 말했다.

모든 면에서 촘스키는 '민중 지식인'이라는 이름에 부끄럽지 않게 살아간다. 그는 끊임없이 이곳저곳을 다니며 강연에 열중한다. 때로는 대학 캠퍼스에서 많은 청중을 상대로 시사 문제를 강연하고, 때로는 소규모 모임에 참석해 본업인 언어학을 강의한다. 촘스키의 강연에서 빼놓을 수 없는 특징은 강연이 끝난 후에 갖는 질의응답 시간이다. 그 시간은 자유분방하게 진행되어, 주최자들이 촘스키의 다음 스케줄을 위해 청중의 질문을 끊어야 할 정도이다.

촘스키는 세계 전역의 잡지들과도 자주 인터뷰하며, 이메일에도 거의 빠짐없이 답장한다. 그런 와중에도 주류 언론들, 학술지와 블로그, 미국을 비롯한 세계 전역에서 발간된 서적들까지 엄청나게 많은 글을 읽는다. MIT(매사추세츠 공과대학교) 내 그의 연구실은 프랭크 게리^{Frank Gehry}가 설계한 건물에 있다. 벽이 안쪽으로 기운 까닭에 촘스키 책상 위에는 책들이 옆으로 뉘인 채 차곡차곡 쌓여 있다.

촘스키는 끝 부분에 깊이 감춰져 있는 가장 흥미로운 구절을 찾아낼 때까지 집요하게 신문 기사를 읽는다. 이런 습관 덕분에 이름을 밝히지 않은 부시 보좌관의 말을 인용할 수 있었다.

기명 칼럼을 모은 이 책에서는 촘스키가 '보스턴을 점령하라' 운동에서 보여주었던 것과 같은 민중과의 교감을 엿볼 수 있다. 강연, 질문에 대한 대답 및 끝없는 독서가 그의 칼럼과 책에 녹아들어 있으며, 또 칼럼과 책에 쓴 내용을 청중들에게 쉽게 풀어 말한다. 따라서 청중들과 나눈 대화가 촘스키의 발언에 영향을 미친다.

2009년 7월에 쓴 칼럼, 〈평화를 위해서 전쟁을 한다?Making War to Bring Peace〉에서 촘스키는 그달에 유엔 총회에서 행한 연설을 되짚었다. 공개 토론회의 토론자로 참석한 촘스키는 평소와 달리 넥타이까지 매고, '보호 책임' 혹은 R2P라고 알려진 정책에 대한 생각을 거침없이 내뱉었다. 당연히 토론자들의 질문과 항의가 빗발쳤다.

거리낌 없는 비판 때문에 촘스키는 위험에 처하기도 한다. 2010년 비르자이트 대학교에서 강연을 하려고 요르단에서 서안 지구로 가던 촘스키를 이스라엘 관리들이 국경에서 막아 세웠다. 그래도 촘스키는 비르자이트 강연을 해냈다. 영상으로!

어디에서나 촘스키는 나를 비롯해 그의 책을 편집하려는 편집자들에게 시달린다. 여행에 지치고, 시차로 피로함에도 불구하고 촘스키는 마감 시간에 맞추어 기명 칼럼을 쓴다. 그 때문에 자정을 넘기기 일쑤지만, 학자답게 치밀하게 조사하고 주석까지 덧붙인다. 그러고 나서 원고를 편집자에게 보낸다. 편집자는 그의 칼럼을 읽으며 세심하고 빈틈없이 정확한 글에 감탄하며 그에게 경의를 표한다.

'보스턴을 점령하라' 집회에서 한 강연에서 촘스키는 시위자들에게 정보에 근거한 행동을 촉구하며 이렇게 말했다. "카를 마르크스Karl Marx는 '우리에게 주어진 과제는 세상을 이해하는 데 그치지 않고 세상을 변화시키는 것'이라고 말했습니다. 이와 관련해서 또 하나 잊지 말아야 할 것은, 세상을 변화시키려 한다면 세상을 제대로 이해하려는 노력이 있어야 한다는 것입니다. 세상을 이해하라는 건 단순히 강연을 듣고 책을 읽으라는 뜻이 아닙니다. 물론 강연과 책이 때로는 도움이 되겠지만, 세상을 이해하라는 건 참여를 통해 배우라는 뜻입니다. 다른 사람들에게서 배워야 합니다. 우리가 조직화하려는 민중에게도 배워야 합니다. 미래로 나아갈 방법을 계획해서 실행하기 위해서는 세상을 경험하고 이해할 수 있어야 합니다."

촘스키의 생각, 또 촘스키가 이 책에서 역설하는 것은 미래를 만들어가는 과업을 남에게 맡기지 말고 직접 떠안으라는 것이다.

차례

속고 속이는 **진실 게임**: 미국에 **민주주의**는 없다

세계 최강대국 타이틀전

착한
사마리아인의
탈을 쓴
전쟁광의
질주

북한의 위협, 북한과의 대화와 바람직한 합의

우리가 누군가를 위협하면 그는 방어 태세를 갖추기 마련이다. 반면에 우리가 선의의 손길을 뻗으면 그도 화답의 손을 내밀 것이다. 이것은 인간사에서나 세상사에서나 자명한 이치이다.

여기에 딱 들어맞는 예가 오랫동안 비틀린 미국과 북한 간의 관계이다. 일례로 2002년 부시 대통령이 북한을 '악의 축' 중 하나로 지목하자, 북한은 플루토늄 폭탄을 개발하며 즉각적인 위협을 가해왔다. 워싱턴이 북한을 비난함으로써 그토록 경계하던 북한의 위협을 자초한 셈이었다.

이라크와 달리, 북한은 자체 방어 능력을 갖추었다. 엄청난 수의 대포가 서울과 비무장지대 근처의 미군을 겨냥하고 있다는 게 증거이다. 게다가 북한이 핵무기를 보유하기 위해 핵물질을 축적하기 시작하면서 위협의 강도가 훨씬 높아졌다.

그 후 2007년 2월 베이징에서 미국과 북한 이외에 중국과 일본, 러시아와 한국이 참여한 다자회담이 열렸다. 며칠 후 평양과 워싱턴의 태도가 완전히 달라졌고, 회담은 고무적인 결과를 내놓았다. 북한이 회유책에 화답하며, 핵시설을 해체하고 핵감시단의 방북을 허용하기로 합의했기 때문이다.

부시 행정부는 다자회담이 성공적이었다고 발표했다. 세계 공동체로부터 고립되어 정권까지 교체될 처지에 놓인 북한이 패배를 인정했다는 견해가 있었지만, 실제로는 그렇지 않다. 작금의 현상을 정확히 분석하면, 북한에서 비롯된 위기나 그와 유사한 다른 위기들을 해소할 수 있는 방향을 짐작할 수 있다.

작년(2006년) 10월, 북한은 중국 국경 근처의 산악 지대에서 핵실험을 감행했다. 겉으로는 실패로 보였지만, 세계를 핵 아마겟돈으로 한 발짝 더 가까이 밀어넣기에 충분한 폭발력이었다. 작년 7월, 북한은 장거리 미사일 실험을 다시 시작했다. 역시 실패로 끝났지만, 언젠가는 상당한 폭발력을 지닌 핵탄두를 싣고 장거리 미사일을 발사할 수 있을 거라는 불길한 신호가 아닐 수 없다. 북한의 핵실험과 미사일 발사도 부시 행정부의 찬란한 업적에 덧붙여져야 마땅할 것이다.

동북아시아 지역 핵외교 분야에서 최고 전문가인 리언 시걸Leon V. Sigal이 상황을 깔끔하게 정리해주었다. 시걸은 2006년 11월 《커런트 히스토리Current History》에 기고한 글에서 "부시 대통령이 취임했을 때 북한은 장거리 미사일 실험을 중단한 지 오래였다. 또한 한두 개의 핵탄두를 제작할 플루토늄밖에 보유하지 않았다. 그 이상을 제작할 수 없다는 게 입증된 상태였다. 그런데 6년이 지난 지금, 북한은 8~10개의 핵탄두를 제작할 수 있는 플루토늄을 보유하고 있으며, 장거리 미사일 실험을 재개했다. 게다가 핵실험도 거리낌 없이 감행할 듯하다"라고 말했다.

시걸은 기록을 바탕으로 "평양은 줄곧 맞대응하는 식으로—워싱턴이 협력하면 화답하고, 워싱턴이 약속을 저버리면 보복하는 식으로—적대 관계를 종식시키려 했다"라고 결론지었다.

협력의 예는 10여 년 전에도 있었다. 클린턴^{Bill Clinton} 행정부는 적극적이지는 않았지만 머뭇거리며 북한과 정치적이고 경제적인 관계를 정상화하고, 비^非핵보유국가로서 북한의 안정을 보장하려는 절차를 시작했다. 1994년 북한은 우라늄을 농축하지 않겠다고 약속하며 클린턴 행정부의 노력에 화답했다.

그 후, 2002년 부시가 '악의 축'을 거론하며 호전적인 태도를 보이자 북한은 예상된 반응을 보였다. 북한은 미사일과 핵무기 개발로 돌아서며, 유엔 감시단을 추방하고 핵확산금지조약^{NPT, Nuclear Non-Proliferation Treaty}에서 탈퇴했다.

하지만 부시 행정부는 아시아 국가들의 압력하에 결국 회담에 참여해, 2005년 9월 "북한은 경수로 개발을 위한 국제 원조와 미국의 불가침 서약을 대가로 모든 핵무기와 기존의 핵개발 프로그램을 포기하며 감시단의 입국을 허용한다"라는 합의를 끌어냈다. 그 합의에 따르면, "미국과 북한은 상대방의 주권을 존중하고 평화적으로 공존하며, 관계 정상화를 위한 단계적 조치"를 취해야 했다. 합의대로 시행되었더라면 북한의 핵실험이나, 핵전쟁이 일촉즉발할 상황까지 치닫는 양국 간의 긴장은 없었을 것이다.

같은 시기에 이란에게 그랬듯이, 부시 행정부는 합의를 즉각 무시하며 외교적 해결보다 대결 국면을 선택했다. 예컨대 경수로를 제공하기 위해 구성된 국제 컨소시엄을 해체했을 뿐 아니라 무력 위협을 재개하는 동시에 은행들에게는 북한의 해외 계좌를 동결하라는 압력을 가했다. 북한이 은행을 이용해서 불법 송금을 일삼고 달러를 위조한다는 이유를 들었지만, 증거는 엉성하기 그지없었다.

2007년 2월, 뉴질랜드의 언론인 애나 파이필드Anna Fifield는 《파이낸셜 타임스Financial Times》에서 "북한 체제에 대한 국제사회의 압력이 가중되고, 호전적이던 미국 정부가 '악의 축' 중 하나와 관계를 개선하는 방향으로 태도를 바꾸면서, 오랫동안 끝장났다고 여겨지던 과정에 숨통이 트였다"라고 말했다.

이번에 도출한 새로운 합의는 워싱턴이 2005년에 고의적으로 무산시킨 합의와 유사하다. 게다가 새로운 합의를 체결한 직후, 워싱턴은 2002년에 불확실한 증거를 근거로 북한을 '악의 축'이라 비난했던 것을 인정하기도 했다. 부시 행정부는 뻔한 사실을 이라크 정책에 끼워맞춘 전례가 있어, 북한에 대한 정보도 왜곡해서 해석했을 가능성이 크다.

데이비드 생어David E. Sanger와 윌리엄 브로드William J. Broad는 《뉴욕타임스》에서 "새로운 평가가 지금 발표되는 이유는 명확하지 않다"라며 "하지만 몇몇 공무원이 말했듯이, 북한이 최근 국제 무기 감시단에게 다시 문을 열겠다고 합의한 사실과 관계가 있는 것으로 보인다. 그 결과로 정보기관들은 그들의 평가가 현장에서 실제로 확인되는 것과 비교될 가능성에 직면하고 말았다"라고 썼다.

리언 시걸이 말했듯이, 보답과 보복, 대화와 위협이라는 순환에서 배워야 할 교훈은 "외교가 선의로 행해지면 효과가 있다"는 것이다.

2007년 4월 2일

토르티야 전쟁

이른바 국제 질서를 결정하는 역학 관계를 싫어도 받아들일 수밖에 없는 처지에 있는 사람들에게는 그 국제 질서에서 비롯되는 혼란이 고통일 수 있다.

그렇잖아도 변덕스러운 국제 상황에 토르티야°까지 끼어들었다. 얼마 전, 멕시코의 많은 지역에서 토르티야 가격이 50퍼센트나 훌쩍 뛰었다. 2007년 1월, 멕시코시티에서는 수만 명의 노동자와 농민이 도심 한복판에 있는 소칼로 광장에 집결해 천정부지로 뛰는 토르티야값에 항의했다.

이에 펠리페 칼데론^{Felipe Calderon} 대통령 정부는 멕시코 생산자 및 소매업자 들과 협상을 벌여 토르티야와 옥수수 가루의 가격을 억제하기로 합의를 보았지만, 임시방편에 불과할 가능성이 크다.

● 둥글고 얇게 구운 멕시코의 옥수수빵.

멕시코 노동자들과 가난한 사람들에게 주식이나 다름없는 토르티야 가격이 상승한 원인에는, 주된 유전이 온갖 이해관계가 충돌하는 지역에 집중된 까닭에 석유를 대체할 에너지원으로 옥수수 에탄올을 선택한 미국의 정책도 큰 몫을 차지한다.

미국에서도 옥수수 에탄올 정책으로 곡물, 가축, 가금 등 광범위한 부분에서 식품값이 치솟았다. 물론, 중동의 불안정한 상황과 미국 가정의 식료품값 사이에는 직접적인 관계가 없다. 그러나 모든 국제무역이 그렇듯이, 힘이 균형을 무너뜨린다. 미국 외교정책의 주된 목표는 오래전부터, 미국 기업이 시장과 자원 및 투자 기회에 자유롭게 접근할 수 있는 국제 질서를 만들어가는 것이다. 이런 목표는 흔히 '자유무역'이란 이름으로 미화되지만, 조금만 조사해보면 금세 거짓말인 게 밝혀진다.

세계 지배의 선배인 영국이 150년간의 국가 간섭과 폭력으로 어떤 경쟁국보다 월등한 산업력을 구축했던 19세기 후반에 제한적인 자유무역을 받아들이며 예상했던 것과 크게 다르지 않다. 미국은 영국의 전례를 거의 그대로 따랐다. 일반적으로, 강대국은 자국에게 경제적으로 이익이라고 확신할 때 기꺼이 제한된 자유무역에 달려든다. 이런 원칙은 예나 지금이나 국제 질서의 주된 특징이다.

에탄올 생산이 이 원칙에 딱 맞아떨어진다. 농업경제학자 포드 런지Ford Runge와 벤저민 시나우어Benjamin Senauer는 《포린 어페어스Foreign Affairs》의 최근 호에서 "생물연료 산업은 오래전부터 시장의 힘이 아니라 소수 대기업의 이익과 정치가 지배해왔다"라고 지적했다. 에탄올 연료를 생산하는 아처 대니얼스 미들랜드Archer Daniels Midland 사가 대표적인 예이다. 요컨대 미국에서 에탄올 생산은 대대적인 정부 보조금과, 훨씬 값싸고 효율적인 브라질산 사탕수수 에탄올의 수입을 차단하려고 부과한 턱없이 높은 관세 덕분에 가능한 것이다.

2007년 3월, 부시 대통령이 라틴아메리카 순방에 나섰을 때 에탄올 공동 생산을 위한 브라질과의 협상이 주된 순방 성과일 거라는 예상이 있었다. 그러나 부시는 관례대로 다른 국가들에게는 자유무역의 타당성을 역설하면서도 미국 생산자를 보호하기 위한 높은 관세와 해당 산업에 대한 정부의 보조금을 포기하지는 않을 거라고 힘주어 말했다.

납세자의 돈으로 농업 부문에 엄청난 액수의 보조금을 쏟아부었지만, 옥수수와 토르티야의 가격은 급격히 치솟았다. 옥수수를 미국에서 수입해 산업용으로 개발하는 기업들이 토르티야를 만드는 데 사용하는 값싼 멕시코산 옥수수를 대거 구입하는 바람에 옥수수값이 상승한 것이다.

미국의 주도로 1994년부터 발효된 북미자유무역협정(이하 NAFTA)도 토르티야 가격 상승에 중대한 역할을 한 듯하다. 애초부터 불평등한 조건에서 시행된 NAFTA 때문에 미국 정부의 막대한 지원을 받은 미국 농식품이 멕시코를 뒤덮자, 멕시코 농부들은 정든 땅을 떠나야만 했다.

멕시코 경제학자 카를로스 살라스Carlos Salas는 통계자료를 면밀히 분석한 끝에, 농업 부문의 고용이 1993년까지는 완만하게 증가했지만 NAFTA가 발효된 후로 떨어지기 시작했다는 걸 객관적으로 입증해 보였다. 특히 옥수수 생산자가 급격히 줄어들었다. 살라스뿐만 아니라 다른 경제학자들도 한목소리로 NAFTA의 직접적인 영향이었다고 결론지었다. NAFTA가 발효된 이후로, 멕시코 농업인구가 6분의 1이나 줄어들었다. 농업인구의 이동은 지금도 계속되며 다른 경제 부문의 임금을 하락시키는 요인이 되었고, 미국으로 불법 이주하는 사람들도 늘어났다. 멕시코 농민단체 카르데니스타 농민 연대Central Campesina Cardenista 사무총장 막스 코레아Max Correa는 "외국 생산자에게서 5톤의 농산물을 수입할 때마다 한 명의 농부가 이민 후보자가 된다"라고 한탄했다.

클린턴 대통령이 NAFTA의 시행과 동시에 과거에는 느슨하기 그지없던 멕시코 국경에 병력을 배치한 것도 우연만은 아닌 듯하다.

'자유무역' 체제에 따라 멕시코는 식량 자급국에서 미국의 수출에 의존하는 국가로 전락하고 말았다. 따라서 미국에서 기업 권력과 정부의 간섭으로 옥수수값이 상승하면, 누구라도 멕시코에서 주식과 관련된 식품값이 가파르게 상승할 것임을 예측할 수 있다.

런지와 시나우어의 판단에 따르면, 생물연료로 인해 전 세계에서 가난한 사람이 더욱 굶주리게 될 가능성이 크다. 그들의 주식이 혜택받은 사람들을 위한 에탄올 생산으로 전환되기 때문이다. 사하라 사막 이남에서 카사바*가 생물연료로 전환된다고 상상해보라. 그 결과는 생각만 해도 끔찍하다. 동남아시아에서도 생물연료로 사용할 기름야자나무를 재배하기 위해서 열대우림을 불태우며 파괴하고 있다. 미국에서도 옥수수 에탄올의 생산으로 인해 환경이 위협받고 있다.

토르티야의 가격 상승과 그보다 더 잔혹한 변덕스러운 국제 질서의 변화에서, 중동부터 미국의 중서부 지역까지 전 세계가 긴밀하게 연결되어 있음을 확인할 수 있다. 정부를 지배하는 까닭에 정부로부터 보호받고 보조금까지 받는 기업이 더 많은 이익을 탐하며 인간을 희생시키

• 남아메리카가 원산지인 뿌리식물로 고구마와 비슷하다.

는 무역 방식이 아니라, 국민들이 민주적으로 결정한 합의에 바탕을 둔
무역 방식을 화급히 구축해야 할 시점이다.

2007년 5월 9일

세계는 우리 것!

비문명적이고 야만적인 사회에서 정당의 기본 방침은 공개적으로 천명되고 반드시 준수되어야 한다. 사회 구성원들이 무엇을 믿느냐는 당사자의 문제일 뿐, 그다지 중요하지 않다.

국가가 힘으로 통제할 능력을 상실한 사회에서는 기본 방침이 공개적으로 선언되지 않는다. 이런 사회에서 기본 방침은 필요조건으로 전제된 것이어서, 암묵적으로 합의된 노선에 따라 설정된 범위 내에서 활발한 토론이 벌어진다.

야만적인 체제는 불신으로 이어지기 마련이다. 정교하게 변형된 모습이 개방적이고 자유로운 사회라는 인상을 풍기며, 기본 방침은 의심할 여지가 없는 것이고, 심지어 우리가 호흡하는 공기처럼 생각할 여지조차 없는 것이란 믿음을 사회 구성원들에게 주입시킨다.

워싱턴과 테헤란이 위험천만한 교착상태에서 벗어나지 못하는 이유도 두 기본 방침이 충돌하기 때문이다. 이란에 억류된 이란계 미국인

파르나즈 아지마Parnaz Azima와 할레 에스판디아리Haleh Esfandiari, 알리 샤케리Ali Shakeri와 키안 타즈바크시Kian Tajbakhsh가 이런 충돌의 직접적인 피해자라 할 수 있다. 그러나 전 세계가 미국과 이란의 충돌에 따른 볼모이며, 그 충돌의 발단은 누가 뭐라 해도 핵무기이다.

대부분의 미국인이 이라크에서 미군을 단계적으로 철수시키기를 촉구하고 있으며, 이라크 국민의 요구는 한층 더 격렬하다. 부시 대통령이 이런 여론을 무시하고 이라크에 군대를 증파하겠다고 발표한 후, 이란에 본부를 둔 전투원들과 이란에서 제작된 사제 폭탄이 고결한 승리를 쟁취하려는 워싱턴의 소명을 저지하려 한다는 불길한 정보가 흘러나온 것은 조금도 놀랍지 않다.

그리고 예측한 대로 토론이 뒤따랐다. 매파는 이라크의 내정을 간섭하려는 이란의 음모에 단호한 조치를 취해야 한다고 주장하고, 비둘기파는 확실한 증거를 먼저 확보해야 한다고 반박한다. 이런 식의 토론은 우리가 세계의 주인이라는 암묵적인 전제하에서만 가능한 것이다. 미국이 세계의 주인이기 때문에, 우리가 침략해서 점령한 나라에서 이루려는 목표를 방해하는 나라들의 간섭은 단호히 대처해야 한다.

미국에서 정권을 간신히 움켜잡은 흉악한 도당의 계획이 무엇일까? 딕 체니Dick Cheney 부통령의 보좌관들이 비공개를 전제로 밝힌 위협적인 진술에 관련된 보도에 따르면, 전쟁이 확대될 가능성이 무척 높다.

국제원자력기구IAEA, International Atomic Energy Agency 사무총장 무함마드 엘바라데이Mohamed ElBaradei는 2007년 5월 BBC와의 대담에서 "여러분 중 누구도 '가서 이란을 폭격하자'고 주장하는 새로운 미치광이들에게 힘을 실어주고 싶지는 않을 겁니다. 나는 매일 아침 눈을 뜨면 100명의 죄 없는 이라크 사람들이 죽어가는 걸 봅니다"라고 말했다.

미국 국무부 장관 콘돌리자 라이스Condoleezza Rice는 '새로운 미치광이들'과는 대조적으로 테헤란과의 외교적 해결을 위해 노력하는 듯하지만, 정당의 기본 방침은 달라지지 않고 그대로 유지된다. 2007년 4월, 라이스 국무장관은 이집트의 샤름 엘 셰이크에서 열릴 이라크 문제를 주제로 한 국제 회담에서 이란 측 대화 상대인 마누체르 모타키Manouchehr Mottaki 외무장관을 만나면 무엇이라 말할지 미국의 입장을 분명히 밝혔다. 라이스 국무장관은 "우리가 무엇을 해야만 하겠는가? 너무도 분명하다"라며 "외국 전투원들에게 무기 지원을 중단하라. 외국 전투원들이 이라크 국경을 넘지 못하게 하라"고 말하겠다고 덧붙였다. 물론 라이스 국무장관은 이란 전투원과 이란 무기를 지칭한 것이었다. 미국 전투원과 무기는 이라크에서는 물론이고 그 밖의 어디에서도 '외국'에 속한 것이 아니다.

라이스 장관의 발언, 더 나아가 이라크에 관련된 모든 공적 토론에는 우리가 세계의 주인이라는 암묵적인 전제가 깔려 있다. 우리에게는 다른 나라를 침략해서 파괴할 권리가 있지 않은가? 그렇다, 우리에게는 그럴 권리가 있다. 그 권리는 당연한 것이다. 병력의 증파가 효과가 있을 것인가? 혹시 다른 효과적인 전술은 없을까? 이런 것만이 문제이다. 이 재앙 때문에 우리는 너무 많은 대가를 치르고 있다. 드물게 예외적인 경우가 있지만 대통령 후보들 간의 토론, 의회, 언론 등에서 벌어지는 토론은 이런 한계를 벗어나지 못한다. 근본적인 쟁점은 논의조차 되지 않는다.

외교 문제와는 별개로 마무드 아마디네자드Mahmoud Ahmadinejad 이란 대통령의 가혹한 억압 정책과 선동적인 발언을 고려하면 테헤란은 혹독한 비난을 받아야 마땅하다. 하지만 이란이 캐나다와 멕시코를 침략해서 점령하고 두 나라의 정부마저 전복한다면, 게다가 카리브 해 연안에 해군을 배치하고는 미국에게 즉각적으로 핵에너지 프로그램과 핵무기 개발을 중단하지 않으면 미국을 폭격하겠다고 위협을 가한다면 워싱턴은 어떻게 대응하겠느냐고 묻는 것이 유용할 것이다. 그런 상황에 처하면 우리가 조용히 지켜보기만 하겠는가?

미국이 이라크를 침략하자, 이스라엘의 군역사학자 마르틴 판 크레펠트Martin van Creveld는 "핵무기 개발을 시도하지 않는다면 이란인들은 정신 나간 사람들일 것이다"라고 말했다.

제정신인 사람이면 누구도 이란이나 여타 국가가 핵무기를 개발하기를 원하지 않을 것이다. 현재의 위기를 합리적으로 해결할 수 있는 유일한 방법은 이란이 핵확산금지조약에서 허용한 범위 내에서 핵에너지를 개발하도록 허락하는 것이다. 이런 결과가 가능할까? 한 가지 조건이 충족된다면, 즉 미국와 이란이 공공 정책을 결정할 때 여론을 적극적으로 반영하는 민주적인 사회를 운영하며, 현재의 쟁점을 비롯해 많은 중대한 쟁점에서 존재하는 간격을 극복한다면, 그런 결과는 얼마든지 가능하다.

메릴랜드 대학의 국제정책태도 프로그램PIPA, Program on International Policy Attitudes이 최근에 실시한 여론조사 결과에 따르면, 이란과 미국 국민은 핵쟁점에 관련해서 전반적으로 비슷한 의견을 지니며 이런 합리적인 해결책을 압도적으로 지지한다. 특히 이란계 미국인들은 한결같이 모든 국가에서 핵무기가 완전히 제거되기를 원하며(미국인은 82퍼센트),

이런 수준에 이르지 못하더라도 이슬람 국가들과 이스라엘을 포함해서 중동 전체가 비非핵지대가 되기를 원한다(미국인은 71퍼센트). 또한 미국인의 75퍼센트가 이란에 무력 위협을 가하는 것보다 이란과 관계를 개선하는 게 낫다고 생각한다.

영국의 군역사학자 코렐리 바넷Correlli Barnett은 현재의 위기가 제3차 세계대전으로까지 발전할 수 있다고 예측했지만, 위의 통계조사에서 보듯이 그 가능성은 충분히 막을 수 있다. 국내에서 특히 절실하게 필요한 '민주주의의 증진demoncracy promotion'이라는 익숙한 전략을 추구한다면 현재의 섬뜩한 위험을 해소할 수 있다.

우리가 이란에 들어가 이런 프로젝트를 직접 시행할 수는 없지만, 이란의 민주화를 위해 노력하는 용기 있는 개혁가들과 반체제 인사들이 목표를 성취할 수 있도록 외부에서 지원할 수는 있다. 사이드 하자리안 Said Hajjarian, 노벨 평화상을 수상한 시린 에바디Shirin Ebadi, 아크바르 간지 Akbar Ganji 같은 지식인들과 이름 없는 사람들, 특히 노동 운동가들이 그들이다.

또한 미국 정부는 국민 여론을 충실히 반영하는 방향으로 국가정책을 완전히 뒤바꿈으로써 이란의 민주화 가능성을 높일 수도 있다. 무력 위협은 이란 내의 강경파에게는 그야말로 선물이나 다름없기 때문이다. 이런 이유에서, 이란의 민주화를 위해 진정으로 노력하는 이란인들은 미국의 무력 위협을 통렬하게 비난하는 것이다. 우리는 무력 위협과 침략적인 군국주의를 이용해 민주 세력의 노력을 방해하는 대신에, 내부에서 수구적이고 억압적인 신정정치를 타도하려고 노력하는 민주 세력이 운신할 여지를 줄 수 있을 것이다.

민주주의의 증진이 만병통치약은 아니지만, 미국이 세계 다수의 지역에서 공포와 혐오의 대상이 되지 않고, 국제 질서에서 이른바 '책임있는 이해당사자responsible stakeholder'로 변해가는 데 유익한 수단인 것은 분명하다. 국내에서 민주주의가 제대로 작동한다면 그 자체로도 가치가 있겠지만, 우리가 세계의 주인이 아니라 다른 국가들과 함께 세계를 공유하고 있다는 간단한 사실을 깨달을 가능성 또한 높아질 것이다.

2007년 6월 6일

팔레스타인과 이스라엘의
평화 공존은 가능한가?

한 국가의 종말은 무척 드물고 안타까운 사건이다. 그러나 독립된 통일 팔레스타인이라는 꿈은 또다시 하마스^{Hamas}와 파타당^{Fatah Party} 간의 내전으로 발전할 가능성이 크며, 이스라엘과 이스라엘의 막강한 동맹인 미국은 그 내전을 더욱 부추기고 조장할 듯하다.

2007년 6월의 혼란은 팔레스타인 자치정부의 종말이 시작됐다는 전조일 수 있다. 하지만 자치정부의 종말이 팔레스타인 사람들에게 전적으로 불행한 사건만은 아닐 수 있다. 미국과 이스라엘이 팔레스타인 자치정부를 독자적으로 생존 가능한 독립국가를 철저하게 거부하는 자신들의 입장을 묵과하는 꼭두각시 정부로 전락시키려는 정책을 펴고 있기 때문이다.

전반적으로 상황이 개선되던 중에 가자 지구에서 불미스러운 사건들이 벌어졌다. 2006년 1월, 팔레스타인 사람들은 국제 감시단의 엄중한 감시하에서 총선거를 치렀다. 국제 감시단의 평가에 따르면, 선거는 자유롭고 공정하게 진행되었다. 미국과 이스라엘은 자신들이 후원하던 팔레스타인 자치정부 대통령 마무드 아바스^{Mahmoud Abbas}와 그가 속한 파타당에 유리한 방향으로 선거를 끌어가려 했지만, 뜻밖에도 하마스가 승리를 거두었다.

팔레스타인 국민은 그처럼 잘못된 방향으로 투표한 대가를 혹독하게 치러야 했다. 미국의 지원을 받은 이스라엘은 가자 지구에서 폭력 행위를 더욱 강화했고, 당연히 팔레스타인 자치정부에 전달되어야 할 자금을 주지 않았으며, 출입을 더욱 통제했고, 심지어 척박한 가자 지구에 식수 공급마저 차단했다.

미국과 이스라엘은 하마스가 집권하리라고는 전혀 예상하지 못했다. 국제적으로 합의된 방침에 따라 두 국가론을 협상하기 위해 장기적으로 휴전하자는 하마스의 제안도 거부했다. 이스라엘과 미국이 더러 양보할 때도 있었지만 30년 이상 거의 독불장군처럼 두 국가론을 줄곧 반대해온 것은 주지의 사실이다.

그동안 이스라엘은 서안 지구에서 팔레스타인 구역들을 분할하고 병합하며 봉쇄하는 계획을 꾸준히 추진했다. 미국이 간혹 가볍게 항의했지만 그때마다 언제 그랬냐는 듯 넘기며 막대한 지원을 아끼지 않았다.

달갑지 않은 정부를 전복하는 데 사용되는 표준운용절차^{standard operating procedure}가 있다. 군대를 무장시켜 쿠데타를 준비하는 것이다. 따라서 이스라엘과 미국은 투표에서 상실한 힘을 되찾기 위해 파타당을 무장시켜 훈련시켰고, 결국 가자 지구에서 군사 쿠데타를 일으켰다.

데이비드 로즈^{David Rose}가 이 사건에 관련해서 《베니티 페어^{Vanity Fair}》에 기고한 자세한 기사는 노먼 올슨^{Norman Olsen}에 의해 재확인되었다.

올슨은 외교국에서만 26년을 근무한 직업 외교관으로 가자 지구에서 4년, 텔아비브 미국 대사관에서 4년을 일한 후에 귀국하여 국무부의 테러 방지 대책을 위한 부조정관으로 일했다. 올슨은 아들의 도움을 받아, 미 국무부가 2006년 1월의 선거에서 아바스 후보의 승리를 지원하기 위해서 기울인 노력과, 그 노력이 실패한 후에 파타당의 실력자 모하마드 다흘란Mohammad Dahlan을 부추겨 쿠데타를 시도한 과정을 추적했다. 그러나 올슨의 평가에 따르면 "다흘란의 부하들이 지나치게 성급하게 움직였다". 따라서 하마스가 선제공격을 가하여 쿠데타 시도를 무산시킬 수 있었다.

미국은 아바스에게도 자체의 세력을 규합하라고 부추겼다. 아바스 대통령의 독재를 옹호하는 부시 행정부의 관점에서는 아바스가 당연히 그렇게 행동해야만 했다.

쿠데타로 하마스를 축출하려던 전략은 실패했지만, 이스라엘과 미국은 실패한 쿠데타를 자신들에게 유리한 방향으로 신속하게 돌려놓았다. 그리고 이를 가자 지구의 팔레스타인 사람들을 더욱 옥죄는 핑곗거리로 삼았다.

국제법 학자로 이스라엘-팔레스타인 지역 유엔 특별보고관인 리처드 폴크Richard Falk는 "현 상황에서 이런 식으로 가자 지구의 팔레스타인 사람들을 계속 탄압하는 행위는 대량 학살을 초래할 수 있으며 팔레스타인 공동체 전체의 파괴로 이어질 수 있다"고 경고했다.

'국제 공동체'—미국 정부와, 미국 정부와 뜻을 함께하는 국가들의 정부를 지칭하는 전문용어—가 요구한 세 가지 조건을 하마스가 받아들이지 않으면, 현재와 같은 접근 방식은 앞으로도 계속 추진될 것이다. 요컨대 팔레스타인 사람들이 감옥처럼 에워싼 가자 지구 장벽 밖을 조금이라도 엿보게 해주려면, 하마스는 이스라엘을 인정하고, 폭력을 단념하며, 과거의 약속들, 특히 4자기구(미국과 러시아, 유럽연합EU과 유엔)가 제안한 로드맵을 받아들여야 한다.

위선에 기가 막힐 지경이다. 미국과 이스라엘은 팔레스타인을 인정하지도 않고, 폭력을 포기하지도 않기 때문이다. 게다가 과거의 약속들을 인정하지도 않는다. 이스라엘은 4자기구의 로드맵을 공식적으로 받아들였지만, 무려 14가지의 단서를 덧붙여 로드맵의 본질을 희석시켰다. 예컨대 팔레스타인에게 평화를 위한 첫걸음을 떼고 평화 과정을 지속하고 싶다면 철저하게 침묵하고, 평화 교육을 실시하며, 자극적인 행위를 중단하고, 하마스를 비롯한 모든 저항 조직을 해체하라고 요구했다. 설령 팔레스타인이 실질적으로 불가능한 이런 요구를 충족시켰더라도 이스라엘 내각은 "로드맵에서 이스라엘이 팔레스타인 국민에 대한 폭력과 자극을 중단해야 한다고 규정한 것은 아니다"라고 선언했을 것이다.

이스라엘의 로드맵 거부는 미국의 지지를 받았지만, 서구의 자아상에서는 용납될 수 없는 짓이었기 때문에 주류 언론에서 좀처럼 다루어지지 않았다. 그 사실은 지미 카터Jimmy Carter가 《팔레스타인: 차별이 아닌 평화Palestine: Peace Not Apartheid》(2006)를 출간하면서 마침내 주류 언론에서 언급되기 시작했다. 그러나 내가 아는 한, 카터의 주장을 일축하려는 일련의 독설과 필사적이고 후안무치한 노력은 잇달았지만, 그런 폭로에 대한 진지한 토론은 없었다.

이제 가자 지구를 언제라도 쑥대밭으로 만들 수 있는 이스라엘은 미국의 지원을 등에 업고 서안 지구에서도 자신들의 계획을 실행에 옮기기 시작했다. 게다가 파타당 지도자들의 암묵적인 협조까지 기대하고 있다. 물론, 파타당 지도자들에게는 강경 노선을 포기하는 것에 대한 보상이 주어질 것이다. 실제로 이스라엘은 2006년 1월의 선거 결과에 대응해서 불법적으로 동결했던 자금—약 6억 달러—을 전달하기 시작했다.

토니 블레어Tony Blair 전 영국 총리가 조만간 현재의 난국을 해결할 구원자로 나설 예정이다. 그러나 레바논의 정치분석가 라미 쿠리Rami Khouri는 "토니 블레어를 아랍-이스라엘 평화를 위한 특사로 지명한 것은 네로 황제를 로마의 소방서장에 임명한 것과 다를 바가 없다"고 말했다. 블레어는 명목상으로만 4자기구의 특사일 뿐이다. 부시 행정부는 블레어가 무척 제한적인 권한만을 부여받은 워싱턴의 특사라고 분명한 입장을 밝히지 않았던가. 콘돌리자 라이스 국무장관과 부시 대통령에게는 중요한 쟁점들에 대한 일방적인 통제력이 있지만, 블레어는 기관을 형성하거나 조직을 개편하는 문제만을 다룰 수 있을 뿐이다.

이스라엘-팔레스타인 분쟁에서 최선의 해결책은 국제사회의 합의에 따른 두 국가론일 것이다. 두 국가의 양립은 결코 불가능하지 않다. 실질적으로 전 세계가 지지하는 해결책이며, 미국 국민도 절반 이상이 두 국가론을 지지한다. 빌 클린턴의 임기가 끝날 즈음, 미국이 지난 30년 동안 줄기차게 유지해온 극단적인 거부주의에서 처음으로 진지하게 벗어난 덕분에 두 국가론이 거의 타결될 뻔하기도 했다. 2001년 1월, 미국이 이집트 타바에서의 협상을 적극적으로 지지해 두 국가론이 거의 타결되는 듯한 분위기였지만, 에후드 바라크Ehud Barak 이스라엘 총리가 협상 중단을 선언하는 바람에 희망이 꺾이고 말았다.

마지막 기자회견에서 타바의 협상가들은 협상 노력을 계속할 수 있었다면 타협점을 찾을 수 있었을 것이란 아쉬움을 감추지 않았다. 그 이후의 시간은 잔혹한 폭력으로 점철되었지만, 가능성은 여전히 남아 있다. 안타깝게도 최악의 상황으로 치달을 가능성이 가장 높지만, 인간사는 누구도 예측할 수 없는 법이다. 모든 것이 의지와 선택에 달려 있다.

2007년 7월 16일

이란을 봉쇄하라

요즘 워싱턴에서는 '이란을 봉쇄'하기 위한 음험하고 범상치 않은 작전이 진행 중이다. 이는 《워싱턴포스트 *The Washington Post*》의 기자 로빈 라이트 Robin Wright가 '제2의 냉전'이라 칭한 현재의 대치 상황에서 '이란의 영향력을 견제하겠다'는 뜻이다.

라이트 기자에 따르면, 소련 전문가인 콘돌리자 라이스와 로버트 게이츠 Robert M. Gates 국방장관의 지휘하에 취해진 후속 조치들은 초미의 관심사가 아닐 수 없다. 스탈린 Iosif Stalin이 철의 장막을 둘러 서방세계의 영향력을 견제했듯이, 부시-라이스-게이츠는 이란의 영향력을 봉쇄하려고 녹색의 장막을 강요하고 있는 셈이다.

워싱턴의 우려는 충분히 이해할 만하다. 이라크에서는 대다수의 시아파가 이란의 지원을 환영하고, 아프가니스탄에서는 하미드 카르자이 Hamid Karzai 대통령부터 이란을 '협력자이자 해결책'이라 공공연히 말하지 않는가. 팔레스타인에서는 이란의 지원을 받는 하마스가 자유선거에서 승리하는 바람에, 팔레스타인 국민은 '잘못된 방향으로' 투표를 했다는 이유로 미국과 이스라엘에게 야만적인 보복을 당했다. 또한 레바논에서는 대부분의 레바논 국민이 이란의 지원을 받는 헤즈볼라Hezbollah를 '이스라엘로부터 조국을 지켜주는 합법적인 세력'이라 생각한다.

부시 행정부는 이란이 이라크 문제에 쓸데없이 참견을 한다고 정색을 하며 비난한다. 이란만 참견하지 않으면 이라크가 외국의 간섭에서 자유로울 거라는 주장까지 덧붙인다. 그 후에 뒤따르는 논쟁은 다소 전문적이다. 사제 폭발물의 일련번호가 정말로 폭발물이 이란에서 제조되었음을 의미하는가? 그렇다면, 이란의 지도부는 사제 폭발물의 존재에 대해 알고 있는가? 아니면 이란 혁명수비대만이 그 존재를 알고 있는가? 백악관은 이란 혁명수비대에 '전 세계를 대상으로 특별히 조직된 테러리스트' 세력이란 딱지를 붙이며 논쟁을 종식시키려 한다. 한 국가의 군사 조직을 이런 식으로 비방한 전례가 없지만, 워싱턴은 광범위한 응징 행위를 시도하기 위한 핑곗거리를 만든 셈이다.

'이란을 봉쇄하라'라는 구호에 담긴 무력 위협은 단계적으로 확대되어, 공화당만이 아니라 민주당까지, 실질적으로는 미국의 기자단 전부가 이를 정당하고 지조 있는 행동으로 받아들이는 지경에 이르렀다. 또한 유력한 대통령 후보자들의 말을 인용하면, "모든 선택 가능성이 고려 대상이다". 핵무기의 사용까지 고려하겠다는 뜻이다.

유엔헌장은 '무력의 위협이나 사용'을 불법화하여 금지한다. 미국은 이미 무법 국가outlaw state의 길을 선택했기 때문에 국제법과 국제 규범을 무시한다. 미국은 원하면 누구라도 협박할 수 있고, 원하면 누구라도 공격할 수 있다.

제2의 냉전도 군비경쟁으로 발전할 가능성이 크다. 미국은 사우디아라비아를 비롯해 페르시아 만 연안 국가들에게 200억 달러 상당의 무기 판매를 제안하는 동시에, 이스라엘에 대한 연간 군사원조를 30퍼센트 증액하여 향후 10년 동안 300억 달러를 제공할 계획이다. 이집트와는 향후 10년 동안 140억 달러의 무기 거래를 협상 중이다. 이름을 밝히지 않은 미국 정부 고위 관리에 따르면, 이런 무기 거래의 목표는 "중동 지역의 모든 국가가 생각하듯이 한층 침략적으로 변해 군비를 강화한 이란"을 견제하는 것이다. 이란이 주변 국가들에게 실질적으로 환영받고, 이웃한 이라크에 주둔한 미군에 저항하는 세력을 지원하기 때문에 '침략적'이라는 오명을 쓴 것이다.

물론 이란 정부는 매서운 비판을 받아야 마땅하다. 이란이 핵무기를 개발할 가능성은 무척 우려스러운 점이다. 이란에게도 핵에너지를 개발할 권리가 있지만, 이란 국민의 다수를 포함한 그 누구도 이란의 핵무기 보유를 원하지 않는다. 이란이 핵무기를 보유하면, 파키스탄과 인도와 이스라엘 등 미국의 축복을 받아 핵무기를 보유한 인접 국가들이 야기하는 위험이 훨씬 더 가중될 것이 뻔하기 때문이다.

이란은 미국과 이스라엘이 중동을 지배하는 걸 반대하지만 군사적 위협까지 가하지는 않는다. 미국과 이란 국민의 압도적 다수가 원하는 관점을 미국 정부가 받아들이면, 요컨대 미국 정부가 중동을 비핵지대로 만들기로 결정하고 이란과 이스라엘만이 아니라 그곳에 주둔한 미군까지 핵무기를 폐기한다면, 이스라엘에 위협이 가해질 가능성은 언제라도 극복할 수 있다. 워싱턴과 런던이 이라크 침략을 합법적인 행위로 포장하려는 얄팍한 노력의 일환으로 내세웠던 1991년의 〈유엔안전보장이사회 결의안 687호〉도 "중동을 대량살상무기 및 그런 무기를 운반할 수 있는 미사일로부터 자유로운 지역으로 만들자"고 촉구하고 있지 않은가.

워싱턴의 과열된 신냉전 '봉쇄정책'은 유럽에까지 확대되었다. 미국은 체코공화국과 폴란드에 미사일 방어 시스템을 구축하고 싶어 하는데, 이란 미사일을 견제할 방패로 이를 유럽에 선전하고 있다. 이란이 핵무기와 장거리 미사일을 보유했더라도 그 무기를 사용해서 유럽을 공격할 가능성은 소행성이 유럽에 떨어질 확률과 거의 비슷하다. 여하튼 이란이 유럽이나 이스라엘을 겨냥해 미사일을 발사할 의도를 조금이라도 내비친다면 이란은 지구에서 사라지고 말 것이다.

물론 러시아는 방패 계획에 불만을 표시했다. 러시아의 미사일 방어 시스템이 캐나다에 세워지면 미국이 어떻게 반응할지 쉽게 상상할 수 있다. 러시아로서는 폴란드와 체코에 구축될 미사일 방어 시스템이 자신들에게 선제공격을 가할 무기라고 생각할 수밖에 없다. 널리 알려진 바와 같이, 미사일 방어 시스템으로는 선제공격은 저지할 수 없지만 보복 공격은 억제할 수 있다. 따라서 모든 면에서 '미사일 방어'는 선제공격 무기, 즉 공격에 대한 억지력을 제거하기 위한 무기로 이해될 수밖에 없다. 이란을 견제해서 동유럽에 구축하려는 미사일 방어 시스템의 유일한 군사적 기능, 즉 공언된 목표는 미국과 이스라엘의 공격에 대한 이란의 억지력을 제거하려는 것이 분명하다.

방패 계획으로 중동에서, 거의 필연적으로 다른 지역에서도 전쟁의 위험과 인류의 종말을 가져올 핵전쟁의 가능성이 몇 단계나 높아졌다. 실수로든 계획적으로든 워싱턴의 전쟁광들이나 그들의 이스라엘 대리인들이 제2의 냉전을 열전熱戰으로 확대하기로 결정할지도 모른다는 불안감을 떨치기 힘들다.

이란을 비군사적으로 '봉쇄'할 수 있는 방법은 많다. 상대를 겁주는 강경한 어법과 광기를 단계적으로 줄여가야 할 것이며, 정말로 모든 선택 가능성이 고려 대상이라면 이제라도 진지한 자세로 협상을 시작해야 한다.

2007년 8월 20일

아나폴리스의
위선과 희망

2006년 팔레스타인 국민이 '잘못된 방향으로' 투표해서 하마스에게 승리를 안겨준 이후 점령지와 다른 지역에서 팔레스타인 사람들에게 가해진 범죄행위는 너무나 충격적이어서, 감정적으로 격분하고 극단적으로 대응할 수밖에 없을 정도이다. 그러나 그런 대응은 피해자들에게 도움이 되지 않는다. 오히려 그들을 더 힘든 지경에 몰아넣을 수 있다. 미국에 살고 있는 우리가 직접적으로 철저하게 연루된 낯 뜨거운 범죄행위를 앞에 두고 냉정을 유지하기가 어렵더라도 현실적인 상황에 맞추어 행동해야만 한다.

조만간 부시 대통령의 중재로 미국 메릴랜드 주의 아나폴리스에서 이스라엘–팔레스타인에 관련된 회담이 열릴 예정이다. 부시 행정부가 이 갈등을 외교적으로 해결하기 위해 처음으로 진지하게 시도하는 회담이다.

이상적이라면 아나폴리스 협상은 2001년 1월 이집트 타바에서 합의했던 단계에서 시작되어야 한다. 당시, 미국과 이스라엘은 현재까지 국제사회에서 실질적으로 거의 독불장군처럼 견지해오던 거부주의적 입장을 30년 만에 처음으로 포기한 때였다. 타바 협상이 계속되었더라면, 이스라엘과 팔레스타인이 합리적으로 땅을 교환하며 두 국가론이 타결되었을지도 모른다. 타바 협상에서 팔레스타인이 이스라엘의 너그러운 제안을 거부해서 협상이 결렬된 것으로 조작되어 세상에 알려졌지만, 사실은 그렇지 않다. 거의 합의에 이르렀다는 협상가들의 보고를 듣고 에후드 바라크 이스라엘 총리가 느닷없이 협상을 중단시켰던 것이다.

타바 협상이 거의 성공 단계에 이를 수 있었던 이유는 미국이 중재자로 참여하지 않았기 때문이다. 이스라엘-팔레스타인 문제에 대한 워싱턴의 정책은 오래전부터 미국의 전통적인 이미지에 어울리지 않았다. 존경받는 정책 분석가 레슬리 겔브 Leslie Gelb는 2개월 전[2007년 9월]《뉴욕타임스 북리뷰The New York Times Book Review》에 기고한 글에서 "이스라엘이 전쟁에서 승리를 거두고 서안 지구와 가자 지구를 점령했던 1967년 이후, 미국의 모든 행정부는 그 영토의 거의 전부를 팔레스타인에게 반환해서 분리된 팔레스타인 국가를 건설해야 한다는 입장을 내심으로는 지지했다"라고 말했다. 여기에서 '내심으로는'이라는 표현에 주목할 필요가 있다. 왜 공개적으로 지지하지 않았던 것일까?

겔브는 이스라엘 압력단체가 막강하고 겁나는 세력이라는 논지를 부인하려 노력했기에, 이런 입장의 차이가 위협적인 이스라엘 압력단체에 대한 두려움에서 비롯된 것이라고 노골적으로 말하지는 못했다. 그런데 왜 '내심으로는'이란 표현을 썼을까? 그렇게라도 해석해야 미국은 '정직한 중재자'이지만, 팔레스타인에게 비극적인 드라마의 주인공 역할을 부여하려는 폭력적이고 무분별한 외국인들 때문에 우리의 고귀한 노력이 좌절되고 말았다는 위안을 얻을 수 있기 때문일 것이다.

그러나 미국의 역대 행정부들이 공개적으로 무엇이라 말했는지 우리는 잘 알고 있다. 1967년 11월의 〈유엔 결의안 242호〉와 관련된 어구들을 적용해서 국제사회가 결정한 경계(그린 라인)를 중심으로 두 국가의 설립을 촉구하는 유엔 안전보장이사회의 결의안을 거부한 1976년 이후, 미국 정부는 유사한 결의안들을 냉정하게 거부해왔다.

이제 거의 전 세계가 타바 협상에서 체결될 뻔했던 경계선을 따른 두 국가론을 찬성하고 있다. 아랍 국가들도 모두 두 국가론을 지지하며, 이스라엘과 완전한 관계 정상화를 꾸준히 촉구하고 있는 실정이다. 이란도 아랍연맹*의 입장을 받아들여 두 국가론을 지지한다. 하마스의 지도자들도 두 국가론을 거듭해서 공개적으로 촉구해왔으며, 이런 사실은 미국 언론에도 보도되었다. 하마스에서 가장 호전적인 인물로 손꼽히는 인물로 시리아에 망명 중인 칼리드 마슈알Khaled Meshaal조차 두 국가론을 지지한다.

그러나 이스라엘은 두 국가론이란 국제 합의를 줄기차게 거부해왔고, 미국은 이스라엘의 거부 입장을 전적으로 지지했다. 현 부시 대통령은 거부주의를 극단으로까지 몰아가며, 불법으로 점거한 서안 지구의 정착촌은 이스라엘의 영토에 포함되어야 한다고 주장했다. 그러나 정당의 기본 방침은 여전히 그대로이다. 요컨대 부시와 콘돌리자 라이

---

* Arab League. 중동의 평화와 안전을 확보하고 아랍 국가들의 주권과 독립을 수호하기 위해 1945년 3월에 창설된 지역협력기구.

스를 필두로 한 미국 행정부는 팔레스타인 국가라는 부시의 '비전'을 실현하기 위해서 오래전부터 시작한 '정직한 중재자'로서의 고귀한 노력을 계속하고 있다.

거부주의는 말에서 그치지 않는다. 현지에서 행해지는 행위들이 더 중요하다. 정착촌 건설 계획과 합병 장벽, 도로의 폐쇄와 검문소 등으로 상황은 점점 악화될 뿐이다. 아나폴리스 회담이 코앞에 닥쳤지만 점령지에서의 만행은 여전히 계속된다. 한 가지 예만 들어보자. 이스라엘은 팔레스타인 사람들을 위한 우회 도로를 만들겠다는 명목으로 얼마 전 아랍인들의 땅을 강제로 빼앗았다. 이스라엘 평화운동단체 구시 샬롬Gush Shalom의 지적에 따르면, "팔레스타인 사람들의 통행로를 베들레헴과 라말라 사이의 사막지대에 깊숙이 몰아넣어, 팔레스타인 사람들이 서안 지구 중심지로 접근하지 못하도록 막으려는 계획"이며, "이스라엘 정착촌인 말레 아두밈을 이스라엘에 편입시킬 계획으로 동예루살렘에서 시행 중인 E-1 개발 프로젝트의 일부이다. 따라서 이스라엘 정부가 이런 정책을 중단하지 않는 한, 유명한 아나폴리스 회담은 개최되기 전부터 속 빈 강정이 될 거라는 평가가 끊이지 않는다".

타바 협상의 전반적인 노선에 따라 두 국가론을 최소한의 출발점으로 취하자는 제안만큼 현실적인 제안은 없었다. 타바 협상이 결렬된 후에도 비공식적인 협상이 계속되어 2003년 12월의 제네바 합의를 비롯해 몇 가지 구체적인 합의에 이르렀다. 대부분의 국가가 환영했지만, 이스라엘의 정책 분석가 아미르 오렌Amir Oren이 미국과 이스라엘의 관계를 빗댄 표현대로 '파트너라 불리는 두목'은 그 합의를 묵살해버렸다. 미국의 지원 없이 이스라엘은 영토를 확장하려는 목적을 성취할 수 없으니 그에 따른 책임은 우리 미국인이 떠안아야 한다.

많은 위험이 앞에 도사리고 있다. 에후드 올메르트Ehud Olmert 이스라엘 총리의 최측근 보좌관들 중 일부는 극우 정당 이스라엘 베이테누Yisrael Beitenu•의 당수 아비그도르 리에베르만Avigdor Lieberman이 제시한 '땅 교환' 정책을 공개적으로 지지했다. 리에베르만이 제시한 대로 땅을 교환하면, 그린 라인을 경계로 이스라엘 지역에서 아랍인이 압도적으로 많은 삼각 지역에 대한 구체적인 권한을 팔레스타인에게 돌려주게 될 것이다. 그 대가로 이스라엘은 서안 지구에서 소중한 수자원과 가치 있는 땅을 에워싼 정착촌들을 병합하고, 나머지 지역들을 분할하고 봉쇄함으로써 요르단 계곡을 탈취할 것이다. 물론 해당 지역에 거주하는 팔레스타인 사람들은 전혀 고려되지 않을 것이다.

수 주 후에, 또 그 이후로도 선량한 미국 국민을 속이려는 프로파간다가 봇물처럼 쏟아질 것이다. 따라서 사람들에게 진실을 알리기 위한 조직적인 노력과 교육이 필요하다. 쉽지 않을 것이다. 맞다, 쉽지 않은 일이다. 그러나 헌신적이고 악착같은 노력으로 우리가 훨씬 더 힘든 일도 이루어냈다는 사실을 기억해야 한다.

2007년 11월 8일

• '이스라일은 우리 조국'이라는 뜻.

소말리아 증후군

피터 구센스Peter Goossens는 2개월 전[2007년 10월] 《뉴욕타임스》의 제
프리 제틀먼Jeffrey Gettleman과 가진 인터뷰에서 "이 가난한 나라에는 끝없
이 불행이 닥친다. 결국 이 나라는 산산조각 나고 말 것이다"라고 말했
다. 이 나라는 소말리아다. 구센스는 현재 소말리아에서 약 120만 명,
다시 말해서 소말리아 인구의 15퍼센트에게 식량을 제공하고 있는 세
계식량계획World Food Program을 총괄하는 책임자이다.

구센스는 "이 비극적인 고난에 빠진 땅은 위기의 벼랑 끝을 향해 치
닫고 있다"라며 "홍수든 가뭄이든 약간의 충격이라도 가해지면 소말리
아는 벼랑에서 떨어지고 말 것이다"라고 지적했다.

소말리아는 전쟁과 기아로 피폐화된 상황에서 안팎으로 시달리고 있
다. 2001년 9월 11일 이후로 경계를 강화한 미국이 아프리카의 뿔(지부
티, 에티오피아, 에리트레아, 소말리아 등)을 통제하려는 오랜 정책을 손질
하면서 그 지역을 테러와의 전쟁에서 최전선으로 재규정했기 때문이

다. 소말리아는 그중에서도 요주의 국가이다. 따라서 소말리아에 닥친 현재의 위기는 부분적으로 테러와의 전쟁에서, 그에 따른 지정학적 중요성에서 비롯된 부수적 피해로 해석될 수 있다.

소말리아가 혼돈의 늪에 깊이 빠져들자, 아프리카연합African Union 회원국들은 소규모 평화 유지군을 파견했고, 재정 지원이 있다면 더 많은 평화 유지군을 파견하겠다고 약속했다. 그러나 그럴 일은 없을 것 같다. 남아프리카공화국 안보문제연구소의 리처드 콘웰Richard Cornwell이 2007년 5월 《크리스천 사이언스 모니터The Christian Science Monitor》의 스콧 발도프Scott Baldauf와 알렉시스 오게오보Alexis Okeowo에게 말했듯이, "무엇보다 소말리아에는 지킬 평화조차 없기 때문이다".

제틀먼의 보도에 따르면, 2007년 11월 유엔은 소말리아가 수단의 다르푸르보다 영양실조율이 높고 유혈극이 빈번하게 벌어지지만 국제 구호원의 숫자는 더 적다고 지적했다. 유엔에서 소말리아 문제를 총괄하는 고위 관리, 아메두 울드 압둘라Ahmedou Ould-Abdallah는 소말리아의 참상을 '아프리카 대륙에서 최악'이라는 말로 묘사했다.

하지만 소말리아에서 인도적 활동을 총괄하는 유엔의 에릭 라로슈Eric Laroche의 보고에 따르면, 소말리아에서 굶주리고 위험에 노출되어 병들어 죽어가는 사람들에게 접근할 역량이 유엔에는 없다. 라로슈는 "다르푸르에 이런 상황이 닥쳤다면 엄청난 소동이 벌어졌을 것이다. 그러나 소말리아에 닥친 비상사태는 오래전에 잊혔다"고 말했다.

다르푸르의 비극은 누군가의 탓으로, 정확히 말해서 수단 정부와 그들의 무장 조직이라는 분명한 공적의 탓으로 돌릴 수 있지만, 이와 비교해 소말리아에 닥친 현재의 재앙은 과거에도 그랬듯이 미국의 책임이 막중하다는 분명한 차이가 있다.

1992년 부족 중심의 민병대가 소말리아의 독재 정권을 전복시키고 기아가 닥치자, 미국은 인도주의 단체들을 지원하기 위해서 수천 명의 군인을 '구조대'로 파병했다. 1993년 10월, 모가디슈 전투 중에 두 대의 블랙호크 헬리콥터가 소말리아 민병대의 사격에 추락하여 18명의 미군 유격대원이 전사했고, 약 1,000명의 소말리아인이 사망했다.

미군은 번개와 같은 속도로 즉각 소말리아에서 철수했지만, 그 과정에서도 잔혹 행위는 계속됐다. 《로스앤젤레스타임스*Los Angeles Times*》의 존 발저*John Balzar* 기자가 보도했듯이 "미군은 철군 마지막 단계에서 민병대의 공격을 받으면 100배의 화력으로 보복했다". 당시 작전을 지휘했던 앤서니 지니*Anthony Zinni* 해병대 중장은 소말리아의 사상자에 관련한 언론의 질문에 "시체를 일일이 헤아려보지 않았다. …… 그 문제에는 관심도 없다"라고 대답했다.

찰스 윌리엄 메인스*Charles William Maynes*는 《포린 폴리시*Foreign Policy*》에 기고한 글에서, 미군이 소말리아에서 작전을 전개하는 동안 미군은 기껏해야 34명의 목숨을 잃었지만, 민병대와 민간인을 합산한 소말리아의 사상자는 적게는 7,000명, 많게는 1만 명에 이른다고 CIA 관리들이 비공식적으로 인정했다고 보도했다.

'구조대'는 소말리아에서 많은 사람을 구했지만 그에 버금갈 만큼 많은 사람을 살상했으며, 결국에는 그 나라를 야만적인 군벌들의 손에 넘겨주고 말았다.

제틀먼은 "그 후 미국을 비롯한 대다수의 국가가 기본적으로 소말리아에게서 등을 돌렸다. 그러나 풀뿌리 이슬람 조직이 부족들 간의 혼란스러운 상황에서 잉태되어 다수의 지역을 장악하고" 에티오피아에 인접한 지역만이 서구 사회에서 인정한 과도 연방 정부의 세력하에 있게 되자, "국제사회는 2006년 여름부터 다시 소말리아에 관심을 기울이기 시작했다".

라로슈의 보고에 따르면, 이슬람 조직은 짧은 기간 동안이었지만 유엔의 인도주의적인 활동에 어떤 방해도 하지 않았다. 게다가 올드 압둘라도 이슬람 조직이 소말리아를 지배한 6개월을 '황금시대'라고 평가할 정도였다. 실제로 그 기간은 소말리아에서 오랜만에 평화가 유지된 기간이었다. 다른 유엔 관리들도 에티오피아가 2006년 12월에 침략해 과도 연방 정부의 통치를 강요한 이후보다 이슬람 조직이 지배했던 짧은 기간 동안 소말리아의 상황이 더 나았다고 이구동성으로 인정했다.

에티오피아가 소말리아를 침략한 것은 미국의 발의로 유엔 안전보장이사회가 소말리아와 관련해서 모든 국가에게 "폭력과 인권침해를 자극하거나 영속화하며, 불필요한 긴장과 불신을 조장하며, 정전(停戰)과 정치과정을 위협하고, 인도주의적 상황을 악화시킬 수 있는 행동을 자제하라"고 촉구하는 〈결의안 1725호〉를 통과시킨 직후였다. 미국은 에티오피아의 침략을 지원하는 데 그치지 않고 직접 참가하기도 했다.

역사적으로 소말리아의 오랜 숙적이던 기독교 국가 에티오피아의 침략이 곧바로 거센 저항을 불러일으키며 소말리아가 현재의 위기로 치닫게 되었다.

소말리아의 이슬람 정권을 전복하려던 에티오피아의 침략에 미국이 참여한 대외적인 이유는 '테러와의 전쟁'이었다. 하지만 그 자체의 잔혹성은 다른 문제라 하더라도 테러와의 전쟁이 테러를 야기해왔다는 사실은 누구도 부인하기 힘들다. 게다가 이슬람 근본주의자들이 세력화된 근원도 '테러와의 전쟁'의 초기 단계로 거슬러 올라간다.

2001년 9월 11일 직후, 미국은 알 바라카트^{Al-Barakat}——두바이에 본부를 둔 회사로 소말리아에 자금을 송금하는 유일한 통로이며 소말리아에서 대형 사업체들을 운영한다——가 테러 조직에 자금을 지원한다는 이유로 알 바라카트를 폐쇄하려는 국제사회의 노력을 주도했다. 미국 정부는 물론이고 언론까지 국제사회의 이런 움직임을 테러와의 전쟁에서 거둔 위대한 승리라고 평가했다. 그러나 1년 후, 워싱턴이 알 바라카트에 대한 제재를 철회한 사실에는 누구도 큰 관심을 보이지 않았다.

알 바라카트의 폐쇄로 소말리아 국민이 가장 큰 피해를 입었다. 유엔 보고서에 따르면, 2001년 알 바라카트는 소말리아에 송금된 5억 달러의 절반을 소화했다. 소말리아가 다른 어떤 경제 분야에서 벌어들인 액수보다 많고, 외국으로부터 받는 원조의 열 배에 달하는 금액이었다.

이브라힘 워드^{Ibrahim Warde}는 부시의 '테러와의 금융 전쟁'을 통렬하게 파헤친 책 《두려움의 대가^{The Price of Fear}》에서, 알 바라카트가 소말리아 경제에서 중요한 역할을 하고 있다고 지적했다. 취약하기 이를 데 없는 사회를 무분별하게 공격한 까닭에 이슬람 근본주의자들이 부상할 수 있었다는 것이 워드의 결론이다. 테러와의 전쟁이 낳은 또 하나의 뻔한 결과였던 셈이다.

아프리카의 뿔에 대한 확고한 지배력을 확보하려는 미국의 노력 때문에 소말리아는 다시 극심한 고난의 늪에 빠져들었다. 현재 미국은 아프리카의 뿔을 중심으로 새로운 작전을 시행하고, 중요한 해로마다 해군력을 강화하고 있다. 이는 페르시아 만 지역과 아프리카에 매장된 에너지원을 확실하게 지배하기 위한 광범위한 전략의 일부이다.

제2차 세계대전 직후, 미국 국무부의 정책 입안자들이 세계 지배라는 전반적인 틀 내에서 세계의 각 지역에 고유한 '기능'을 책정했을 때 아프리카는 중요하지 않은 지역으로 분류되었다. 당시 국무부 정책기획실장이었던 조지 케넌^{George Kennan}은 아프리카를 유럽에 넘겨주어 유럽 재건을 위해 활용해야 한다고 조언했다. 그러나 지금은 사정이 완전히 달라졌다. 아프리카의 자원은 다른 국가에 넘겨주기에는 너무나 소중하다. 특히 중국이 경제력을 앞세워 세력을 확장하는 상황에서는 더더욱 그렇다.

가난한 소말리아가 기아과 빈곤으로 붕괴되더라도, 그런 결과는 거대한 지정학적 구상에서 지엽적인 문제일 뿐이며 중요한 사건도 아니다.

2007년 12월 17일

이라크와 아프가니스탄과
파키스탄에서 들려온 '반가운 소식'

이라크를 점령한 미군(듣기 좋은 말로는 다국적군)이 민심에 대해 광범위한 조사를 실시했다. 포커스 그룹*을 조사한 2007년 12월의 보고서는 상당히 낙관적이었다.

보고서는 조사 결과에서 "국민 화합은 기대되지도 않고 가능하지도 않다"라는 통설을 반박하는 강력한 증거를 찾았다고 결론지었다. 일반적인 통설과 달리, 이번 조사에서 "낙관적인 전망이 모든 포커스 그룹에 확산되었고…… 겉으로는 대립된 모습을 보이는 이라크의 여러 당파들 사이에 차이점보다는 공통점이 훨씬 많다"는 사실이 확인되었다는 것이다.

《워싱턴포스트》의 캐런 드영Karen DeYoung은 이라크 전역에서 국민들 사이에 확인된 이런 '공유된 믿음'을 "조사 결과에 대한 군부의 분석에

---

*   각 계층을 대표하도록 뽑은 소수의 사람들로 이뤄진 집단.

따르면 반가운 소식"이라고 보도했다. 또한 드영은 '공유된 믿음'이 조사 보고서에서 확인되었다며, "당파와 종족을 초월해서 대다수의 이라크인들이 자신들 사이의 격심한 다툼의 근본 원인이 미국의 군사적 침략에 있으며, 점령군의 철수가 국민 화합의 열쇠라 생각한다"고 덧붙였다.

따라서 이라크 국민의 여론에 따르면, 내분을 일으킨 장본인인 침략자들이 당장 철수하고 이라크를 이라크인에게 돌려준다면 국민 화합의 가능성이 있다는 것이다.

조사 보고서에 다른 반가운 소식들은 언급되지 않았다. 예컨대 이라크 국민도 미국의 최고 가치관을 받아들이며, 뉘른베르크 재판에서 정립한 것처럼 무력 침략, 즉 "한 국가가 다른 국가의 영토를 무력으로 침략하는 행위는 축적된 악의를 그 자체에 내재한다는 점에서 다른 전쟁범죄와 차원이 다른 최악의 국제범죄"라고 인식한다는 것이다. 뉘른베르크 재판에서 미국 측 수석 검사였던 로버트 잭슨Robert Jackson 대법관은, 우리가 이 원칙을 스스로에게 적용하지 않는다면 뉘른베르크 재판은 한판의 광대극에 불과할 것이라고 강력하게 주장했다.

이라크인들과 달리, 미국, 더 정확히 말해서 서구 사회 전반은 뉘른베르크에서 천명된 고결한 가치들을 거부한다. 이런 현상은 이른바 '문명의 충돌'의 실체를 적나라하게 보여주는 흥미로운 증거가 아닐 수 없다.

2007년 9월 11일 현란하게 펼쳐진 호화찬란한 쇼에서 데이비드 퍼트레이어스David Petraeus와 라이언 크로커Ryan Crocker 이라크 주재 대사는 한층 더 반가운 소식을 전해주었다. 발언의 시기로 보아, 사담 후세인Saddam Hussein과 오사마 빈라덴 사이에 긴밀한 관계가 있다는 부시와 체니의 주장을 뒷받침하려는 의도가 다분했다는 걸 냉소적인 사람이라면 누구나 눈치챌 수 있었을 것이다. 그들은 '최악의 국제범죄'를 범함으로써 세계를 테러로부터 지키고 있다고 말하지만, 테러 전문가인 피터 버겐Peter Bergen과 폴 크룩섕크Paul Cruickshank가 작년에 발표한 분석에 따르면 이라크 침략의 결과로 테러가 7배나 증가했다.

퍼트레이어스와 크로커는 이라크 정부가 국가 재건에 박차를 가하며 재정의 4분의 1을 할애하고 있다는 사실을 수치로 증명해보였다. 정부 회계감사원의 실사가 발표될 때까지는 반가운 소식이었다. 그러나 회계감사원의 실사에 따르면, 실제 수치는 퍼트레이어스와 크로커가 보고한 수치의 6분의 1에 불과했고, 그나마 전년에 비해 50퍼센트나 줄어든 액수였다.

정파 간의 반목이 줄어든 것은 훨씬 더 반가운 소식이었다. 하지만 정파 간의 충돌이 줄어든 이유는 살인적인 인종 청소가 성공했기 때문이라 할 수 있으며, 이라크인들은 이 모든 것이 미국의 침략에서 비롯된 것이라 생각한다. 종파 간의 살상이 예전에 비해 줄어든 것은 사실이지만, 이것 또한 워싱턴이 이라크 알카에다를 몰아내기 위해 조직화된 부족 집단들을 지원하고 미군을 증파하기로 결정했기 때문일 수 있다.

러시아가 체첸공화국에서 그런대로 성공했듯이, 퍼트레이어스의 전략도 그 정도까지 성공할 가능성은 있다. 크리스토퍼 치버스Christopher J. Chivers가 2007년 9월 《뉴욕타임스》에 보도한 바에 따르면, 체첸공화국에서 전투는 제한적이고 산발적이며, 그로즈니는 러시아의 공격에 쑥대밭이 된 후에 재건이 한창이라고 하지 않는가.

언젠가 바그다드와 팔루자도 지금 한창 재건 중에 있는 그로즈니처럼 "많은 지역에서 전기가 복구되고 새로운 상점이 문을 열며, 도시의 주요 도로가 재포장될 것이다". 얼마든지 가능한 변화이지만, 침략이라는 '축적된 악의'에 더해서 향후에 훨씬 격렬한 정파 간 충돌의 불씨가 될지도 모를 군벌들을 잉태하는 결과를 낳았다는 점을 고려하면 이라크의 재건 가능성이 의심스럽기도 하다.

이라크인들만이 국민 화합이 가능하다고 믿는 것은 아니다. 캐나다의 한 기관이 실시한 여론조사에서 아프가니스탄 사람들도 미래를 낙관하며 캐나다와 다른 외국군의 존재를 찬성하는 것으로 나타났다. 물론 이 결과도 '반가운 소식'으로 언론의 머리기사를 장식했다.

그러나 본문을 읽어보면 생각이 약간 달라진다. "외국군이 철수하면 탈레반이 다시 득세할 것이라 생각"하는 국민은 20퍼센트에 불과하다. 또한 국민의 4분의 3이 미국의 지원을 받는 카르자이 정부와 탈레반 사이의 협상을 지지하며, 절반 이상이 연합 정권을 찬성한다. 따라서 대다수의 국민은 미국과 캐나다의 입장을 달갑게 생각하지 않으며, 평화적 수단으로 전환해야 평화가 가능하다고 믿는 것으로 해석된다. 여론조사에서 명확히 묻지는 않았지만, 원조와 재건을 위해 외국인의 존재를 찬성하는 것으로 해석해야 마땅하다.

물론 외국군의 점령하에 있는 국가들, 특히 아프가니스탄 남부와 같은 지역에서 실시되는 여론조사들을 곧이곧대로 믿을 수는 없다. 그러나 이라크와 아프가니스탄에서 실시된 조사의 결과는 과거의 조사 결과와 일치하기 때문에 묵살해서는 안 된다.

파키스탄에서 최근에 실시된 여론조사도 워싱턴에는 '반가운 소식'이었다. 정확히 5퍼센트가 미군이나 다른 외국군이 파키스탄에 들어와 알카에다 전사들을 추적해서 생포하는 데 찬성한다고 대답했다. 또 미군이 아프가니스탄에서 국경을 넘어 들어온 탈레반 반란군을 추적해서 생포하는 데 찬성한다고 대답한 사람도 9퍼센트에 이르렀다.

이런 결과는 2001년 10월의 조사 결과에 비해 크게 개선된 것이기 때문에 반가운 소식이었다. 당시 《뉴스위크*Newsweek*》의 여론조사에서는 "파키스탄 국민의 83퍼센트가 탈레반의 편이고, 고작 3퍼센트만이 미국을 지지한다고 표명했다". 게다가 80퍼센트 이상이 오사마 빈라덴을 게릴라라고 대답한 반면에, 6퍼센트만이 빈라덴을 테러리스트라 생각한다고 대답했다.

이라크와 인근 지역에서 반가운 소식들이 쏟아져 들어오는 와중에 정치 후보자들과 정부 관리들 및 정치 평론가들이 미국이 이라크에서 선택할 수 있는 옵션들에 대해 열띤 토론을 벌이고 있지만, 이라크인의 목소리는 어디에서도 언급되지 않는다. 과거에도 그랬지만 그들의 '공유된 믿음'이 무엇인지는 잘 알려져 있다. 그러나 어린아이가 자신의 장래를 스스로 선택할 수 없듯이 이라크인들에게도 자신들의 미래를 스스로 선택할 권리가 허락되지 않는다. 그 권리는 전적으로 정복자의 몫이다.

여기에서도 문명의 충돌에 관한 교훈을 발견할 수 있을 듯하다.

2008년 1월 22일

선거 유세에서
사라진 전쟁

이라크는 여전히 미국 국민에게 중대한 관심사이지만, 그 사실은 현대 민주주의에서 그다지 중요하지 않다.

얼마 전까지는 이번 대통령 선거에서도 당연히 2006년의 중간선거에서처럼 이라크 전쟁이 핵심 쟁점이 될 거라고 여겨졌다. 그러나 요즈음 이라크 전쟁에 대한 언급이 사실상 사라지면서 사람들의 궁금증을 불러일으키고 있다.

여러 주에서 동시에 프라이머리가 실시되어 사실상 민주·공화 양당의 후보를 결정짓는 날인 슈퍼 화요일에 《월스트리트저널*Wall Street Journal*》은 1면 기사에서 '쟁점이 2008년으로 회귀했고 유권자들은 후보자의 인품에 집중'한다며 거의 핵심을 짚었다. 더 정확히 말하면, 후보자들과 당 간부들 및 그들의 홍보 회사들이 후보자들의 인품을 주로 거론하면서 진정한 쟁점들은 뒤편으로 밀려났다. 새삼스러운 현상은 아니며, 여기에는 분명한 이유가 있다. 국민은 선거와 무관한 존재이기도

하지만 위험한 존재이기도 하기 때문이다.

월터 리프먼Walter Lippmann이 말했듯이, 진보적인 민주주의 이론에 따르면 국민은 '무지하고 쓸데없이 참견하기를 좋아하는 외부인'이기 때문에 행동하는 '참여자'가 아니라 '구경꾼'에 그쳐야 한다.

벤저민 페이지Benjamin Page와 마셜 보턴Marshall Bouton이 《외교정책의 소통 불능: 미국인이 지도자에게 원하지만 얻지 못하는 것The Foreign Policy Disconnect: What Americans Want from Our Leaders but Don't Get》에서 상당히 심도 있게 파헤쳤듯이, 행동하는 참여자들은 주요한 다수의 쟁점에서 민주·공화 양당 모두가 국민보다 보수적이며, 여론은 언제나 거의 한결같다는 걸 분명히 알고 있다. 따라서 국민의 관심을 다른 곳으로 돌리는 것이 중요하다.

세계사를 결정하는 일은 만사를 통달한 지도자들의 영역이다. 말보다 행동에서 지도자들의 인식이 훨씬 더 잘 드러나지만, 그렇게 노골적으로 말한 지도자는 손가락으로 꼽을 정도이다. 예컨대 우드로 윌슨Woodrow Wilson 대통령은 고결한 이상을 품은 엘리트 신사들에게 '안정과 정의', 즉 근본적으로 미국 헌법 제정자들의 관점을 보존하는 권한이 주어져야 한다고 말했다. 얼마 전부터 그런 엘리트 신사들은 고급 관료 엘리트, 케네디 시대의 '행동하는 지식인', 레오 스트라우스*의 영향을 받은 부시 2세의 네오콘 등과 같은 모습으로 바뀌어 나타났다.

고결한 이상을 견지하며 사회와 세계를 관리하는 책임을 떠맡은 지도자들에게는 이라크가 레이더망에서 벗어난 이유가 조금도 애매모호

● Leo Strauss. 서구 민주주의의 우월성을 주장한 독일 태생의 유대계 미국 정치 철학자.

하지 않다. 저명한 역사학자 아서 슐레진저 주니어^{Arthur M. Schlesinger, Jr.}가 40년 전에 비둘기파의 입장을 대변하며 그 이유를 설득력 있게 설명해 주었다. 당시는 미국이 남베트남을 침략한 지 4년째 되던 해로 워싱턴이 이미 17만 5,000명의 미군을 파병해서 남베트남을 쑥대밭으로 만들었는데도 다시 10만 명을 추가로 파병할 준비를 하던 때였다.

케네디^{John F. Kennedy} 대통령이 시작한 침략은 당시 상당한 어려움에 직면했고 미국에 엄청난 부담을 안겨주었다. 따라서 슐레진저를 비롯한 케네디 정부의 자유주의자들은 어쩔 수 없이 매파에서 비둘기파로 변신할 수밖에 없었다.

1966년 슐레진저는 추가 파병이 저항을 진압할 수 있을 거라고 생각하는 매파의 판단이 맞기를 우리 모두가 기도할 것이고, "다행히 추가 파병으로 적의 저항을 실제 억제할 수 있다면 우리 모두가 미국에 승리를 안겨준 정부의 지혜와 정치력에 경의를 표하겠지만, 그 비극적인 나라는 폭격으로 파괴되고 황폐화될 것이며, 네이팜탄으로 불바다가 될 것이고, 고엽제로 인해 황무지, 즉 만신창이가 된 폐허의 땅으로 변할 것"이며 "그 나라의 정치와 제도적 구조도 산산조각 날 것"이라고 말했다. 그러나 단계적 추가 파병이 성공하지 못하고 우리에게 지나친 부담으로 발전할 가능성이 높다면, 그런 전략은 재고되었어야만 했다. 미국의 희생이 급격하게 커지기 시작하자, 갑자기 모두들 그때까지 전쟁을 강력하게 반대했으면서도 침묵을 지켜온 사람들처럼 돌변했다.

엘리트들의 추론과 그에 수반되는 태도는 별 변화 없이 오늘날 미국의 이라크 침략에 대한 논평으로 이어진다. 유사한 수준에서 베트남 전쟁과 비교할 때 이라크 전쟁에 대한 비판이 훨씬 신랄하고 광범위하지만, 슐레진저가 말했던 원칙은 언론에서나 논평에서나 여전히 유효하다.

흥미롭게도, 슐레진저는 자신이 속한 집단에서 거의 유일하게 이라크 침략에 대해 아주 다른 입장을 취했다. 바그다드에 폭탄이 떨어지기 시작했을 때 슐레진저는 "부시의 정책은 일본 제국이 진주만을 폭격했을 때 사용한 정책과 놀랍도록 유사하다. 프랭클린 루스벨트Franklin D. Roosevelt는 일본인이 진주만을 폭격한 날을 불명예스럽게 생각하며 살아가게 될 것이라고 말했다. 프랭클린의 말이 옳았다. 하지만 지금은 우리 미국인이 불명예스럽게 살아간다"라고 썼다.

이라크가 폐허가 된 만신창이의 땅이 되었다는 데는 의문의 여지가 없다. 최근에 영국의 여론조사 기관 옥스퍼드 리서치 비즈니스Oxford Research Business가 이라크 전쟁으로 인한 사망자의 추정치를 103만 명으로 수정해 발표했다. 그것도 가장 피해가 극심했던 두 지역, 카르발라와 안바르 지역을 제외하고 계산한 수치였다. 이 추정치가 맞든, 일부의 주장처럼 지나치게 과장된 것이든 간에 엄청난 숫자의 사상자가 있었던 것만은 확실하다. 게다가 수백만 명이 국내 난민이 되었다. 요르단과 시리아의 너그러운 조치 덕분에, 전문가 계층 대부분을 비롯하여 수백만의 피난민이 폐허로 변한 이라크를 탈출하여 목숨을 건질 수 있었다.

그러나 요르단과 시리아가 워싱턴과 런던의 전범들에게 의미 있는 지원을 받지 못한다는 이유로, 그 작은 인도주의적 조치마저 시들해지고 있는 실정이다. 하기야 워싱턴과 런던이 이런 피해자들을 눈곱만큼이라도 인정할 거라는 생각 자체가 순진한 생각일지도 모른다.

정파들 간의 다툼도 이라크를 쑥대밭으로 만드는 데 한몫을 했다. 바그다드를 비롯한 여러 지역이 야만적인 인종 청소로 몸살을 앓았고 결국에는 군벌과 민병대의 손에 넘어갔는데, 이는 모술에서 반란을 진압하고 평화를 회복시켜 명성을 얻었던 퍼트레이어스 장군이 지휘하는 반란 진압 전략의 주요 취지였다. 모술은 지금 극단적인 폭력이 난무하는 지역으로 전락해버렸다.

이라크에서 벌어지는 충격적인 비극을 심도 있게 파고든 헌신적인 언론인 중 한 명인 니어 로센Nir Rosen이 얼마 전에 《커런트 히스토리》에 〈이라크의 죽음The Death of Iraq〉이라는 묘비명 같은 글을 발표했다. 여기에서 로센은 "이라크는 살해당해 다시 일어서지 못할 것이다. 미국의 점령은 13세기 바그다드를 약탈한 몽골의 점령보다 훨씬 패악스러웠다"고 말했다. 이런 평가는 이라크인들의 공통된 인식이기도 했다. 또한 로센은 "이제 바보 멍청이들만이 해결책을 운운할 뿐이다. 해결책은 없다. 유일한 희망이 있다면 더는 피해가 계속되지 않는 것이다"라고 결론지었다.

이런 재앙에도 불구하고 이라크는 미국 대통령 선거에서 부차적인 쟁점에 불과하다. 매파이든 비둘기파이든 엘리트 계급의 의견을 봤을 때 이는 당연한 현상이다. 자유주의자를 자처하는 비둘기파는 자신들의 전통적인 추론 방식과 태도를 고집하며, 매파의 판단대로 미국이 만신창이가 된 폐허의 땅에서 승리를 거두고 '안정'을 확보하기를 기도할 뿐이다. 하지만 '안정'은 워싱턴의 의지에 순종하는 상태가 되었다는 뜻에 불과하다. 대체로 추가 파병 후에 사상자가 감소했다는 보도에 매파는 의기양양해하고, 비둘기파는 침묵한다.

앞에서도 말했듯이, 2007년 12월 펜타곤은 이라크에서 들려온 '반가운 소식'을 발표했다. 이라크 전역에서 포커스 그룹을 조사한 결과에 따르면, 이라크인들 사이에 '공유된 믿음'이 있어, 전쟁을 비판하는 사람들의 주장과 달리 국민 화합이 가능할 거라는 발표였다. 공유된 믿음은 두 가지였다. 하나는 미국의 침략이 이라크를 갈가리 찢어놓은 정파 간 충돌의 원인이라는 것이고, 다른 하나는 침략자들이 하루라도 빨리 철수해서 이라크를 이라크 국민에게 돌려줘야 한다는 것이었다.

펜타곤의 발표가 있고 나서 수 주 후, 《뉴욕타임스》의 군부 및 이라크 전문 기자 마이클 고든Michael R. Gordon은 대통령 선거에 나선 후보자들에게 이라크 정책에서 선택해야 할 방향들을 포괄적이고 논리정연하게 제시하는 기사를 썼다. 하지만 이라크인들의 목소리는 언급되지 않았다. 그들이 원하는 방향이 거부된 것은 아니다. 정확히 말하면, 그들의 바람은 언급할 가치조차 없는 것이다. 현실을 직시하는 사람이 없는 듯하다. 국제 문제에 대한 거의 모든 담론에서 습관처럼 암묵적으로 인정하는 가정을 고려하면, 이런 현상이 이해되지 않는 것은 아니다. 하기야 우리가 세계의 주인인데 다른 나라 사람들의 생각이 무엇이 중요하겠는가? 영국의 외교사학자 마크 커티스Mark Curtis가 대영제국의 범죄를 다룬 책에서 사용했던 용어를 빌려 말하면, 그들은 '피차별민unpeople'이다.

관례대로 미국은 이라크 사람들을 피차별민으로 취급해왔다. 따라서 그들의 바람은 고려할 사항이 아니다.

2008년 2월 28일

민주당 후보가 당선되면
미국의 중동 정책이 달라질까?

얼마 전 체니 부통령은 ABC 뉴스의 마사 라다츠^{Martha Raddatz} 기자가 미국 시민의 압도적 다수가 이라크 전쟁을 반대한다는 여론조사 결과에 관해 묻자 "그래서요?"라고 되물었다.

라다츠가 "그러니까 부통령님은 미국 국민이 어떤 생각을 하든 개의치 않는다는 뜻인가요?"라고 묻자, 체니는 "개의치 않습니다"라며 "변덕스러운 여론조사 결과에 우왕좌왕할 수야 없잖습니까"라고 덧붙였다.

그 후, 백악관 대변인 데이나 페리노^{Dana Perino}는 체니의 대답을 해명하는 자리에서 국민 여론이 정책에 반영되느냐는 질문에 "여러분의 의견은 이미 반영됐습니다. 미국 국민은 4년마다 의견을 제시합니다. 우리의 시스템은 그런 식으로 운영됩니다"라고 대답했다.

맞는 말이다. 4년마다 미국 국민은 자신들과 다른 견해를 지닌 후보자들 중에서 한 명을 선택하고, 그 후로는 입을 다물어야 한다. 그러나 일반 대중은 민주주의 이론을 제대로 이해하지 못한 탓인지 이런 체제에 강력히 반발한다.

국제정책태도 프로그램^{PIPA}에서는 "여론조사를 통해 국민의 생각을 엿볼 수 있기 때문에 정부 지도자들은 중요한 결정을 내릴 때 여론조사에 주목해야 한다고 대답한 응답자가 81퍼센트였다"라고 발표하지 않았는가.

'선거가 국민의 의견이 영향력을 갖는 유일한 때라고 생각하는가' 아니면 '평소에도 지도자들이 이런저런 결정을 내릴 때 국민의 의견을 고려해야 한다고 생각하는가'라는 질문에 응답자의 압도적 다수, 무려 94퍼센트가 정부 지도자들은 평소에도 국민의 의견에 관심을 기울여야 한다고 대답했다.

같은 여론조사에서, 국민은 자신들의 바람에 정치인들이 귀를 기울일 거라는 환상을 거의 품지 않는다는 것도 밝혀졌다. 실제로 80퍼센트의 응답자가 "미국은 국민 모두의 이익이 아니라 자신들의 이익만을 추구하는 소수의 거대 이익집단에 의해 운영된다"라고 대답했다.

여론을 무지막지하게 무시함으로써 부시 행정부는 정책 스펙트럼에서 극단적인 모험주의자와 급진적인 민족주의자에게 유리한 환경을 조성했고, 그런 이유로 주류 언론에게도 전례 없는 비판을 받았다.

민주당 후보는 정책 방향을 중도로 전환할 가능성이 크지만, 선택의 폭이 그다지 넓지 않다. 힐러리 클린턴^{Hillary Clinton}과 버락 오바마^{Barack Obama}의 선거 유세 기록과 발언을 자세히 들여다보면, 중동 정책에서 의미 있는 변화를 기대할 만한 근거를 찾기 힘들다.

이라크

민주당 후보 중 그 누구도 원칙에 입각해서 이라크 침략을 반대한다는 의견을 피력하지 않았다는 사실에 주목해야 한다. 달리 말하면, 러시아가 아프가니스탄을 침략했을 때나 사담 후세인이 쿠웨이트를 침략했을 때처럼 무력 침략은 범죄—뉘른베르크 재판의 결정에 따르면 '최악의 국제범죄'—라는 이유로 예외 없이 쏟아졌던 유형의 반대가 전혀 없었다. 누구도 러시아와 후세인의 침략을 '전략적 대실책'이나 '다른 나라의 내전에 간섭한 승리할 수 없는 전쟁'이라 비판하지 않았다(각각 이라크 침략에 대한 오바마와 클린턴의 입장).

이라크 전쟁은 주로 비용과 실패, 이른바 '실용주의적인 이유'에서 비판받는다. 실리적이고 신중하며 온건해 보이는 자세이지만, 이런 식의 비판은 서구 사회가 저지른 범죄의 경우에만 허용된다.

2007년 11월 백악관에서 발표한 '원칙 선언', 즉 부시와 미국의 지원을 받은 누리 알 말리키^{Nouri al-Maliki} 이라크 국무총리가 맺은 협약에서 부시 행정부의 의도가 대략적으로 드러났다. 짐작컨대 존 매케인^{John McCain} 공화당 후보의 생각도 크게 다르지 않을 것이다.

원칙 선언에 따라 미군은 '외국의 침략을 억제하기 위해서', 또 이라크의 치안을 유지하기 위해서 무기한으로 이라크에 주둔할 수 있게 되었다. 그러나 이 지역에서 유일하게 무력 침략의 위협을 가하는 것은 의도적이지는 않더라도 미국과 이스라엘뿐이며, 치안도 미국의 지배를 거부하는 정부를 위한 치안은 아니다. 원칙 선언에 따라 이라크는 꼼짝없이 "외국 투자, 특히 미국 기업의 투자"를 권장하며 편의를 제공해야 한다. 이는 미국의 제국주의적 의지를 노골적으로 드러낸 파렴치한 구절로, 부시는 2008년 1월 입법 성명에서 이 구절을 다시 한 번 강력하게 되풀이했다.

간단히 말해서, 이라크는 영원히 미국의 종속국이어야 하므로 미군의 주둔을 영속적으로 허용하는 데 동의하고(사실을 조작하고 왜곡하는 프로파간다에서는 영속적permanent이라는 표현 대신에 지속적enduring이란 표현이 주로 사용된다), 막대한 석유 자원을 이용하는 데 있어 미국 투자자들에게 우선권을 보장해야 한다. 따라서 이는 정부의 발표를 맹목적으로 믿지 않는 사람에게는 너무도 명백한 침략의 목적을 분명하게 드러낸 선언이 아닐 수 없다.

민주당 후보들의 대안은 무엇일까? 그들의 대안은 2007년 3월, 미군의 철수 시한을 명시한 민주당의 제안이 상원과 하원 모두에서 통과됐을 때 명백하게 밝혀졌다. 퇴역 장성으로 현재 하버드 대학교 벨퍼과학국제문제연구소 선임 연구원인 케빈 라이언Kevin Ryan이 민주당의 제안을 분석한 글을 《보스턴 글로브The Boston Globe》에 게재했다.

민주당의 제안에 따르면 대통령이 '국가 안보'를 이유로 제약을 보류할 수 있어, 탈출구를 활짝 열어놓은 셈이다. 또한 "미군은 세 가지 특수 임무, 즉 미국 시설 및 미국 국민과 군인을 보호하고, 알카에다를 비롯한 국제 테러 집단과 싸우며, 이라크 방위군을 훈련시키는 임무들 중 하나를 수행하는 한" 이라크에 계속 주둔할 수 있다.

이라크 전역에 건설 중인 미군 기지와 미국 대사관도 미국 시설에 포함된다. 이라크의 미국 대사관은 세계의 여느 대사관과 달리, 필요한 시설이 완벽하게 구비된 도시 속의 도시이다. 게다가 현재 진행 중인 미군 기지 건설이 중도에 중단될 거라고 생각하는 사람은 아무도 없을 것이다.

민주당의 제안에 포함된 다른 모든 조건들도 언제든지 변경 가능하다. 따라서 라이언은 "민주당의 제안은 우리 군에게 새로운 임무를 부여한 것으로 해석하는 편이 더 정확하다. 훌륭한 전략이지만 철수는 아니다"라고 결론지었다.

2007년 3월 7일의 민주당의 제안과, 오바마와 클린턴의 입장에서 큰 차이를 찾아내기 힘들다.

이란

이란에 대해서는 오바마가 클린턴에 비해 온건한 편이다. 오바마의 핵심 구호는 '변화'이다. 오바마의 견해를 추적해보자.

오바마는 이란과 협상하겠다는 적극적인 의지를 표명하지만, 기본적인 한계를 벗어나지 못했다. "이란이 이라크 상황에 간섭하는 걸 중단하고 테러와 핵문제를 해결하는 데 협조한다면 또 이라크 내의 시아파 무장 조직들을 지원하는 무책임한 행동을 중단한다면, 체제 변화를 강요하지 않겠다고 약속하고 경제적 유인책을 제공하겠다"라는 것이 지금까지 알려진 오바마의 입장이다.

당연히 몇 가지 의문이 머릿속에 떠오른다. 예컨대 만약 마무드 아마디네자드 이란 대통령이 점령지에서 이스라엘이 불법적인 행위를 중단하고 테러와 핵문제를 해결하는 데 협조하면 이스라엘의 체제 변화를 강요하지 않겠다고 약속한다면 우리는 어떻게 반응할까?

오바마의 온건한 입장도 국민 여론에서는 호전적인 편에 속하지만, 흔히 그렇듯이 그런 사실은 거론되지 않는다. 다른 유력한 후보들과 마찬가지로, 오바마도 선거 유세 내내 미국이 이란을 공격하여(정확히 말하면, '모든 가능성을 열어두어야 한다'라는 모범적인 표현으로) 위협을 가해야 한다고 주장해왔다. 그러나 무력 공격은 유엔헌장을 명백히 위반하는 것이다. 게다가 미국 국민의 절대적 다수가 무력 공격에 찬성하지 않는다. PIPA의 여론조사에 따르면, 응답자의 75퍼센트가 이란과 관계를 개선하는 데 찬성한 반면에 '묵시적 위협'에 찬성한 응답자는 22퍼센트에 불과했다. 결국 모든 유력한 후보자가 이란 문제에서 국민의 4분의 3과 의견을 달리한다는 뜻이다.

핵정책이라는 핵심적인 쟁점에 대해서도 미국과 이란, 양쪽의 여론이 조심스레 연구된 적이 있었다. 양국 모두에서 대다수의 국민이 이란에게도 핵확산금지조약에 서명한 국가로서 핵무기는 아니어도 핵에너지를 개발할 권리가 있다고 응답했다.

"이슬람 국가들과 이스라엘을 포함해서 중동 전체가 비핵지대가 되어야 한다"고 응답한 비율도 거의 엇비슷했고, 미국인의 80퍼센트 이상이 핵무기가 완전히 제거되기를 바랐다. 핵무기의 완전한 폐기는 핵무기를 보유한 국가들에게 부가된 법적인 의무이지만 부시 행정부는 이를 공식적으로 거부했다.

워싱턴이 군사적인 위협을 중단하고 관계의 정상화를 위해 노력해야 한다는 점에서 이란 국민과 미국 국민은 의견 일치를 보인다.

PIPA가 여론조사 결과를 발표한 2007년 1월, 워싱턴에서 열린 한 토론회에서, 미국진보센터*의 국가 안보 및 국제 문제 담당 수석 부총재이며 오바마 후보의 고문인 조지프 시린시온Joseph Cirincione은 여론조사를 근거로 "미국과 이란의 국민들은 각국 지도자들의 현란한 미사여구에 현혹되지 않고, 양국이 직면한 가장 중대한 문제들을 상식적인 차원에서 해결할 수 있는 방법을 찾는 듯하며" 양국의 차이를 실리적이고 외교적으로 해결하기를 바란다고 주장했다.

내부에서는 어떤 얘기가 오가는지 알 수 없지만, 펜타곤이 이란을 공격하는 것을 반대한다고 믿을 만한 충분한 근거가 있다. 2008년 3월 11일, 이라크 전쟁의 책임자로 중부군 사령관이었던 윌리엄 팰런^{William} ^{Fallon} 해군 대장의 퇴역은 군 지휘부가 전반적으로 공유하던 입장을 대변해서 이란의 공격을 반대했기 때문이었던 것으로 해석되었다.

또한 2007년 12월에 공개된 국가정보평가서^{National Intelligence Estimate}는 이란이 미국과의 포괄적인 타협을 모색하려던 시도가 실패한 2003년 이후로 핵무기 개발 프로그램을 추진하지 않았다고 밝혔는데, 이는 군사적 행동에 반대하는 정보기관들의 분위기를 반영한 것으로 보인다.

여전히 불확실한 것들이 많다. 그러나 민주당 후보가 대통령에 당선되면 상황이 크게 개선되고 미국의 대외 정책이 국민이나 세계 여론에 부응할 거라는 구체적인 징후를 찾기는 힘들다.

이스라엘과 팔레스타인

이스라엘과 팔레스타인 문제에서도 후보자들은 건설적인 변화를 기대할 만한 의견을 제시하지 못했다.

오바마 후보는 '변화'와 '희망'을 구호로 내걸었으면서도, 자신의 홈

• Center for American Progress. 진보적인 사상과 행동을 통해 미국인의 삶을 개선하는 데 목적을 둔 단체이며, 오바마 대통령 당선 후 진보 진영의 핵심 싱크탱크로 급부상했다.

페이지에서 "미국과 이스라엘의 관계를 강력하게 지지하며, 중동 지역에서 부인할 수 없는 우리의 절대적인 사명은 미국의 가장 강력한 우방인 이스라엘의 안전을 보장하는 것이라 믿는다"라고 말했다.

솔직히 말해서 이 지역에서 가장 안정을 위협받고 있는 사람들은 팔레스타인 사람들이다. 그들은 그야말로 생존의 문제에 직면해 있다. 그러나 팔레스타인은 '강력한 우방'이 아니다. 기껏해야 그들은 약하디약한 우방이다. 따라서 인권이 힘과 이익 및 이념적 요구에 기여한 몫에 따라 거의 결정된다는 원칙에 따르면, 팔레스타인 사람들의 곤경은 관심을 가질 가치조차 없다.

오바마의 홈페이지를 보면, 이스라엘 문제에 관한 한 그는 초강경론자이다. 오바마는 "이스라엘이 하나의 유대 국가로 존재할 권리는 결코 도전받아서는 안 된다"고 믿는다. 그러나 오바마의 모든 발언 기록을 샅샅이 뒤져봐도, 어떤 나라가 무슬림(기독교, 백인) 국가로서 존재할 권리가 결코 도전받아서는 안 된다고 주장한 적은 없었다.

오바마는 "(이스라엘을 군사·경제적으로 지원하기 위한) 자금을 우선적으로 확보하기 위해서" 해외 원조를 확대하겠다고 주장하며, 하마스가 이스라엘을 제거해버리겠다는 기본 입장을 포기하지 않는 한 미국은 하마스를 인정해서는 안 된다고 강력하게 주장한다. 어떤 국가도 일개 정당에 불과한 하마스를 인정하지는 않는다. 따라서 오바마는 자유선거의 결과로 하마스가 집권한 정부를 가리킨 것이 분명하다. 그러나 하마스에게 정권을 안겨준 자유선거는 '잘못된 방향으로' 투표되었기 때문에, 엘리트 계급에게 팽배한 민주주의의 개념에 따르면 하마스 정부는 불법적인 정부이다. 미국과 이스라엘이 단호히 거부하는 두 국가론을 하마스가 국제 합의라는 이유로 반복해서 촉구하는 것은 얼토당토 않은 짓으로 여겨진다.

오바마가 팔레스타인을 무시하는 것은 아니다. "팔레스타인 가족이 더 나은 삶을 사는 게 이스라엘과 팔레스타인 모두에게 이익이다"라고 말하며, 두 국가가 나란히 함께 사는 것에 대해 언급하기도 한다. 하지만 이는 막연하기 그지없어 미국과 이스라엘의 매파조차도 문제시하지 않을 정도이다.

현재로서 팔레스타인 사람들에게는 두 가지 방향이 있다. 하나는 미국과 이스라엘이 국제법에 따라, 더 나아가서는 미국 국민의 압도적 다수가 바라는 방향에 따라 지난 30년 동안의 일방적인 거부주의를 포기하고 두 국가론이라는 국제 합의를 받아들이는 것이다. 이런 변화가 불가능하지는 않지만, 미국과 이스라엘은 온갖 핑계를 동원해서 두 국가론을 거부하고 있는 실정이다.

다른 하나는 미국과 이스라엘이 현재 시행하고 있는 정책을 그대로 유지하는 것이다. 이 경우에 팔레스타인 사람들은 이스라엘 정착촌과 대대적인 기반 시설 확충 계획에 의해 실질적으로 분리된 서안 지구 구역들과, 가자 지구라는 감옥에 갇히는 꼴이 될 것이다. 더구나 이스라엘이 요르단 계곡까지 탈취한다면 팔레스타인 국민은 완전히 갇혀 사는 신세가 될 것이다.

그러나 상황은 언제든 변할 수 있다. 상황이 바뀌면 후보자들의 입장도 미국과 그 지역에 이익이 되는 방향으로 변하기 마련이다. 국민 여론이 언제까지나 소외당하고 쉽게 무시당하지는 않을 것이다. 정책에 큰 영향을 미치는 국내 경제의 개선에 전념하다 보면, 워싱턴의 강경

노선을 받아들이는 것보다 일반 대중, 또 세계 여론과 손잡는 것이 더 이익이라는 것을 후보자들도 깨닫게 될 것이다.

2008년 3월 28일

Note

Noam Chomsky and Gilbert Achcar, *Perilous Power: The Middle East and U.S. Foreign Policy*, Paradigm Publishers, 2006의 일부를 요약한 것이다. 한국어판은 《촘스키와 아슈카르, 중동을 이야기하다》(강주헌 옮김, 사계절출판사, 2009)로 나왔다.

최후의 심판일을 맞이할 수는 없다: 21세기의 과제

인류 모두에게 닥친 가장 중요한 과제는 문자 그대로 생존이다.

미국 전략사령부Strategic Command, STRATCOM 사령관을 역임한 리 버틀러Lee Butler 장군은 10년 전에 이 문제를 숨김없이 제기했다. 그는 긴 시간 군에 근무하는 동안 "핵무기에 대한 믿음을 한 번도 저버리지 않았던 사람들 중 하나"였지만, 이제는 "핵무기가 우리를 지극히 바람직하지 않은 방향으로 몰아갔다고 확신한다는 사실을 고백하지 않을 수 없다"라고 말했다.

그리고 버틀러는 좀처럼 잊을 수 없는 질문을 던진다. "핵보유국 지도자들은 무슨 권한으로 대를 이어가며 이 땅에서의 삶의 가능성을 결정하는 힘을 행사하는가? 더 화급한 질문은 이것이다. 우리의 어리석음에 직면하고 부들부들 떨며 서서 그 치명적인 징후를 없애기 위해 진심으로 하나가 되어야 하는 순간에도 간담이 서늘할 정도로 뻔뻔한 짓을 계속하는 이유가 무엇일까?"

부끄럽게도 버틀러의 질문은 지금까지 대답을 듣지 못했을 뿐만 아니라 제대로 제기되지도 않았고, 점점 더 시급해지고 있다.

버틀러는 지금까지 공개된 기록에서 가장 충격적인 전략 문서 중 하나인 전략사령부의 1995년 보고서 〈탈냉전 시기 전쟁 억지를 위한 요점 Essentials of Post-Cold War Deterrence〉을 읽고 핵무기에 대한 생각이 바뀌었을지도 모른다.

보고서는 옛 소련을 향했던 군사력을 유지하되 임무를 확대해야 한다고 충고했다. "국제 환경이 이제는 '대량 무기 환경'〔소련〕에서 '대량 표적 환경'〔제3세계〕으로 옮겨갔다"는 펜타곤의 판단에 따라, 이제 군사력은 제3세계의 '불량 국가'들도 표적으로 삼아야 한다.

전략사령부의 판단에 따르면, 사용되지 않더라도 "핵무기는 그 어떤 위기나 분쟁에서도 영향력을 발휘하기 때문에" 상대를 겁주어 우리 목적을 달성할 수 있게 해준다.

핵무기는 "예측 가능한 장래에 미국의 전략적 억지 정책에서 핵심적인 위치를 차지할 운명인 것으로 보인다". 우리는 "선제공격 배제 정책"을 폐기해서, 우리 "반응"이 "대응 공격"일 수도 있고 "선제공격"일 수도 있다는 걸 적들에게 분명히 알려줘야 한다.

게다가 "우리가 지나치게 이성적이고 침착하게 보이면 손해이다. 우리가 대외적으로 보여줄 국가적 페르소나national persona는 미국이 중대한 이익을 공격받을 경우 이성을 잃고 보복할 수 있으며, 일부 집단은 통제를 벗어날 수 있다"는 것을 분명히 해야 한다.

반체제 인사 소수를 제외하면, 이 보고서는 별다른 관심을 불러일으키지 못한 듯하다.

40년 전, 버트런드 러셀Bertrand Russell과 알베르트 아인슈타인Albert Einstein은 "참담하고 두렵지만 피할 수 없는 선택"에 우리가 직면했다며, "우리가 인류를 종말로 내몰 것인가, 아니면 전쟁을 포기할 것인가?"라고 물었다. 그들이 과장해서 말한 것은 아니었다.

환경 재앙은 머지않은 장래에 생존에 적잖은 위협이 될 것이다. 따라서 많은 과학자가 주장하듯이 태양에너지의 동력화를 비롯한 과학기술의 혁신에 자원을 투입하고 의미 있는 사회·경제적 변화를 이끄는 진지한 접근이 필요하다.

이와 관련해서는 생명의 기본적인 수단인 물과 충분한 식량을 확보할 수 없는 것도 중대한 위협이 된다. 단기적인 해결책의 하나로 담수화를 생각해볼 수 있다. 담수화는 규모에서는 사우디아라비아가, 기술에서는 이스라엘이 앞선다. 이런 상황은 양국의 건설적인 협력을 위한 많은 토대 중 하나가 된다. 드물게 잠시 합의에 동의한 적도 있기는 하지만, 거의 30년 동안 두 국가론을 줄기차게 반대해온 미국과 이스라엘이 합리적인 두 국가론에 대한 국제 합의에 따라 이스라엘-팔레스타인 분쟁을 해결한다면 말이다. 이 문제도 커다란 파급효과를 지닌 중대한 과제이다.

이 쟁점들을 해결하는 방법에 대해서는 불확실한 것투성이지만, 우리가 이 문제들을 해결하기 위한 노력을 미룰수록 미래 세대가 더 큰 비용을 치러야 한다는 것만은 분명하다.

반면에 핵무기의 위협을 종식시킬 방법은 확실하다. 핵무기를 없애면 된다. 국제사법재판소가 10년 전에 판결했듯이, 핵무기의 폐기는 법적 의무이기도 하다.

더 일반화해서 말하면, 무기로 사용 가능한 모든 핵분열을 국제기구만 생산할 수 있도록 제한하고, 각국은 이 물질을 비군사적 용도에서만 신청할 수 있게 하자는 합리적인 계획이 존재한다. 유엔 군축위원회는 2004년 11월에 이런 조항들로 이루어진 검증 가능한 조약을 투표에 부쳤다. 투표 결과는 147 대 1(미국)이었고, 이스라엘과 영국, 두 나라가 기권했다.

잠정적으로 취할 수 있는 중요한 조치는 비핵지대를 설정하는 것이다. 아프리카, 남태평양, 동남아시아 등에 이미 상당수의 비핵지대가 존재하지만, 항상 그렇듯이 규칙을 지키려는 강대국들의 의지에 따라 비핵지대의 의미는 달라진다. 아프리카와 남태평양에서 미국은 규칙 준수를 거부하며, 미국의 관할하에 있는 기지들(인도양의 디에고 가르시아 섬, 남태평양)에 핵무기를 유지하고 핵무기의 이전 배치를 고집하고 있는 실정이다.

다른 어떤 지역보다 중동에서 비핵지대가 화급히 설정되어야 한다. 1991년 4월, 유엔 안전보장이사회는 "대량살상무기와 이를 운반하는 미사일이 없는 지대를 중동에 설정하려는 목표와, 전 세계에서 화학무기를 금지하려는 목표"(결의안 687호 14조)를 확인해주었다.

이 약속은 미국과 영국이 이라크를 침략한 것에 대한 얄팍한 합법적 정당성을 구할 때 필요한 결의이기 때문에 두 나라에게 무척 중요한 의미를 갖는다.

이란도 중동에 비핵지대를 설정하는 목표를 공개적으로 지지했고, 미국과 이란의 대다수 국민도 지지한다. 하지만 미국 정부와 공화·민주 양당은 이 목표를 일축했고, 주류 언론에서는 실질적으로 언급조차

하지 않는다.

미국과 이란, 양국의 대다수 국민과 개발도상국가들(G-77*, 현재는 130개국에 이른다)은 이란에게도 핵확산금지조약에서 서명한 모든 국가와 마찬가지로 "핵에너지를 차별받지 않고 평화적 목적에서 연구하고 생산하며 이용할 수 있는" 양도할 수 없는 권리가 있다는 데 동의한다. 이스라엘, 파키스탄, 인도가 핵확산금지조약을 받아들인다면, 이 권리는 그 나라들에게 당연히 제공된다.

항상 그렇듯이, 언론은 이란이 우라늄을 농축함으로써 세계에 도전한다고 보도할 때 '세계'라는 개념을 흥미롭게 해석한다.

핵사찰과 관련해서 말하자면, 국제원자력기구는 상당히 유능하다는 걸 이미 입증했으며, 강대국의 지원이 있으면 훨씬 뛰어난 역량을 발휘할 수 있을 것이다.

이스라엘에서 손꼽히는 전략 분석가, 제브 마오스^{Zeev Maoz}는 이스라엘의 핵프로그램이 오히려 이스라엘의 안전을 해친다는 확실한 논거들을 제시하며, 이스라엘이 "핵정책을 진지하게 재고하고, 핵수단을 활용해서 중동에 대량살상무기 금지 지역을 설정하기 위한 지역 합의를 끌어낼 방법을 모색해야 한다"고 역설했다.

압도적인 힘을 지닌 워싱턴의 입장은 물론 단호하다. 서구 세계는 최근 들어 부시 행정부가 호전적인 군국주의에서 벗어나 외교적 자세로 돌아섰다고 찬사를 보냈지만, 전 세계가 박수를 보낸 것은 아니다.

* Group of 77. 회원국들의 경제적 이득을 도모하고 유엔에서의 협상력을 높이기 위해 연대할 목적으로 결성된 개발도상국들의 느슨한 연대.

중동 전문가로 사우디아라비아 대사를 지낸 찰스 프리먼^{Charles Freeman}은 부시 대통령이 2008년 1월에 페르시아 만 연안 국가들을 순방한 것에 대해 논평하면서 "아랍인들은 마음에 들지 않는 손님도 예의를 갖춰 환대하는 것으로 유명하다. …… 하지만 미국 대통령이 방문해 이란 문제에 대해 연설했을 때, 사우디아라비아의 주요 영자 신문은 '미국 정책은 평화를 추구하는 외교가 아니라 전쟁을 쫓는 광기'라는 사실을 개탄하는 사설을 내보냈다"라고 말했다.

유럽에서 전개되는 상황도 위험으로 가득하다. 북대서양조약기구(이하 NATO) 지도자들은 당연히 자신들이 평화를 지키는 힘이라고 생각한다. 하지만 대부분의 국가는 서구의 선행에 대해 약간 다른 기억을 갖고 있어 그렇게 생각하지 않는다. 러시아도 마찬가지이다.

소련이 붕괴되었을 때 유럽에는 오랫동안 평화가 계속될 거라는 희망의 싹이 보였다. 미하일 고르바초프^{Mikhail Gorbachyov}는 통일된 독일이 NATO에 가입하는 걸 허용했다. 과거의 역사에 비추어 볼 때 놀라운 양보였다. 실제로 독일은 20세기에 러시아를 두 번이나 쑥대밭으로 만들었지만, 지금은 범세계적인 초강대국이 주도하는 적대적인 군사동맹체에 속해 있다.

그래도 보상이 따랐다. 아버지 부시^{George Herbert Walker Bush}는 NATO가 동쪽으로 관할권을 확대하지 않기로 합의하며 러시아에게 일종의 안전조치를 허락했다. 하지만 NATO는 구두 합의를 어기고 곧바로 동독으로 세력을 확대했다. 빌 클린턴 대통령은 이 합의를 거의 헌신짝처럼 차버렸다. NATO는 세력을 동쪽으로 확대하는 데서 그치지 않고, 북극부터 흑해까지, 중앙 유럽을 아우르는 지역을 비핵지대로 설정하자는 러시아(그리고 우크라이나와 벨라루스)의 제안까지 거부했다.

따라서 러시아는 부시-고르바초프 합의 이후로 채택했던 핵무기 선제공격 배제 정책을 철회하고, 선제공격 정책으로 돌아섰다. 물론 NATO는 선제공격 정책을 한 번도 포기한 적이 없었다.

아들 부시가 대통령에 취임한 후 위협적인 발언, 공격적인 군사력의 급격한 확대, 핵심적인 안보 조약의 철회, 직접 침략 등으로 긴장이 급격히 고조되었다. 예상대로 러시아는 자체의 군사력을 증강하는 것으로 대응했고, 중국도 그 뒤를 따랐다.

탄도미사일 방어BMD, ballistic missile defence 체제는 특히 위협적이다. 탄도미사일 방어 체제는 모든 면에서 선제공격 무기로 이해되며, 반격을 무력화시켜 억지력을 약화시킬 수 있기 때문이다. 준정부기관인 랜드 연구소RAND Corporation는 탄도미사일 방어 체제를 "단순히 미국의 행동을 보호하는 방패가 아닌 미국의 행동을 가능하게 하는 조력자"라고 표현했다.

군사 분석가들은 정치적인 이념을 초월해서 탄도미사일 방어 체제를 긍정적으로 평가한다. 보수적인 성격의 격월간 잡지 《내셔널 인터레스트The National Interest》에서, 보스턴 대학교의 국제 관계학 교수 앤드루 바세비치Andrew Bacevich는 실제로 "미사일 방어의 목적은 미국의 보호가 아니다. 미사일 방어는 세계 지배를 위한 도구이다"라고 말했다. 한편 로렌스 캐플런Laurence Kaplan은 자유주의적 성향을 띤 《뉴리퍼블릭The New Republic》에 기고한 글에서, 탄도미사일 방어 체제는 "미국이 해외에 힘을 휘두를 수 있는 역량을 보전해준다. 요컨대 탄도미사일 방어 체제는 방어용이 아니라 공격용이다. 바로 이런 이유에서 우리에게 탄도미사일 방어 체제가 필요하다"라고 말했다.

러시아 전략가들이 내린 결론도 똑같다. 그들이 북폴란드와 체코공화국에 배치된 미국의 탄도미사일 방어 체제를 자국의 안보에 잠재적으로 중대한 위협이라고 인식하지 못할 리가 없다고, 미국의 분석가 조지 루이스George Louis와 시어도어 포스톨Theodore Postol은 결론지었다.

미국 정책 입안자들은 세계를 지배할 권리를 오랫동안 당연하게 여겨왔다. 그러나 이제 미국 지배의 시대가 뿌리부터 흔들리고 있다.

남아메리카는 얼마 전부터 미국의 지배에서 벗어나기 위한 단계를 밟았다. 이제 이 지역의 국가들은 독립의 필요조건인 통합을 향해 나아가는 동시에, 심각한 내부 문제, 특히 부자이며 주로 백인인 소수가 대다수의 가난하고 고통받는 사람들을 지배하는 전통적인 문제에 대해 고심하고 있다.

남남관계* 또한 강화되고 있으며 브라질과 남아프리카와 인도가 연대를 맺었고, 중국의 경제력이 급성장하면서 중국이 서구 지배에 대한 대안으로 떠올랐다.

한동안 국제경제는 북아메리카와 유럽과 동(동북)아시아를 주축으로 한 삼극 체제였지만, 이제는 남아시아와 동남아시아의 경제력도 무시하지 못할 수준이다.

미국은 여전히 한 부문, 즉 폭력의 수단에서 지배적인 위치에 있다. 미국이 여기에 쏟는 비용은 나머지 나라들이 투자하는 비용을 전부 합한 것과 엇비슷하며, 과학기술에서는 월등하다. 그러나 다른 부문들에서 세계는 점점 더 다양하고 복잡하게 변해가고 있다.

●   개발도상국들 간의 협력을 확대하기 위한 관계를 뜻한다.

세계를 지배하는 미국의 전통적인 두 가지 방법은 폭력과 경제제재이다. 언젠가부터 두 방법이 제대로 효과를 발휘하지는 못하는 듯하지만, 미국은 그 전통적 방법을 결코 포기하지 않았다.

2008년 3월, 미국 재무부는 전 세계 금융기관들에게 이란의 주요 국영 은행들과 거래하지 말라고 경고했다. 미국 패트리어트법의 한 조항을 근거로 워싱턴은 미국의 지시를 어기는 모든 금융기관이 미국 금융 체계에 접근하지 못하도록 막을 수 있기 때문에 이 경고는 강력하고 효과가 있을 수밖에 없다.

이 경고는 협박이나 다름없고, 이 협박을 감히 무시할 나라는 거의 없을 것이다. 심지어 중국도 무시하기 힘들 것이다. 경제 분석가 존 맥글린^{John McGlynn}이 3월의 재무부 경고를 이란에 대한 선전포고로 해석한 것은 조금도 과장이 아니다. 이란을 국제경제로부터 실질적으로 고립시킬 수 있기 때문이다.

맥글린의 분석은 예상치 못한 곳에서 지지를 받았다. NATO의 전직 고위 지휘관 5명이 2008년 1월에 발표한 공격적인 '새로운 대전략'이란 선언에서, "핵이 없는 세계는 전혀 현실성이 없기 때문에 핵무기와 선제 공격 전략은 반드시 필요하다"고 조언했다.

그들은 금융이라는 무기에서 비롯되는 '영향력의 남용'을 우리가 경계해야 할 잠재적인 전쟁 행위 중 하나로 꼽았다. 물론 그들은 금융이라는 무기는 남의 손에 있을 때에만 전쟁 행위에 사용된다는 전통적인 통념을 따른다. 우리가 금융을 무기로 사용하면 —잠재적 가능성이 아니라 실제로 사용한다— 정당한 자위 수단이 된다. 역사가 증명하듯이 우리 편인 국가들이 자행하는 침략 행위도 마찬가지이다.

핵무기의 시대에 인류가 이처럼 오랫동안 생존한 것도 기적이다. 우리가 지금과 같은 과정을 계속 고집한다면 "곧 대참사"가 닥칠 거라는 케네디 시대 국방장관을 지낸 로버트 맥나마라Robert McNamara의 경고를 결코 가볍게 넘겨서는 안 된다.

우리 앞에 놓인 과제들을 직시하지 않는다면, 인류의 높은 지능은 진화상의 오류이므로 인류는 지극히 짧은 시간 이상 생존하지 못할 거라는 현대 생물학의 태두 에른스트 마이어Ernst Mayr의 생각이 현실화될지도 모른다.

2008년 4월 24일

중동 순방

2008년 5월 중순, 부시 대통령이 중동을 순방했다. 그가 대통령으로 재임하던 내내 가장 신경 썼던 지역에 남긴 유산을 더욱 확고하게 다져놓기 위한 목적이었다.

주된 방문지는 두 곳이었다. 두 곳 모두 중요한 기념일을 축하하기 위해 선택되었다. 하나는 건국 후 미국의 인정을 받은 지 60주년이 된 이스라엘이었고, 다른 하나는 새로이 세워진 왕국을 미국이 인정한 지 75주년이 된 사우디아라비아였다.

석유의 지배와, 그 지배권을 유지하는 데 도움을 주는 위성국가들의 지원이라는 미국 중동 정책의 역사와 지속적인 방향을 고려하면, 이런 선택은 당연한 것일 수 있다.

하지만 다른 한 가지가 생략된 것은 그 지역 국민들의 이해를 얻지 못했다. 부시는 이스라엘의 건국은 축하했지만, 60년 전부터 이스라엘의 건국과 짝을 이룬 사건, 즉 팔레스타인의 파멸은 기억하기는커녕 인정하지도 않았다. 팔레스타인 사람들을 자신들의 땅에서 쫓아낸 그 사건은 그곳에서는 '나크바(Nakba, 재앙)'라 불린다.

예루살렘에 체류한 사흘 동안, 부시 대통령은 호화로운 행사들에 열심히 참석했고, 유대 민족주의의 성지라 할 수 있는 마사다까지 방문했다.

그러나 부시 대통령은 라말라에 있는 팔레스타인 자치정부 본부, 가자 시티, 난민촌, 분리 장벽에 에워싸인 칼킬리아 등에는 얼굴조차 비추지 않았다. 이제 분리 장벽은 이스라엘의 불법적인 정착촌 건설과 개발 계획에 의해 합병 장벽으로 변해가는 실정이며, 더구나 부시는 이런 불법적인 계획을 공식적으로 지지한 미국 최초의 대통령이다.

부시가 아랍 세계의 유일한 자유선거로 선출된 하마스 출신 의원들과 지도자들을 접촉할 가능성은 거의 없다. 더구나 많은 하마스 지도자들이 이스라엘에서 사법적 절차를 거치지 않은 채 투옥된 상황이다.

부시가 이런 태도를 취한 이유는 잠깐만 분석해봐도 알 수 있다. 하마스가 국제 합의에 따른 두 국가론을 거듭해서 촉구한다는 사실은 부시에게 조금도 중요하지 않다. 이스라엘과 미국은 지금까지 30년 이상 이런 국제 합의를 독불장군처럼 거부해왔고 지금도 거부하는 입장을 굽히지 않는다. 게다가 부시는 미국의 총신이라 할 수 있는 마무드 아바스 팔레스타인 대통령이 여러 지역 지도자들이 참여하는 이집트 회의에 참석하도록 허락까지 하지 않았던가.

부시가 사우디아라비아를 마지막으로 방문한 때는 2008년 1월이었다. 사우디아라비아를 두 번씩이나 방문하면서 부시는 사우디아라비아를 반反이란 동맹에 끌어들이려 했지만 성공하지 못했다. '시아파 초승달' 지역*과 점점 확대되는 이란의 영향—주로 '호전성'이라 표현된다

―에 대한 수니파 지도자들의 걱정에도 불구하고 부시의 목표는 성취하기 쉽지 않은 일이다.

사우디아라비아 지도자들은 이란과 대립하기보다는 화목하게 지내고 싶어 하는 듯하다. 아무리 국민 여론을 의식하지 않는다 해도 완전히 무시할 수는 없다. 사우디아라비아에서 최근에 실시된 여론조사에 따르면, '매우 불길한 사람'이라는 항목에서 부시는 오사마 빈라덴을 훨씬 앞섰다. 또한 마무드 아마디네자드 이란 대통령이나 이란의 시아파 동맹인 레바논의 헤즈볼라 지도자 하산 나스룰라^{Hassan Nasrallah} 보다도 두 배나 많은 표를 얻었다.

미국과 사우디아라비아의 관계는 1933년 미국이 사우디 왕국을 인정하면서 시작된다. 그해, 캘리포니아 스탠더드 석유 회사가 석유 채굴권을 획득하고, 미국 지질학자들이 훗날 세계 최대의 유전으로 판명된 곳을 탐사하기 시작한 것은 결코 우연이 아니다.

미국은 사우디아라비아의 석유를 지배할 권리를 확보하기 위해서 신속하게 행동했다. 영국으로부터 세계 지배권을 인계받는 과정에서 미국이 반드시 거쳐야 할 중요한 단계였다. 영국 외무부는 당시 영국이 서서히 '주니어 파트너^{junior partner}'로 전락해서 "인정 많고 자애로운 국제주의라는 구실을 앞세워 역동적으로 활동하는 미국 기업들의 경제적 제국주의"를 견제할 수 없었다고 한탄했다.

미국과 이스라엘의 강력한 동맹 관계는 1967년, 이스라엘이 아랍 민족주의의 본산이던 나세르^{Gamal Abdel Nasser}의 이집트를 격파하고 사우디

● 이란, 이라크 남부, 시리아, 레바논으로 이어지는 초승달 모양의 지역.

아라비아 지도자들을 세속적인 민족주의자들의 위협으로부터 지켜주며 미국을 위해 큰 공을 세웠던 때부터 현재와 같은 모습을 띠게 되었다. 미국의 정책 입안자들은 그보다 10년 전에, 급진적인(즉, 독립적이라는 말이다) 아랍 민족주의에 반대하는 미국의 필연적 결과로 "중동에 남겨진 유일한 친親서방 국가로서 이스라엘을 지원할 것이다"라고 공식적으로 인정하기도 했다.

이스라엘의 첨단산업에 대한 미국 기업들의 투자가 급격하게 증가했다. 인텔, 휴렛팩커드, 마이크로소프트, 워런 버핏 등이 이스라엘의 첨단 기업에 투자했고, 일본과 인도의 투자자들도 투자 대열에 합류했다. 특히 인도 투자자들이 합류했다는 사실은 미국-이스라엘-인도의 전략적 동맹이 강화되고 있다는 증거라 할 수 있다.

물론 미국과 이스라엘의 돈독한 관계에는 다른 요인들도 있다. 예루살렘에서 부시는 '책의 연대'를 강조했다. 오스트레일리아 언론에서 말했듯이 "부시와 유대인 같은 기독교인들이 공유한 믿음"의 연대라는 뜻이다. 하지만 무슬림이나, 이스라엘의 불법적인 건설 계획 때문에 수 킬로미터밖에 떨어지지 않은 예루살렘에 얼씬조차 못하는 베들레헴의 기독교계 아랍인들이 공유하는 믿음은 아니다.

사우디아라비아에서 발행된 영자 일간지 《사우디 가제트Saudi Gazette》는 "이스라엘을 선택받은 민족의 고향이라 칭한 부시의 뻔뻔함"을 신랄하게 비난했다. 이스라엘의 광신적인 강경파나 사용하는 표현이기 때문이었다. 게다가 《사우디 가제트》는 "부시는 지금부터 60년 후의 이 지역에 대한 비전을 밝힐 때 팔레스타인 국가를 지나가듯 잠깐 언급함으로써 본인이 도덕적 파산자임을 극명하게 보여주었다"고 덧붙였다.

부시의 선택받은 유산이 왜 이스라엘 및 사우디아라비아 지도자들과의 관계에 역점을 두어야 하는지, 왜 이집트에 곁눈질하면서도 팔레스타인과 그곳의 참상에 대해서는 관례적인 어구만 되풀이할 뿐 철저하게 무시하는지를 알아내기는 그다지 어렵지 않다.

이라크를 침략한 구실이 허구로 드러난 후 부시 대통령의 선택이 정의와 인권 및 그의 영혼을 사로잡은 '민주주의의 증진'이라는 비전과 어떤 관계가 있지 않을까 생각해보는 것은 부질없는 짓이다.

부시의 선택은 미국의 대외 정책에서 일관되게 추진된 일반적인 원칙, 즉 "권리는 힘에 기여한 몫만큼 부여된다"라는 원칙을 충실히 따른 것이다.

팔레스타인은 가난하고 약하며, 지리멸렬하고 친구도 없는 나라이다. 따라서 팔레스타인에게는 어떤 권리도 인정되지 않는다. 반면에 사우디아라비아는 막대한 에너지를 지닌 국가이며, 이집트는 강력한 힘을 지닌 아랍 국가이다. 이스라엘은 부유한 서구 국가인 데다, 미국을 제외한 NATO 강대국들보다 더 최첨단 무기로 무장하고 훨씬 강력한 것으로 알려진 공군력과 기갑부대뿐만 아니라 수백 기의 핵무기까지 보유한 중동 지역의 최강국이다. 게다가 선진화되고 군국화된 경제는 미국과 긴밀한 관계를 맺고 있다.

따라서 미국이 의도하는 유산의 윤곽은 어렵지 않게 예측할 수 있다.

2008년 5월 29일

이라크 석유:
악마와의 거래

이라크 석유부와 서구의 석유 회사 네 곳 간의 거래가 구체화되면서, 미국이 이라크를 침략하고 점령한 이유에 대한 중대한 의문들이 제기된다. 대통령 후보들이 확실하게 각자의 입장을 밝혀야 하고, 미국과 점령당한 이라크에서도 진지하게 논의되어야 할 의문들이다. 특히 이라크 국민은 자국의 미래를 결정하는 데 설령 한다 해도 극히 작은 역할밖에 못하는 것으로 보이기 때문이다.

엑슨모빌과 로열더치셸, 토탈과 BP — 수십 년 전 이라크 석유 회사를 설립하는 데 참여한 기업들이다. 현재는 셰브론과 상대적으로 소규모인 석유 회사들도 이라크 석유 회사에 참여하고 있다 — 는 산유국들이 석유 자원을 인수하던 시기에 국유화로 인해 상실했던 석유 채굴권을 되찾기 위한 협상을 진행 중이다. 이 석유 회사들이 십중팔구 미국 관리들의 도움을 받아 작성했을 수의계약은 중국과 인도와 러시아의 기업들을 비롯해 40여 개의 다른 석유 회사들이 제안한 계약 가운데서 일방적인 승리를 거두었다.

《뉴욕타임스》의 앤드루 크레이머^Andrew E. Kramer 는 "아랍 세계에서, 또 미국 여론에서 미국이 이번 계약을 통해 얻으려는 석유 자원을 안전하게 확보하기 위해서 이라크까지 달려가 전쟁을 벌였다고 의심하는 사람들이 많다"고 보도했다.

게다가 미국은 군사 점령으로 주도권을 쥔 덕분에, 시머스 밀른^Seumas Milne 이 《가디언^The Guardian》에 썼듯이 영국의 지배하에서 "무척 착취적인 거래로 이라크의 재산을 즐기기 위해" 설립되었던 한스러운 이라크 석유 회사를 되찾을 수 있었다.

그 후에 입찰이 연기되었다는 보도가 잇달았다. 많은 일이 비밀리에 진행되었고, 따라서 불미스러운 소식들이 새롭게 튀어나온다고 해서 놀랄 것은 없다.

이라크 석유를 지배하려는 노력을 이해하기는 어렵지 않다. 이라크에 매장된 석유는 세계에서 두 번째로 많은 양으로 추정되며, 더구나 채굴하기도 무척 쉽다. 영구 동토층도 아니고, 셰일이나 오일샌드도 아니며, 심해에서 시추해야 하는 것도 아니다. 따라서 미국의 정책 입안자들로서는 이라크를 고분고분한 위성국가로 삼아, 주요한 석유 매장지 한복판에 거대한 미군 기지들을 세우고 최대한 미국의 지배하에 두는 것이 최우선 과제이다.

이라크 침략의 주된 목적이 석유의 지배였다는 사실은 대량살상무기, 사담 후세인과 알카에다의 관련성, 민주주의의 증진, 테러와의 전쟁 등 얄팍하게 이어지던 핑계들에서 충분히 짐작할 수 있었다. 더구나 모두가 예측했듯이 침략의 결과로 테러는 오히려 가파르게 증가했다.

2007년 11월, 부시 대통령과 누리 알 말리키 이라크 총리가 '원칙 선언'에 서명했을 때 기본 방향이 명확하게 밝혀졌다. 미국 의회와 이라크 국회만이 아니라 양국 국민의 의사가 철저하게 무시된 원칙 선언이었다.

원칙 선언에 따라 미군은 무기한으로 이라크에 주둔할 수 있게 되었다. 당연한 말이겠지만, 현재 이라크 곳곳에서 건설 중인 거대한 공군 기지들과 바그다드에 있는 웅장한 '대사관'도 마찬가지이다.

또한 원칙 선언에는 이라크의 석유 자원을 마음대로 착취하겠다는 후안무치한 선언도 담겨 있다. 이라크 경제, 즉 이라크 석유 자원을 외국 투자, 특히 '미국 기업의 투자'에 개방해야 한다고 명시되었다. 우리가 당신 나라를 침략했으니 당신 나라를 지배할 수 있고 당신 나라에 매장된 자원을 우선적으로 개발할 권리가 우리에게 있다고 선언한 것이나 다름없다.

2008년 1월 부시 대통령은 "미군을 이라크에 항구적으로 주둔시키기 위한 목적에서 군사시설이나 군사기지를 건설하고", "이라크의 석유 자원에 대한 미국의 지배권을 행사하기" 위한 자금을 제한하는 의회 입법안을 가차 없이 거부할 거라는 입법 성명을 발표하면서 원칙 선언의 중대함을 강조했다. 침략의 실질적인 이유를 더할 나위 없이 명백하게 밝힌 입법 성명이었지만, 미국의 정책 형성에 익숙한 사람들에게는 크게 놀랄 일도 아니었다.

'입법 성명'을 광범위하게 활용해서 대통령의 집행권executive power을 확대하는 수법은 부시의 혁신적인 발명품이지만, 미국 변호사협회는 "법의 지배와 헌법에서 규정된 권력분립에 반하는 행위"라고 비난한다. 그러나 그런 비난은 공허한 메아리에 불과하다.

원칙 선언은 당연히 이라크에서 즉각적인 반발을 불러일으켰다. 특히, 사담 후세인이 법제화해서 미군에게 점령된 지금까지도 유지되는 무자비한 반反노동법하에서도 끈질기게 살아남은 이라크 노동조합들이 강력하게 반발했다.

워싱턴의 프로파간다에 따르면 미국의 이라크 지배를 방해하는 훼방꾼은 이란이다. 이라크에서 미국이 온갖 문제에 부딪치는 이유는 이란 때문이다. 콘돌리자 라이스 국무장관이 생각하는 해결책은 간단하다. 외국 전투원과 외국 병력을 이라크에서 철수하는 것이다. 물론 이란의 전투원을 가리키는 것이지 미군을 가리키는 것은 아니다.

이란 핵프로그램에 대한 대치로 긴장감이 고조되었다. 부시 행정부는 막강한 무력 위협을 통해서 이란의 체제 변화를 꾀하려 한다. (부시의 이런 정책에 대통령 후보들도 동조한다.) 이 정책에는 이란 내에서 테러를 꾀하는 계획까지 포함된 것으로 알려졌다. 미국은 세계의 지배자이기 때문에 이런 테러 행위도 합법적이다. 대다수의 미국 국민은 외교적 해법을 지지하고, 무력 사용을 반대한다. 그러나 국민 여론은 정책 형성에서 크게 고려할 사항이 아니며, 다른 경우에도 마찬가지이다.

알궂게도 이라크는 미국과 이란이 공동으로 통치하는 국가로 전락해 가고 있다. 말리키 정부는 이란의 지원을 받는 이라크 사회 조직의 한 부분이다. 또한 이른바 이라크 군부—다른 형태의 민병 조직에 불과하다—는 바드르 여단에 기반을 두고 있으며, 바드르 여단은 이란에서 훈련받고, 이란-이라크 전쟁에서도 이란 편에서 싸웠던 조직이다.

이 지역에 대해 가장 많이 아는 영민한 기자로 손꼽히는 니어 로센은 미국과 말리키의 군사작전에서 주된 표적인 무끄타다 알 사드르 Muqtada al Sadr를 이란에게도 미운털이 박힌 지도자라고 평가한다. 독자적으로 활동하는 데다 민중에게도 인기가 높아 위험한 인물이기 때문이다.

로센은 "이란은 바스라에서 최근에 일어난 충돌에서 무끄타다의 민병 조직, 마흐디Mahdi를 '불법적인 무장 조직'이라 비난하며 말리키 총리와 이라크 정부를 강력하게 지지했다. 이라크 내의 이란 대리인이라 할 수 있는 이라크 이슬람혁명최고위원회가 이라크 국가를 지배하고 말리키의 주된 배경이 된다는 사실을 고려하면 이란의 이런 태도는 그다지 놀랍지 않다"며 "이라크에서 대리 전쟁은 없다. 미국과 이란이 똑같은 인물을 대리인으로 두고 있기 때문이다"라고 결론지었다.

테헤란은 미국이 이라크에 정부를 세우고 유지하려 노력하는 걸 보면서 내심 즐거울 것이다. 그 정부가 이란의 영향권 내에 있기 때문이다. 하지만 이라크 국민에게 그 정부는 재앙의 연속이며, 사태의 악화로 여겨질 뿐이다.

미국 국가안전보장회의에서 중동과 북아프리카를 담당하는 스티븐 사이먼Steven Simon은 《포린 어페어스》에서 "미국의 현재 반란 진압 전략은 전통적으로 중동 국가들을 위협해왔던 세 요인, 즉 부족주의와 군벌주의와 종파주의를 부추기는 것이다"라고 지적했다. 따라서 그 결과는 "군사정권이 지배하는 강력한 중앙집권적 국가"일 것이며, 사담 후세인의 체제와 유사할 것이다.

워싱턴이 목표를 달성하면, 지금까지 저지른 만행은 정당화된다. 블라디미르 푸틴Vladimir Putin은 체첸공화국의 반란 진압에서 데이비드 퍼트레이어스 장군이 이라크에서 거둔 성취를 훨씬 뛰어넘을 정도로 성공을 거두었지만 반응은 사뭇 달랐다. 그러나 푸틴은 '남'이고, 퍼트레이어스는 '우리'이다. 따라서 판단 기준이 완전히 다르다.

이라크에 미군을 증파한 전략이 성공한 것처럼 보이기 때문에 지금 민주당은 말문을 닫아버렸다. 민주당의 침묵은 원칙에 근거한 전쟁 비판이 없다는 사실의 방증이다. 이런 식의 세계관에서는 목표를 달성하면 전쟁이든 점령이든 정당화된다. 목표를 성취하면, 달콤한 석유 거래가 당연히 덤으로 주어진다.

누가 뭐라 해도 전면적인 침략은 전쟁범죄이다. 뉘른베르크 재판의 판결에 따르면, 전면적인 침략은 뒤따르는 온갖 악의가 축적된다는 점에서 다른 전쟁범죄와 차원이 다른 최악의 국제범죄이다. 그러나 대통령 선거 유세에서나 다른 어떤 곳에서도 이 문제는 논의조차 되지 않는다. 왜 우리는 이라크에 있는가? 우리는 이라크를 파괴해서 무엇을 얻고 있는가? 대다수의 미국인은 미군이 이라크에서 철수하기를 바란다. 그들의 목소리가 중요하기나 한가?

2008년 6월 6일

핵위협:
모든 가능성을 검토 중이다

핵위협과 반격의 위협은 끊임없이 조금씩 뚜렷해져가는 우리 시대의 암묵적인 골칫거리이다.

2008년 7월, 이란의 핵프로그램과 관련해서 이란과 여섯 강대국이 제네바에서 회담을 가졌지만 아무런 성과도 없이 끝났다.* 부시 행정부는 과거에 비해 유화적인 입장으로 돌아섰는데, 정확히 말하면 외교관을 회담의 당사자는 아니어도 참관인으로 파견함으로써 대대적인 환영을 받았다. 하지만 이란은 협상에 진지하게 응하지 않았다는 이유로 호된 비난을 받았다. 강대국들은 이란에게 우라늄 농축 프로그램을 즉각 중단하지 않으면 엄중한 제재에 직면하게 될 거라고 경고하기도 했다.

한편 인도는 미국과의 핵협정에 응한 대가로 박수를 받았다. 핵협정에 근거해서 미국은 핵확산금지조약의 범위를 벗어난 인도의 핵무기

---

* IAEA가 격년으로 주최하는 핵융합에너지 회담Fusion Energy Conference을 가리킨다.

개발을 실질적으로 허용할 것이며, 이처럼 인도의 핵프로그램을 지원하는 대신에 다른 보상을 얻어낼 것이다. 그 보상은 핵무기 개발을 위한 인도 시장에 뛰어들려는 미국 기업들에게 주어질 것이고, 핵협정에 동의한 의원들에게도 막대한 정치 헌금이 주어질 것이며, 이 모든 것이 인도에 민주주의가 꽃피우고 있다는 증거로 여겨질 것이다. 스팀슨 센터*의 공동 설립자이며 핵위협 문제에서 손꼽히는 전문가인 마이클 크레폰Michael Krepon은 "다른 나라들이 만약 미국의 선례를 따른다면, 핵확산 금지보다 자국의 이익을 먼저 생각한 워싱턴의 이번 결정은 핵확산 금지조약의 종말을 뜻할 수 있다. 그렇게 된다면 세계 전역에서 핵위협이 가파르게 증가할 것이다"라고 냉정하게 지적했다.

같은 시기에 서구 세계의 지원을 등에 업고 핵확산금지조약을 무시해온 또 다른 국가 이스라엘은 동지중해에서 대규모 군사훈련을 실시했다. 이 훈련은 이란의 핵시설을 폭격하기 위한 준비 단계로 여겨졌다.

이스라엘의 저명한 역사학자 베니 모리스Benny Morris는《뉴욕타임스》에 기고한 '전쟁을 저지하기 위해 폭탄을 사용하다'라는 제목의 기명 칼럼에서, "이란 지도자들은 재래식 무기를 이용한 이스라엘의 폭격을 다행으로 받아들여야 할 것이다. 이스라엘이 대안을 이용하면 이란이 핵 쓰레기장으로 변해버릴 테니까"라고 말했다.

의도했든 하지 않았든 간에 모리스는 해묵은 논제를 되살려냈다. 1950년대 이스라엘의 집권당인 노동당 중진들은 당내 토론에서, "한계를 넘어서면 우리가 이성을 상실해서 최초의 자살 폭탄 테러범인 존경

● Stimson Center. 워싱턴에 본부를 둔 비영리, 비정파적 성격을 띤 싱크탱크.

하는 삼손처럼 성전의 벽을 무너뜨릴 수도 있다"고 조언했다. 삼손은 성전의 벽을 무너뜨리며 자살을 택함으로써 평생 죽였던 것보다 더 많은 블레셋 사람들을 죽이지 않았던가.

이스라엘 전략 분석가 제브 마오스가 설득력 있게 주장했듯이, 이스라엘의 핵무기가 이스라엘의 안보를 해칠 수 있다. 그러나 역사에서 확인되었듯이, 안보가 국가정책 입안자들에게 최우선 순위가 아닌 경우가 적지 않다. 이스라엘 정치 평론가들의 표현대로, 이른바 '삼손 콤플렉스' 때문에 우리는 꿈에 그리던 대로 이란을 공격할지도 모른다. 그렇게라도 하지 않으면, 중동 지역, 더 나아가서는 전 세계를 불바다로 만들어버릴지도 모른다.

'전 세계가 우리 적이다'라는 믿음에서 강화된 삼손 콤플렉스를 결코 가볍게 무시해서는 안 된다. 1982년 정당한 이유도 없이 레바논을 침략해서 약 1만 5,000명 내지 2만 명을 살상한 사건이 있은 직후, 이스라엘에서 가장 널리 알려진 비둘기파 정치인 아리예 엘리아브^{Aryeh Eliav}는 "주변의 모든 이방인들을 살해하고 매장하는 동시에 그들과 함께 죽음을 택하려는 삼손 콤플렉스에 사로잡힌 사람들"의 정신 상태는 광기의 한 형태라고 비판했다. 당시에 팽배했던 그런 광기가 지금도 여전하다.

미국의 군사 분석가들도 이 점을 인지하고 있었다. 1999년 워너 파^{Warner Farr} 육군 중령은 "이스라엘 핵무기의 용도는 자주 언급되지 않지만 미국을 겨냥한 것이 분명하다"고 말했다. 십중팔구 이스라엘 정책에 대한 미국의 꾸준한 지원을 확보하려는 의도이겠지만, 만에 하나라도 그렇지 않다면 …….

그 이상의 위험을 지적하는 분석가들도 있다. 미국 전략사령부 사령관을 역임한 리 버틀러 장군은 1999년에 "중동이라 일컫는 증오의 용광로에서 한 국가가 수백 기에 이르는 핵무기로 무장한 것으로 알려지면 다른 국가들까지 핵무기로 무장하려 나서기 때문에 무척 위험하다"고 말했다. 이런 사실은 이란의 핵프로그램과 무관하지 않지만 의제에서 빠져 있다.

국제 문제에서 무력 위협을 금지한 유엔헌장 2조도 논의 사항이 아니다. 미국의 양대 정당은 이란 핵프로그램과 관련해서 모든 가능성을 검토 중이라 선언하며, 미국의 범죄를 여실히 드러내고 있지 않은가.

존 매케인처럼 한술 더 떠 이란을 폭격해서 이란 사람들을 사지에 몰아넣으면 무척 재미있을 거라고 장난스레 말하는 사람들도 적지 않다. 하지만 이런 농담은 세계의 '피차별민'들─영국의 역사학자 마크 커티스가 사용한 용어로, 특권과 권력을 지닌 사람들의 관심을 받을 만한 자격이 없는 사람들─에게 이해받기 힘들다.

버락 오바마는 "내게 주어진 모든 권한"을 동원해서 이란이 핵무기를 생산할 수 있는 능력을 확보하지 못하도록 막겠다고 선언했다. 피차별민은 그의 권한이면 핵전쟁을 시작할 수도 있다는 걸 알고 있다.

이런 신新히틀러들을 비난하는 테헤란의 목소리와, 신히틀러들이 생존에 제기하는 위협은 밀실에서 흘러나온 몇몇 목소리에 의해 지워져 버렸다. 그래서 에프라임 할레비Efraim Halevy 전前 모사드* 대장은 "이스라엘이 이란을 공격하면 이스라엘은 향후 100년 동안 그 후유증에서 벗어나지 못할 것"이라고 경고하지 않았던가.

• 이스라엘의 비밀 정보 기관으로, 해외에서 정치 공작·첩보 활동·정보 수집·대테러 활동 등을 수행한다.

이름을 밝히지 않은 전 모사드 고위 관리는 "이란은 종이 호랑이에 불과한데도 자신의 이미지를 무서운 초강대국으로 조작하는 데 성공했다"고 평가했지만, 정확한 평가는 아니다. 오히려 미국과 이스라엘의 프로파간다가 만들어낸 작품이라 해석해야 옳다.

2008년 7월의 제네바 회담에는 이집트의 외무장관 아메드 아불 게이트Ahmed Aboul Gheit도 참석해서, "이란이 평화적 목적을 위해 핵에너지를 사용할 권리를 유지할 수 있는 정치적이고 외교적인 해결책을 찾기 위해서 노력할 것"이라는 아랍의 입장을 대략적으로 밝혔다. 핵무기 개발은 허용하지 않겠다는 뜻이었다.

'아랍의 입장'은 이란 국민 대부분의 입장이며, 다른 피차별민의 입장이기도 하다. 2008년 7월 30일, 비동맹운동은 120개 회원국 전체의 이름으로 이란이 핵확산금지조약의 범위 내에서 우라늄을 농축할 권리를 인정한 과거의 결정을 재확인해주었다.

여론조사에 따르면, 대다수의 미국인도 피차별민에 속한다. 미국 피차별민들은 이란이 평화적 목적을 위해 우라늄을 농축할 권리를 지지하며, 아랍 지역 전체를 비핵지대로 전환할 것을 촉구하는 아랍의 입장도 지지한다. 비핵지대화化는 중동 지역의 위협을 획기적으로 감소시킬 수 있는 조치이지만 강대국에서는 논의조차 되지 않고, 미국의 선거 유세에서도 언급되지 않는다.

베니 모리스는 "세계 모든 정보기관의 판단에 따르면, 이란의 핵프로그램은 무기 제조에 맞춰져 있다"고 장담하지만, 2007년 11월에 공개된 미국 국가정보평가서는 "2003년 가을 테헤란은 핵무기 개발 프로그램을 중단했을 가능성이 아주 높다"고 판단했다. 비동맹운동*의 모든 회원국 정보기관들도 이 판단에 거의 전적으로 동의한다고 말해도 과언이 아닐 것이다.

모리스는 십중팔구 이스라엘 정보기관에게서 얻은 정보를 근거로 그렇게 장담했겠지만, 이란이 우라늄을 농축하려 함으로써 세계, 정확히 말하면 피차별민을 제외한 세계에 도전한다고 우리를 세뇌시키는 논리에 따라, 이스라엘 정보기관은 '세계 모든 정보기관'으로 일반화되어버렸다.

급진적인 국가주의자, 즉 네오콘 집단에서는 버락 오바마가 대통령에 당선되면 부시와 체니가 이란을 폭격해야만 한다는 불만의 소리가 그치지 않는다. 이란의 위협이 너무 중대해서 우유부단한 민주당의 손에 맡겨둘 수 없다는 것이다. 실제로 시모어 허시$^{Seymour M. Hersh}$가 얼마 전에 《뉴요커$^{The New Yorker}$》에 기고했듯이, 미국이 이란에서 '은밀한 작전'을 꾀하고 있다는 보도들이 있었다. 적들이 그렇게 했다면 국제 테러라는 비난이 쏟아졌을 것이다.

2008년 6월, 미국 의회는 이스라엘 압력단체의 강력한 지원에 힘입어, 이란의 봉쇄를 촉구하는 결의안(상하 양원 결의안 362호)을 통과시키기 직전까지 치달았다. 봉쇄는 전쟁 행위와 다를 바가 없다. 자칫하면 큰불로 발전해서 중동 지역만이 아니라 전 세계를 공포에 몰아넣을 수 있기 때문이다. 미국 경제학자 마크 와이스브로$^{Mark Weisbrot}$가 《얼터넷^{AlterNet}》에 기고한 글에 따르면, 반전 단체의 압력으로 이란 봉쇄를 겨냥

● 미·소 냉전 시대 이래 지속되어온 제3세계 국가들의 연대·협력 운동. 2013년 현재, 회원국은 120개국, 참관국은 17개국이다.

한 결의안은 포기된 것으로 보이지만 다른 조치들이 뒤따를 가능성이 크다.

이란 정부는 많은 점에서 비난받아 마땅하지만 이란의 위협은 세계를 지배하는 권리를 횡탈하는 사람들, 또 세계를 지배하려는 그들의 야욕을 방해하는 모든 행위를 범죄적인 침략 행위로 여기는 사람들이 필사적으로 꾸민 허구에 불과하다. 서구 세계에서 건전한 정신을 지닌 사람들, 또 전 세계의 피차별민들이 걱정하듯이, 이것이야말로 우리가 정작 걱정해야 할 주된 위협이다.

2008년 7월 31일

조지아와 네오콘의
냉전주의자들

미군이 필리핀을 침략해서 저지른 잔혹 행위와, 국가 범죄에 흔히 수반되는 고결한 의도와 해방에 관련된 미사여구에 아연실색했지만, 마크 트웨인Mark Twain은 강력한 풍자의 무기를 휘두를 수 없는 자신의 무능함을 한탄하는 수밖에 없었다.

트웨인은 그런 좌절감을 곧바로 저명한 프레더릭 펀스턴* 장군을 향해 폭발시키며, "펀스턴은 어떤 식으로 풍자해도 완전할 수 없다. 펀스턴 자신이 풍자의 정상을 차지했기 때문이다. …… 펀스턴은 그야말로 풍자의 화신이다"라고 한탄했다.

러시아-조지아(옛 명칭: 그루지야)-남오세티야 간의 전쟁이 한창이던 지난 수 주 동안 트웨인의 이런 기발한 비유가 자주 머릿속에 떠올

---

* Frederick Funston. 필리핀-미국 전쟁에서 필리핀 독립운동가 에밀리오 아기날도Emilio Aguinaldo를 사로잡아 공을 세운 장군.

랐다.

조지 부시와 콘돌리자 라이스 및 고위 관리들은 유엔과 국제법의 존엄성을 엄숙하게 들먹이며, 러시아에게 조지아에서 유엔의 원칙에 부합되지 않는 행동을 계속한다면 국제기구에서 축출될 수도 있다고 경고했다.

그들은 모든 국가의 주권과 영토 보전은 엄격히 존중되어야 한다고도 목소리를 높였다. '모든 국가'에서 미국이 공격하기로 결정한 국가들—나열하자면 한도 끝도 없겠지만 특히 이라크와 세르비아 그리고 이란—은 제외된다.

'주니어 파트너'인 영국도 러시아를 비난하는 데 가세했다. 데이비드 밀리밴드David Miliband 영국 외무장관은 러시아가 주권국가를 침략함으로써 19세기 식의 외교를 시도했다고 비난했다. 한마디로, 오늘날 영국은 꿈도 꿀 수 없는 짓을 저질렀다는 것이다.

밀리밴드는 "그런 행동은 21세기의 국제 관계에서는 통용될 수 없는 방법"이라 덧붙였지만, "이웃한 주권국가의 침략은 21세기에 용인될 수 없다"라고 말한 '최고 결정자' 부시 대통령의 발언을 앵무새처럼 되풀이한 것일 뿐이다.

세르주 알리미Serge Halimi가 《르몽드 디플로마티크Le Monde diplomatique》에 썼듯이, "매력적인 친미주의자 미하일 사카슈빌리Mikhail Saakashvili 조지아 대통령이 자기 나라의 국경을 지키기 위해서 이라크에 파병했던 2,000명의 병사 중 일부를 본국으로 송환하기로 했을 때" 풍자와 실제 사건의 상호작용은 "더욱 큰 깨달음을 주었다". 여하튼 조지아는 미국과 영국을 제외할 때 이라크에 가장 많은 병사를 파견한 국가 중 하나였다.

저명한 분석가들도 러시아를 비난하는 합창단에 끼어들었다. 《포린 어페어스》의 편집 주간을 지낸 파리드 자카리아Fareed Zakaria는 러시아의 행동이 19세기와 달리 21세기에는 용납되지 않는다는 부시의 발언에 박수를 보내며, "러시아의 간섭은 19세기에나 통했던 강대국의 표준운용절차였다"라고 꼬집었다. 따라서 미국은 러시아를 "간섭을 감히 생각할 수도 없는 문명 세계의 일원으로" 끌어들일 전략을 구상해야만 한다.

선진산업국가들의 모임, G8＊의 창립 회원국인 7개국은 "우리 G8 동료 회원국의 행동을 규탄"하는 성명서를 발표했다. 러시아가 영미의 내정 불간섭 원칙을 아직까지 제대로 이해하지 못한 탓에 저지른 짓이었다. 유럽연합도 좀처럼 열지 않던 긴급회의까지 소집하며, 러시아의 범죄를 규탄했다. 심지어 이라크 침략 이후에 처음으로 소집된 회의였다. 물론 당시 회의에서 이라크 침략을 비난하는 발언은 없었다.

러시아는 유엔 안전보장이사회 긴급회의를 요구했지만, 안전보장이사회 파견 외교관들에 따르면 미국과 영국을 비롯한 여러 국가가 양쪽에 "무력 사용을 포기"하라고 촉구하는 구절을 거부했기 때문에 합의에 이르지 못했다.

이런 반응은 "자기 편이 저지른 잔혹 행위는 비난하지 않을 뿐 아니라…… 그런 잔혹 행위에 대해서는 아예 귀를 막아버리는 기발한 능력까지 지닌 국가주의자의 현실에 대한 무관심"을 지적한 조지 오웰George

---

＊　Group of Eight. 미국·일본·영국·프랑스·독일·이탈리아·캐나다 등 서방 선진 7개국(G7)과 러시아를 가리킨다.

Orwell의 글*을 떠올리게 한다.

기본적인 역사는 진지하게 논의되지 않는다. 남오세티야와 압하스(흑해변)는 스탈린이 자신의 고향인 그루지야에 선물한 땅이었다. 그런데도 현재 서구 지도자들은 스탈린의 지시가 준수되어야 한다고 매정하게 주장한다.

소비에트 연방이 붕괴될 때까지 두 지역은 상대적인 자치권을 누렸다. 1990년 그루지야의 초국가주의자 즈비아드 감사후르디아Zviad Gamsakhurdia 대통령은 자치 지역들을 폐지하고 남오세티야를 침략했다. 그 후에 닥친 쓰라린 전쟁으로 1,000명이 목숨을 잃었고, 수만 명이 고향을 떠나 난민이 되었다.

소규모 러시아군이 개입해서 지루하고 불안한 휴전 상태가 이어졌지만, 2008년 8월 7일 미하일 사카슈빌리 조지아 대통령이 남오세티야를 공격하라고 군에 명령하면서 휴전이 깨지고 말았다. 《뉴욕타임스》는 많은 목격자의 증언을 바탕으로, "조지아 군대는 로켓포와 대포로 츠힌발리의 민간인 지역들을 맹포격했고, 심지어 그곳에 주둔한 러시아 평화유지군 기지까지 포격했다"고 보도했다.

예측한 대로 러시아는 곧바로 반격해서 조지아군을 남오세티야에서 몰아내고 조지아의 일부 지역까지 정복했지만, 그 후에 부분적으로 남오세티야 인근 지역까지 물러났다. 그 과정에서 많은 사상자가 있었고 잔혹 행위도 있었다. 항상 그렇듯이, 죄 없는 사람들이 극심한 고통을 겪었다.

● 조지 오웰이 1945년 5월에 쓴 시론 〈국가주의에 대한 소론Notes on Nationalism〉을 가리킨다.

이런 캅카스 비극의 배경에는 두 가지 중대한 쟁점이 자리 잡고 있다. 하나는 아제르바이잔에서 서유럽까지 연결되는 석유와 천연가스 파이프라인에 대한 지배권이다. 빌 클린턴은 러시아와 이란을 우회하는 방법으로 조지아를 선택했고, 그 목적을 위해서 조지아를 중무장시켰다. 따라서 즈비그뉴 브레진스키Zbigniew Brezinski의 표현을 빌면, "조지아는 우리에게 무척 중요한 전략적 자산이다".

섬뜩한 위협을 가한 구실들이 퇴색되고 점령군의 철수를 요구하는 이라크인들의 목소리를 더는 피하기 힘들게 되자, 미국이 이 지역에서 의도한 실제 목표를 분석가들이 과거에 비해 더 열심히 설명하고 있다는 사실에 주목할 필요가 있다. 따라서 《워싱턴포스트》의 편집자들은 버락 오바마가 아프가니스탄을 미국의 '중부 전선'으로 파악한다고 질책하며, "이라크는 지정학적으로 중동의 한복판에 위치하고 세계 최대의 유전을 보유한 국가"인 반면에 "아프가니스탄의 전략적 중요성은 이라크에 비하면 아무것도 아니다"라는 점을 오바마에게 일깨워주었다. 늦게라도 이라크 침략에 대한 현실을 제대로 인식해야 한다는 뜻이었다.

캅카스를 갈라놓은 또 하나의 원인은 동부 지역으로 확대를 꾀한 NATO의 정책이다. 소련이 붕괴되었을 때 미하일 고르바초프의 양보는 당시의 역사와 전략적 현실에 비추어볼 때 무척 놀라웠다. 통일 독일이 적대적인 군사동맹체, 즉 NATO에 가입하는 걸 허용하지 않았던가.

1987년부터 1991년까지 중요한 시기에 러시아 주재 미국 대사를 지낸 잭 매트럭Jack Matlock의 증언에 따르면, 고르바초프는 "NATO가 관할권을 동쪽으로, 제임스 베이커James Baker 국무장관의 정확한 표현을 빌면 한 뼘도 확대하지 않을 거라는 확약"을 근거로 그런 양보를 했다.

부시와 베이커, 그 후의 클린턴은 이런 약속을 헌신짝처럼 저버렸고, 동반 국가들의 협조로 냉전을 종식시키려던 고르바초프의 노력을 무산시켰다. 게다가 NATO는 북극부터 흑해까지를 비핵지대로 만들자는 러시아의 제안을 일축했다. 전략 분석가로 NATO에서 정책 입안자로 일한 마이클 맥과이어^{Michael McGwire}의 판단에 따르면, 러시아의 제안은 NATO의 확장 계획을 저해하는 것이었다.

고르바초프의 바람은 미국의 승리주의 때문에 물거품이 되고 말았다. 클린턴의 조치는 부시 2세의 공격적인 자세와 행동으로 더욱 확대되었다. 매트럭은 "미국이 세르비아를 폭격하지 않았다면, 또 확장을 계속하지 않았다면 러시아는 전前 러시아 위성국들이 NATO에 가입하는 걸 묵인했을 것이다. 그러나 결국 폴란드의 탄도탄요격미사일과 조지아와 우크라이나의 NATO 가입이 절대적인 레드 라인을 넘고 말았다. 코소보 독립을 인정하라는 요구는 그야말로 마지막 지푸라기였다. 푸틴은 미국에게 양보해봤자 어떤 대가도 얻지 못하고 오히려 미국의 세계 지배를 강화시킬 뿐이라는 사실을 경험으로 깨달았다. 따라서 푸틴은 저항할 힘을 갖자 곧바로 미국의 패권주의에 저항하고 나섰다"고 말했다. 그 희생양이 조지아였을 뿐이다.

러시아가 조지아에서 자행한 야만적인 행동에 의해 야기된 '신냉전'에 대해서는 많은 말이 있다. 흑해에 새로이 주둔한 미국 해군 부대—만약 상대 국가가 멕시코 만에 해군 부대를 파견한다면 미국은 결코 용납하지 않을 것이다—를 비롯한 여러 대립의 징조에 불안감을 느끼지 않을 사람은 없을 것이다. 현 단계에서는 심사숙고 중이지만, NATO를 우크라이나까지 확대하려는 시도는 무척 위험할 수 있다. 최근에 있었던 체니 부통령의 조지아와 우크라니아 방문은 앞뒤 가리지 않은 무모한 도발이었다.

하지만 신냉전은 가능하지 않을 듯하다. 미래를 정확히 전망하기 위해서는 과거의 냉전부터 명확하게 파악해야 한다. 과장된 수사들을 배제하면 냉전은 미국과 소련이 상대적으로 자유롭게 폭력과 파괴를 자행하며 각자의 영역을 지배하자는 암묵적인 협약이었다. 그래서 러시아는 동유럽을 지배했고, 초강대국인 미국은 그 외의 세계를 지배했다. 인간 사회는 그런 냉전 시대의 부활을 다시 인내하며 견뎌야 할 필요가 없고, 다시 견뎌내지도 못할 것이다.

합리적인 대안이 있다면 그것은 클린턴이 거부하고 부시가 훼손한 고르바초프의 비전이다. 이스라엘 외무장관을 지낸 역사학자 슐로모 벤 아미Shlomo Ben-Ami는 이런 맥락에서 레바논 베이루트의 영자 신문 《데일리 스타The Daily Star》에 기고한 글에서 다음과 같이 조언했다.

"러시아는 미국과 진정한 전략적 파트너십을 모색해야 할 것이고, 미국은 러시아를 배제하고 멸시하면 러시아가 세계 전역에서 중대한 훼방꾼이 될 수 있다는 사실을 깨달아야 할 것이다. 냉전이 종식된 이후로 미국에게 무시당하고 굴욕을 맛보았지만, 러시아는 반反서구적 대립 전략을 버리고 부활한 강대국으로서 온전한 대접을 받는 신新세계 질서의 일원이 되어야 한다."

2008년 9월 9일

선거운동과 금융 위기

미국 대통령 선거운동이 본격적으로 시작되고 금융시장이 파헤쳐지면서 미국의 정치·경제 시스템이 속살을 드러냈다.

선거운동의 열기는 널리 확산되지 않았을지 모르지만, 집에서 쫓겨날 신세로 전락한 가구가 100만 가구에 이른다는 소식에서 비롯되는 불안감, 언제 없어질지 모를 일자리와 저축 및 건강보험에 대한 걱정으로 밤잠을 설치지 않은 사람이 거의 없는 실정이다.

금융 위기에 대처하기 위해 부시가 처음에 제시한 계획안은 곧 수정되었다. 로비스트들의 강력한 압력에 부시의 첫 계획안은 "시스템 내에서 가장 큰 기관들의 명백한 승리 …… 자산을 퍼부어 파산하거나 문을 닫을 이유가 없는 방법"으로 수정되었다. 1998년 헤지펀드인 롱텀캐피탈리스트가 파산할 당시 연방 정부와 구제금융 협상을 벌였던 제임스 리카즈James G. Rickards의 이런 표현에서 우리는 과거의 전철을 다시 밟고 있다는 사실을 깨닫게 된다.

현재의 금융 위기를 불러온 직접적인 원인은 연방준비은행의 앨런 그린스펀Alan Greenspan 의장이 주도한 주택 거품의 붕괴에 있다. 그린스펀은 부시 시대 내내 빚에 기댄 소비자 지출과 해외에서 차입한 돈으로 경제를 끌어간 장본인이었다.

　그러나 근원은 더 깊은 곳에 있다. 지난 30년 동안 집요하게 추진된 금융 자유화도 적잖은 원인이다. 즉, 시장을 정부 규제로부터 최대한 자유롭게 풀어주었기 때문에 현재의 금융 위기가 닥친 것이다. 금융 자유화 조치로 리버설*의 빈도와 심도가 증가할 것은 불을 보듯 뻔한 일이었다. 이 때문에 대공황 이후로 최악의 위기가 닥칠 듯한 조짐이 보인다. 또한 금융 자유화로 엄청난 수익을 얻은 소수집단이 대대적으로 정부에 개입해서 붕괴 직전에 놓인 금융권을 구제하라고 요구하는 현재의 상황도 충분히 예측된 것이었다.

　이런 간섭주의는 국가자본주의의 전형적인 특징이지만, 그 규모는 예전과 비교조차 되지 않는다. 국제경제학자 빈프리트 라위흐록Winfried Ruigrok과 롭 판 튈더르Rob Van Tulder는 15년 전에 발표한 한 논문에서,《포춘Fortune》지가 선정한 세계 100대 기업들 중 적어도 20개 기업이 각국 정부의 구제를 받지 못했다면 생존하지 못했을 것이며, 대다수의 나머지 기업들도 정부에게 "자신들의 손실을 사회화"해달라고 요구함으로써, 요즘으로 말하면 납세자의 돈으로 긴급 구제를 요청함으로써 막대한 이익을 얻었다고 주장하며, "이런 식의 정부 간섭은 지난 2세기 동안 예외적 조치라기보다는 일종의 규칙이었다"고 결론지었다.

●　reversal. 고평가된 선물을 매도하고 저평가된 합성선물을 매수하여 차익을 얻으려는 전략.

제대로 기능하는 민주 사회라면, 선거 유세는 그런 근본적인 쟁점을 다루어야 할 것이다. 즉, 근원과 치유책을 면밀히 연구하고 현재 상황에서 고통받는 사람들이 실질적으로 통제할 수 있는 수단을 제시해야 한다.

경제학자 존 이트웰John Eatwell과 랜스 테일러Lance Taylor는 이미 10년 전에 "금융시장은 위험을 과소평가하며 구조적으로 비효율적이다"라고 진단하면서 금융 자유화가 일으킬 극단적인 위험을 경고하고 이미 초래된 막대한 손실을 조사해 해결책을 제시했지만, 묵살당하고 말았다. 거래에 참여하지 않은 사람들에게 떠넘겨지는 비용을 계산하지 못하는 것이 위험이 과소평가되는 요인 중 하나이다. 이런 '외부효과'는 막대할 수 있다. 구조적인 위험systemic risk을 무시하면, 아무리 치밀한 대책을 세웠더라도 효율적 경제에서 일어나는 위험보다 훨씬 큰 위험이 발생하기 마련이다.

금융기관의 역할은 위험을 감수하고 잘 관리해서 자신이 부담해야 할 잠재적인 손실을 해소하는 것이다. 이때 '자신이 부담한다'라는 표현에 주목할 필요가 있다. 국가자본주의의 규칙하에서는 금융기관의 습관적인 행태 때문에 걸핏하면 금융 위기가 닥치지만, 그로 인해 다른 사람들이 부담해야 할 비용—품위 있는 삶이라는 '외부효과'들—까지 금융기관이 고려할 필요는 없다.

금융 자유화는 경제 영역을 넘어 막대한 영향을 미친다. 금융 자유화가 민주주의를 훼손하는 강력한 무기라는 것은 오래전부터 알려져왔다. 자본이 자유롭게 이동하면, 일부 경제학자의 표현대로 투자자와 채권자로 이루어진 '가상 의회virtual parliament'가 형성된다. 이런 가상 의회는 정부 정책을 면밀하게 감시하면서 정부 정책이 비합리적이라 여겨지면, 즉 자신들이 아니라 국민 전체를 위한 정책이라 여겨지면 그 정책을 반대한다.

투자자와 채권자는 자본도피, 통화 공격 등 금융 자유화로 얻은 수단들을 동원해서 반대 의사를 표명한다. 이런 이유에서, 미국과 영국이 제2차 세계대전 후에 도입한 브레턴우즈 체제가 통화 규제를 제도화하고 자본 통제를 허용했던 것이다.

대공황과 세계대전은 반反파시스트 저항부터 노동계급의 조직화까지 강력하고 혁명적인 민주화 바람을 불러일으켰다. 이런 압력들이 있었던 까닭에 사회민주적인 정책을 도입할 수밖에 없었다. 브레턴우즈 체제는 정부에게 민의에 부응해서 정책을 마련할 여지를 주려는 목적에서 고안되었다.

영국의 협상가 존 메이너드 케인스John Maynard Keynes는 브레턴우즈 체제에서 거둔 가장 중요한 성과로 자본의 이동을 제한할 수 있는 정부의 권리를 확보한 것을 꼽았다. 반면에 1970년대 브레턴우즈 체제의 붕괴 이후 등장한 신자유주의 체제에서 미국 재무부는 자본의 자유로운 이동을 '기본권'으로 여긴다. 건강과 교육, 괜찮은 일자리와 안전 등 세계인권선언에서 보장한다고 주장되는 권리와는 다른 권리이다. 게다가 레이건Ronald Reagan과 부시 행정부는 이런 진정한 권리들을 '산타클로스에게 보내는 편지', '터무니없는 것'이고 '신화'에 불과한 것이라며 묵살해버렸다.

과거에 일반 국민은 큰 문제가 아니었다. 미국 경제학자 배리 아이켄그린Barry Eichengreen은 국제통화제도의 역사를 학문적으로 연구한 권위 있는 책*에서 그 이유를 제시했다. 아이켄그린은 19세기에는 "남성에게 보통선거권이 보편적으로 주어지지 않았고, 노동조합주의와 노동당이 등장하지 않았기 때문에 정부가 정치적으로" 휘둘리지 않았다고 말한다. 따라서 가상 의회가 요구하는 막대한 비용이 일반 국민에게 전가될 수 있었다.

그러나 대공황과 반파시스트 전쟁을 치르는 동안 일반 대중이 급진화되자, 개인 권력과 부자가 더는 호사를 누릴 수 없게 되었다. 따라서 브레턴우즈 체제에서 "시장의 압력에서 벗어날 수단으로 민주주의를 제한하는 방법 대신에 자본의 이동을 제한하는 방법"을 택할 수 있었다.

1970년대 전후에 마련한 브레턴우즈 체제가 와해되면서 민주주의가 제한된 것은 당연한 귀결이었다. 따라서 국민을 어떤 방법으로든 통제하고 주된 흐름에서 몰아낼 필요가 있었다. 미국처럼 기업이 지배하는 사회에서는 이 과정이 특히 뚜렷이 나타난다. 홍보 회사가 호화찬란한 쇼처럼 꾸민 선거운동이 대표적인 예이다.

20세기 미국을 대표하는 사회철학자 존 듀이John Dewey는 "정치는 대기업이 사회에 드리운 그림자"라고 결론지으며, "은행과 땅과 산업을 사적으로 통제하고, 언론과 홍보 기관을 비롯한 선전과 프로파간다의 수단을 지배함으로써 통제력을 강화하여 사적 이익을 챙기는 기업"에게 권력이 있는 한 정치는 그림자 신세에서 벗어나지 못할 것이라고 덧붙였다.

● 《글로벌라이징 캐피털: 국제통화 체제는 어떻게 진화하는가Globalizing Capital: A History of the International Monetary System》(2010년에 한국에 번역 출간됨)을 가리킨다.

미국은 실질적으로 일당 체제이다. 즉 공화당과 민주당이라는 두 파벌로 나뉜 기업 정당밖에 없다. 물론 두 파벌은 여러 점에서 다르다. 미국의 정치학자 래리 바텔스Larry M. Bartels는《불평등 민주주의: 자유에 가려진 진실Unequal Democracy: The Political Economy of the New Gilded Age》에서, 지난 60년 동안 "중산층 가정의 실질소득은 공화당 정권 때보다 민주당 정권에서 두 배나 빨리 증가했고, 가난한 노동자 가정의 실질소득은 공화당 정권 때보다 민주당 정권에서 여섯 배나 빨리 증가했다"고 말했다.

이번 선거에서도 적잖은 차이가 발견된다. 유권자들은 당연히 그런 차이들을 신중하게 고려해야겠지만, 양 정당에 대한 환상을 버리고 지난 수 세기 경험했듯이 진보적인 법안과 사회복지는 위에서 내려준 선물이 아니라 민중 투쟁을 통해 쟁취했다는 사실을 깨달아야 한다.

이런 민중 투쟁은 성공과 좌절을 반복하기 마련이다. 투쟁은 투표소에서부터 노동 현장까지, 진정으로 민의를 반영하는 민주 사회를 건설하겠다는 목표로 4년에 한 번이 아니라 하루도 빠짐없이 진행되어야 한다.

2008년 10월 5일

속고 속이는
진실 게임:
미국에
민주주의는
없다

버락 오바마가 **해결**해야 할 **과제** 1: 선거와 경제

대통령 선거가 끝난 후 모든 사람의 입에서 곧바로 '역사적'이라는 말이 오르내렸다. 당연히 그럴 만했다. 흑인 가족이 백악관의 주인이 되었다는 것은 정말 중대한 사건이다.

이번 선거에는 몇 가지 놀라운 점이 있었다. 하나는 민주당 전당대회 이후에도 선거의 판세가 결정되지 않았다는 점이다. 일반적인 지표에 따르면, 제2차 세계대전 이후 그 어떤 대통령의 시대보다 고용 창출이 최악이었고 유례없게도 중간가구 소득마저 감소했을 정도로 모든 면에서 형편없는 정책으로 8년을 보냈다. 또 현직 대통령의 인기가 폭락해서 자기 당에서도 따돌림을 받았고 세계 여론에서 미국의 위치가 급전직하로 떨어진 와중에 심각한 경제 위기까지 닥쳤으니 야당이 압도적으로 승리해야만 했다.

많은 연구에서 확인되듯이, 공화·민주 양당은 국내외 많은 주요 쟁점에서 국민보다 상당히 보수적이다. 미국 국민의 80퍼센트가 미국이 잘못된 방향으로 나아가고 있으며 정부가 "국민 모두의 이익이 아니라 자신들의 이익만 추구하는 소수의 거대 이익집단"에 의해 운영된다고 생각하고, 무려 94퍼센트는 정부가 국민의 의견에 관심을 기울이지 않는다고 생각하는 이 시기에, 어느 당도 국민 여론을 반영하지 않는 듯하다.

비정상적일 정도로 기업의 지배력이 강한 사회에서는 국민을 대변하는 정당이 성공할 수 없다고 주장할 수 있을 것이다. 일반적인 차원에서 국민의 권리 상실은 정치경제학자 토머스 퍼거슨Thomas Ferguson이 말한 '정치의 투자이론'에서 예측된 것이다. 정치의 투자이론에 따르면, 정책은 국가를 지배하기 위해 4년마다 투자하는 힘 있는 집단의 바람을 반영하는 경향을 띤다.

어떤 면에서 선거는 예전과 유사한 방향으로 진행되었다. 존 매케인의 선거운동은 이번 선거가 쟁점 선거가 아닐 거라고 선언할 정도로 순진했다. '희망'과 '변화'라는 오바마의 메시지는 지지자들에게 자신들의 바람을 써넣을 수 있는 빈 서판blank slate과 같았다. 후보들의 생각을 밝힌 홈페이지들이 있었지만, 그들의 생각과 정책이 어떻게 연결되는지는 분명하지 않았다. 여하튼 당 관리자들이 잘 알고 있듯이, 유권자의 선택에 영향을 주는 것은 선거운동에서 전면에 내세우는 것이다.

오바마의 선거운동에 깊은 인상을 받은 홍보업계는《어드버타이징 에이지Advertising Age》에서 애플을 간단히 제쳐두고 오바마를 2008년의 마케터로 선정했다. 홍보 산업의 주된 과제는 충분한 정보를 갖지 못한 소비자가 불합리한 선택을 하도록 유도해서, 소비자가 충분한 정보를 갖고 선택한다는 시장이론을 훼손하는 것이다. 따라서 홍보 산업은 똑같은 방식으로 민주주의를 훼손해서 이익을 얻는다.

선거에 관련된 정치자금과 공공 정책에 대한 로비 활동을 감시하는 초당파적 시민 단체인 책임정치센터Center for Responsive Politics는 선거가 다시 한 번 돈에 좌우되었다며, "열에 아홉은 자금을 더 많이 확보한 후보가 승리했으며, 소수를 제외하고는 대다수의 현역 의원이 워싱턴에 재입성할 것"이라고 말했다.

전당대회 전에 금융기관들로부터 가장 많은 자금을 지원받은 유력 후보는 오바마와 매케인으로 둘 다 36퍼센트였다. 일차 조사 결과에 따르면, 선거가 끝날 무렵까지 오바마 진영이 받은 기부금은 주로 금융기관과 로비스트를 비롯한 법무법인에서 나왔다. 정치의 투자이론을 고려해보면 새 행정부의 기본 정책에 대한 몇 가지 결론이 대략 짐작된다.

금융기관의 힘은 1970년대에 시작된 금융 자유화 이후로 경제의 중심축이 제조업에서 금융업으로 이동했다는 사실에서도 확인된다. 이런 변화가 현재에 닥친 재앙, 즉 금융 위기, 재화의 생산과 소비라는 실물 경제의 후퇴, 지난 30년 동안 미국인 대다수의 실질임금이 정체되고 사회보장제도의 혜택마저 줄어든 결과의 근원이다.

희망과 변화에 관련된 현란한 미사여구를 제쳐두면, 우리는 오바마 행정부에게 현실적으로 무엇을 기대할 수 있을까?

오바마는 참모진의 선택을 통해 강력한 신호를 보냈다. 첫 번째로 조지프 바이든Joseph Biden을 부통령으로 선택했다. 바이든은 민주당 상원 의원 중에서 이라크 침략을 가장 강력하게 지지했고, 오랫동안 워싱턴 내부자로 있으면서 대체로 민주당의 동료 의원들과 같은 쪽에 투표했지만 개인이 파산을 선언하여 빚을 탕감받는 것을 더 힘들게 만드는 법안을 지지했던 경우처럼 항상 그렇지는 않았다.

선거가 끝난 후에는 가장 먼저 비서실장이란 중요한 자리에 람 이매뉴얼Rahm Emanuel을 임명했다. 이매뉴얼 역시 민주당 하원의원 중에서 이라크 침략을 가장 강력하게 지지했고, 바이든처럼 오랫동안 워싱턴의 내부자로 활동한 인물이다.

책임정치센터의 보고서에 따르면, 이매뉴얼은 월스트리트에서 정치자금을 가장 많이 받은 정치인 중 하나이기도 하며, "2008년 선거 당시 헤지펀드와 사모펀드 및 대형 증권·투자업계로부터 하원에서 가장 많은 기부금을 받은 의원이었다".

이매뉴얼은 처음 하원의원에 당선된 이후, 어떤 업계보다 증권투자업계의 개인 및 정치활동위원회*에서 많은 기부금을 받았다. 비서실장으로서 이매뉴얼의 직무는 1930년대 이후에 닥친 최악의 금융 위기에 대한 오바마의 대책을 관리하고 감독하는 것이다. 그와 오바마에게 막대한 정치자금을 지원한 사람들이 이번 금융 위기에 상당한 책임이 있기 때문이다.

《월스트리트저널》의 편집자와 가진 인터뷰에서 이매뉴얼은 (국민 다수의 의지에 부응해) 군사비를 대폭 줄이고 지구온난화에 대비해 에너지세를 크게 인상하려는 것처럼 "온갖 의제를 품은 좌익 거물들로 득실대는 민주당 의회 지도부"를 오바마 행정부가 어떻게 다룰 것 같냐는 질문에 "버락 오바마라면 그들에게 과감히 맞설 수 있다"고 확실하게 대

• Political Action Committee. 미국에서 선거 기부금을 모아 자신들의 정치·사회적 목표 달성에 부합하는 후보와 정책을 지지하며 영향력을 행사하기 위해 설립된 단체이다.

답했다. 오바마 행정부가 극단적인 좌파와 담을 쌓고 실용주의 노선을 걸을 것이라는 뜻이었다.

오바마의 정권인수팀 팀장인 존 포데스타^{John Podesta}는 빌 클린턴의 비서실장이었다. 클린턴 행정부에서 차례로 재무장관을 지낸 로버트 루빈^{Robert Rubin}과 로런스 서머스^{Lawrence Summers}도 오바마 경제팀의 핵심 인물이다. 루빈과 서머스는 둘 다 현 금융 위기의 주요 요인인 규제 완화의 열렬한 신봉자였다. 루빈은 클린턴 정부의 재무장관을 지낼 때 커다란 위험을 초래하는 투자은행과 상업은행을 분리시키는 글래스 스티걸법*을 폐지하려고 애썼다.

금융경제학자 팀 카노바^{Tim Canova}는 정치 계간지 《디센트^{Dissent}》의 2008년 여름 호에 기고한 글에서, "루빈은 글래스 스티걸법의 폐지에 개인적인 이해관계가 걸려 있었다"고 지적했다. 루빈은 재무장관에서 물러나자마자 시티그룹 이사로 취임했다. 당시 "시티그룹은 보험 인수를 취급하는 자회사를 매각해야 할지도 모르는 상황이었다. ······ 루빈은 공직자윤리법을 명백히 위반했지만 클린턴 정부는 루빈을 기소하지 않았다".

루빈의 후임으로 재무장관에 취임한 서머스는 파생상품에 대한 연방 규제를 금지하는 입법을 주도했다. 워런 버핏이 '대량살상무기'라 비난한 파생상품이 결국 금융시장을 재앙으로 몰아넣는 데 한몫을 했다.

위기가 임박했다고 경고한 극소수 경제학자 중 하나인 딘 베이커^{Dean}

---

* Glass-Steagal Act. 1929년의 주가 폭락과 그에 따른 대공황의 원인으로 상업은행의 방만한 경영과 이에 대한 규제 장치가 없었다는 점이 지적됨으로써 이에 대한 근본적인 개혁의 일환으로 1933년에 제정된 법.

Baker는 서머스를 "현 경제 위기를 초래한 주범 중 하나"로 꼽으며, 금융 정책을 루빈과 서머스의 손에 맡긴 것은 "테러와의 전쟁에서 오사마 빈 라덴에게 도움을 청한 것과 비슷하다"고 덧붙였다.

그런 루빈과 서미스가 이제 자신들이 조장한 혼란을 해결한다면서 규제를 촉구하고 나선 것이다.

경제 언론은 2008년 11월 7일 오바마의 정권인수팀 경제자문위원회 가 현재의 금융 위기를 해결할 방법을 강구하기 위해서 가진 모임의 기 록을 검토했다. 《블룸버그Bloomberg》의 칼럼니스트 조너선 웨일Jonathan Weil은 "대다수 위원이 오바마의 측근으로 발탁될 것이 아니라 당장 중요 증인으로 소환장을 받아야 한다"고 결론내리며, 절반가량이 "이런저런 정도로 재무제표를 조작한 기업들에서 책임 있는 위치에 있었거나, 세 계를 경제 혼란에 몰아넣는 데 적잖은 역할을 했거나, 혹은 둘 모두에 관계된 사람들"이라고 덧붙였다. 웨일의 염려대로 정말 "그들이 국가에 필요한 것과 자신들이 관계된 기업의 이익을 착각하지 않을 것"이라고 장담할 수 있을까?

오바마 정부가 당면한 과제는 금융 위기와 이와 동시에 닥친 실물경 제의 후퇴를 억제하는 것이다. 그러나 어둠 속에 감추어진 괴물이 하나 더 있다. 지독하게 비효율적이어서 현재 추세대로라면 연방 예산까지 위험에 빠뜨릴 수 있는 민영 의료보험체계이다.

국민 대다수가 오래전부터 국가 의료보험제도를 원했다. 비교 연구 를 비롯한 많은 연구에서 확인되듯이, 국가 의료보험제도가 비용도 훨 씬 적게 들고 효과적이다. 2004년만 해도 언론에서는 정부가 의료보험 제도에 개입하는 것이 정치적으로 불가능할 뿐만 아니라 정치적으로 지지받지도 못한다고 보도했다. 즉, 보험업계와 제약 산업 및 중요한 다른 산업계에서 반대한다는 뜻이었다.

하지만 2008년 존 에드워즈John Edwards가 국민이 오래전부터 염원하던 국가 의료보험제도를 공약으로 내세우자 버락 오바마와 힐러리 클린턴도 그 뒤를 따랐다.* 이제 국가 의료보험제도는 '정치적 지지'를 받고 있다. 무엇이 변한 것일까? 국민 여론은 달라지지 않았다. 옛날과 똑같다. 달라진 것이 있다면 2008년 들어 권력의 주된 부문, 특히 제조업 부문이 민영화된 의료보험제도 때문에 엄청난 손실을 입고 있다는 사실을 깨닫게 된 것이다. 이것이 이제야 민의가 '정치적 지지'를 얻게 된 이유이다.

아직도 갈 길이 멀지만, 이런 변화가 새 정부에게는 기능을 상실한 민주주의에서 어떤 방향을 선택해야 할지에 대해 중요한 시사점을 던져준다.

2008년 11월 25일

* 존 에드워즈는 2004년 대통령 선거에서 존 케리John Kerry의 러닝메이트로 민주당 부통령 후보에 출마했으나, 공화당 후보 조지 W. 부시와 딕 체니에게 패했다. 2008년에는 대통령 후보로 나서려 했지만 민주당 예비선거에서 버락 오바마와 힐러리 클린턴에 밀려 3위에 그쳤다.

버락 오바마가 **해결**해야 할 **과제** 2:
이라크와 파키스탄과 아프가니스탄

적들과도 기꺼이 대화하겠다는 버락 오바마의 의지는 선거운동 기간 내내 중요한 쟁점이 되었다. 과연 오바마는 그 약속을 지킬까?

외교는 중동부터 중앙아시아까지의 세계를 휩쓸어버릴 듯한 폭력의 악순환을 합리적으로 대신할 수 있는 유일한 대안이다. 폭력은 또 다른 폭력을 낳는다는 것을 인정하는 데서 외교적 해결이 시작된다. 오바마 행정부와 서구 세계가 이 지역의 정책을 좌우하는 암묵적인 쟁점들을 인정하는 것 또한 외교적 해결에 도움이 될 것이다.

이라크

이라크 정부는 궁극적으로 미군의 주둔을 끝내기 위해 주둔군지위협정 (이하 SOFA)을 제안했고, 워싱턴은 마지못해 받아들였다. SOFA는 선거에 동의하도록 워싱턴에 단계적으로 압력을 가하고 피점령국의 자주성을 강화하려는 대규모 비폭력 저항의 마지막 단계이다.

이라크 정부 대변인은 "잠정적인 SOFA안은 버락 오바마 미국 대통령 당선자의 비전과 일치한다"고 말했다. 오바마는 자신의 비전을 명확하게 제시하지 않았지만, 어떤 식으로든 이라크 정부의 요구에 동의할 가능성이 크다. 그렇게 된다면 중요한 에너지 생산 지역에 대한 지배력을 강화하기 위해 군사기지까지 세워 이라크의 막대한 석유 자원을 지배하려던 미국의 계획도 수정되어야 할 것이다.

　사람들은 미국 해군이 페르시아 만에 주둔하는 걸 강력히 반대한다는 최근 세계 전역에서 실시된 여론조사 결과에 주목해야 한다. 특히 중동 지역에서 반대하는 의견이 많았다.

　병력이 이라크에서 아프가니스탄으로 옮겨갈지도 모르는 상황은 《워싱턴포스트》가 지난 7월의 사설에서 언급한 다음의 교훈을 떠올리게 했다. "아프가니스탄 탈레반의 부활을 예방한다는 점에서는 미국에게 이익이지만, 지정학적으로 중동 한복판에 위치하고 세계 최대의 유전을 보유한 이라크의 전략적 중요성에 비하면 아프가니스탄은 아무것도 아니다."

　NATO 지휘부마저도 이제 에너지가 중요한 쟁점이라는 사실을 공공연하게 인정하는 분위기이다. 2007년 6월 야프 더 호프 스헤퍼Jaap de Hoop Scheffer NATO 사무총장은 회원국 모임에서 "NATO군은 서유럽으로 이어진 석유와 천연가스 파이프라인을 지켜야 한다"고 말했다. 유조선의 항로와 다른 에너지 시스템의 "중대한 기반 시설"을 보호해야 한다는 뜻이었다.

　NATO의 임무에는 투르크메니스탄에서 시작해 아프가니스탄의 칸다하르 주를 거쳐 파키스탄과 인도까지 천연가스를 공급할 계획으로 제안된 76억 달러 규모의 TAPI 파이프라인^{Turkmenistan-Afghanistan-Pakistan-India Pipeline}을 보호하는 역할도 포함될 것이다. 현재 칸다하르 주에는 캐나다군이 주둔해 있다. 토론토《글로브 앤드 메일^{The Globe and Mail}》의 보도에 따르면, 이 계획의 목적은 이란에서 파키스탄과 인도에 천연가스를 공급할 경쟁 파이프라인을 차단하고, 중앙아시아의 에너지 수출에서 러시아의 지배력을 약화시키기 위한 것이다. 19세기에 중앙아시아의 지배권을 놓고 영국과 러시아가 경쟁했던 '그레이트 게임^{Great Game}'이 재현되는 듯하다.

파키스탄

알카에다는 미국이 아직 침략하지 않은 나라들에서 활동하고 있는 것으로 추정되는데, 오바마는 이 알카에다를 공격하려는 부시의 정책을 공개적으로 지지했다. 게다가 오바마는 과거 파키스탄에서 많은 민간인을 살상한 무인항공기 프레데터^{MQ-1 Predator}의 미사일 공격을 비난하지도 않았다. 오히려 표적 암살 작전의 일환으로 무인항공기의 수를 급격히 늘릴 예정이다.

지금 아프가니스탄과 인접한 파키스탄 바자우르라는 부족 지역에서 잔혹한 소규모 전쟁이 벌어지고 있다. BBC는 격렬한 전투로 곳곳이 폐허로 변한 도시를 묘사하며, "바자우르에서는 많은 사람들이 이번 폭동의 근원으로 2006년 11월 미군이 이슬람 신학교 마드라사를 미사일로 공격하여 80명가량을 살상한 사건을 꼽는다"고 보도했다.

당시 미사일 공격은 존경받는 반체제 인사이자 물리학자인 페르베스 후드보이^{Pervez Hoodbhoy}의 기명 칼럼으로 파키스탄의 주류 언론에 보도되었지만 미국에서는 철저하게 무시되었다. 똑같은 사건이라도 반대편에서는 달라 보이는 법이다.

후드보이는 "공격으로 집들이 허물어졌고 아이들이 죽거나 불구가되었다. 파키스탄 정부와 미국에 복수할 기회를 노리는 지역 주민들이 늘어났다"고 지적했다. 바자우르는 현재의 악순환을 나타내는 전형적인 사례라 할 수 있지만 오바마는 그 악순환의 고리를 끊겠다는 조짐을 전혀 보이지 않는다.

2008년 11월 3일, 미군에서 중동 지역을 담당하는 중부군 사령관으로 새로 임명된 데이비드 퍼트레이어스 장군은 아시프 알리 자르다리 Asif Ali Zardari 파키스탄 대통령, 아슈파크 파르베즈 카야니 Ashfaq Parvez Kayani 육군 참모총장을 비롯한 고위 관료들과 첫 모임을 가졌다.

자르다리 대통령은 퍼트레이어스에게 "우리 영토를 무인항공기로 계속 공격하며 소중한 생명과 재산을 빼앗아가는 짓은 비생산적이며, 민주적으로 선출된 정부로서는 말로 형용하기가 어렵다"고 자신들의 주된 관심사를 피력하며, 파키스탄 정부에는 미국의 미사일 공격에 더 적극적으로 대응하라는 압력이 가해지고 있다고 말했다. 요컨대 무인항공기의 공격이 계속되면 그렇잖아도 파키스탄에서 평판이 좋지 않은 미국에 대한 반발이 거세질 수 있다는 뜻이었다.

퍼트레이어스는 그런 보고를 이미 받았다며 앞으로 공격할 때 "(파키스탄의 의견을) 고려하겠다"고 대답했다. 미국과 NATO가 아프가니스탄에서 벌인 전쟁에 필요한 군수품의 80퍼센트 이상이 파키스탄을 통과하는 상황에서 파키스탄은 현실적으로 필요한 존재이다.

파키스탄의 의견이 어떻게 '고려'되었는지는 보름 후 《워싱턴포스트》

의 보도에서 드러났다. 《워싱턴포스트》의 캐런 드영은 이름을 밝히지 않은 미국과 파키스탄의 고위 관리들의 말을 인용해서 2008년 9월 양국은 "파키스탄에서 테러리스트로 의심되는 인물을 무인항공기 프레데터로 표적 공격하는 것을 허용하는 '묻지도 말고 말하지도 말라'는 정책에 암묵적 합의"했으며, "그 관리들에 따르면, 미국 정부는 무인항공기 공격을 공개적으로 인정하는 걸 거부하고 파키스탄 정부는 정치적으로 민감한 공격을 계속 요란하게 불평하기로 거래한 것이었다"고 덧붙였다.

이 암묵적인 합의에 대한 보도가 있기 전날, 부족 분쟁 지역에서 자살폭탄 공격으로 파키스탄 병사 8명이 죽었다. 프레데터의 공격으로 탈레반 지도자 2명을 비롯해 20명이 살상당한 사건에 대한 보복이었다. 파키스탄 의회는 탈레반과의 대화를 촉구했다. 샤 메흐무드 쿠레시Shah Mahmood Qureshi 파키스탄 외무장관은 의회 결의안을 앵무새처럼 되풀이하며 "무력 사용만으로는 원하는 결과를 얻을 수 없다는 인식이 확산되고 있다"고 말했다.

아프가니스탄

하미드 카르자이 아프가니스탄 대통령이 오바마 대통령 당선자에게 보낸 첫 메시지는 파키스탄 지도자들이 퍼트레이어스 장군에게 보낸 첫 메시지와 무척 유사했다. "민간인에게 피해를 줄 수 있는 미군의 공습을 끝내라"는 것이었다. 카르자이는 다국적군이 칸다하르 주에 있는 결혼식장을 폭격해서 40명이 죽었다는 보도가 있은 직후에 오바마에게 메시지를 전했다. 그러나 카르자이의 의견이 '고려'되었다는 징후는 어디에도 없었다.

《파이낸셜타임스》의 보도에 따르면, 영국군 사령부는 아프가니스탄의 분쟁을 군사적으로 해결할 방법은 없으며 미국과 불화를 일으키더라도 탈레반과 협상해야 한다고 경고했다. 영국 주간지 《옵서버 The Observer》의 특파원으로 중동 지역에서 오랜 경험을 쌓은 제이슨 버크 Jason Burke는 다수의 쟁점을 이미 협상하고 있으며 "탈레반은 사우디아라비아가 후원하고 영국이 지지하는 광범위한 '평화 과정'에서 아프가니스탄 분쟁을 종식시키려는 비밀 회담에 참여해왔다"고 보도했다.

아프가니스탄의 몇몇 평화 운동가들은 이런 접근법에 의혹을 품고 외국이 개입하지 않은 해결책을 원하는 편이다. 평화 운동가들은 네트워크가 확대되자 2008년 5월에 결성된 아프가니스탄 대부족회의 국가 평화 지르가National Peace Jirga에서 탈레반과 협상하고 화해할 것을 촉구하고 있다.

프랑스 통신사 AFP의 보도에 따르면, 아프가니스탄에서는 최대 종족인 파슈툰족을 중심으로 3,000명의 정치인과 지식인이 국가 평화 지르가를 지지하며, 2008년 5월에 한 회의에서 "아프가니스탄 내의 이슬람 무장 세력을 겨냥한 다국적군의 작전을 비난했고, 전투를 종식시키기 위한 대화를 촉구했다".

국가 평화 지르가의 임시 의장인 바크타르 아민자이Bakhtar Aminzai는 개막식에 모인 군중에게 "현재의 분쟁은 군사적 수단으로는 해결될 수 없으며 대화만이 해결책을 가져다줄 수 있다"고 말했다.

중요한 반전 단체인 '아프가니스탄의 각성한 청년들Awakened Youth of Afghanistan'은 미국에게 "아프가니사이드Afghanicide, 즉 아프가니스탄 국민의 학살"을 중지하라고 말했다.

전쟁으로 황폐화된 아프가니스탄에서 여론조사를 실시하기는 힘들지만, 주목할 만한 결과들이 있다. 앞에서 언급했지만 캐나다의 한 기관이 실시한 여론조사에 따르면, 아프가니스탄 사람들은 캐나다나 다른 외국군의 존재 —무슨 목적으로 주둔하는지 불분명하다— 를 찬성하는 것으로 나타났다. 그러나 소수만이 "외국군이 철수하면 탈레반이 다시 득세할 것"이라 예상할 뿐, 대다수가 협상에 따른 해결책을 지지하고 절반 이상이 연합 정권을 찬성한다. 따라서 대다수의 국민이 평화적 수단에 찬성한 것으로 해석된다.

《글로브 앤드 메일》이 실시한 탈레반 보병에 대한 연구도 과학적인 조사는 아니었다고 자평했지만 주목할 만하다. 조사 대상은 칸다하르 지역 출신의 파슈툰족이었다. 그들은 자신들이 외국 침략자들을 몰아내는 옛 전통을 따르는 무자헤딘*이라 말했다. 또한 거의 3분의 1이 최근에 공중 폭격으로 적어도 가족 한 명을 잃었다고 대답했고, 다수가 외국군의 공습으로부터 아프가니스탄 마을 사람들을 지키기 위해서 싸운다고 대답했다. 세계적인 지하드**에 참여한 것이라거나 탈레반 지도자 물라 오마르Mullah Mohammed Omar에게 충성한다고 주장한 사람은 거의 없었다. 대부분이 특정 지도자를 위해서가 아니라 이슬람 정부라는 원칙을 위해 싸운다고 생각했다. 이런 결과에서도 외국의 개입 없이 협상을 통해 평화로운 해결을 모색할 가능성을 엿볼 수 있다.

● 　아프가니스탄과 이란의 무장 게릴라 조직을 가리키는 말로 '성스러운 이슬람 전사'라는 뜻이다.
●● 　이슬람을 방어하기 위하여 이교도와 싸우는 '성전聖戰'을 뜻한다.

아프가니스탄 전문가인 바넷 루빈Barnett Rubin과 아메드 라시드Ahmed Rashid는《포린 어페어스》에 기고한 글에서, 미국은 아프가니스탄에 더 많은 병력을 주둔시키고 파키스탄을 공격하겠다는 이 지역에서의 전략을 "반군과 협상하는 동시에 지역 간의 경쟁과 불안정을 해소하는 외교적 대타협"으로 전환해야 한다고 충고했다. 그들은 지금처럼 군사적 해결에 집중해서 그에 대한 반발로 테러가 증가하면 핵으로 무장한 파키스탄이 무너지면서 끔찍한 결과가 닥칠 수 있다고 경고했다. 또한 후임 오바마 정부에게 아프가니스탄 내의 관련 정파들 및 파키스탄과 이란만이 아니라, "자신들의 영향권 내에 설치되는 NATO 군사기지에 의구심을 품고 미국과 NATO 및 알카에다와 탈레반이 가하는 위협을 염려하고 있는" 인도와 중국, 러시아의 이해관계를 인정하는 협상을 통하여 "이 지역에서 점점 파괴적으로 변해가는 그레이트 게임을 그만두라"고 촉구했다. 미국의 후임 대통령에게 "승리가 모든 문제의 해결책이라는 워싱턴의 집착과, 경쟁자와 반대 세력, 적을 외교로 포용하지 않으려는 미국의 편협함"을 버려야 한다는 충고도 덧붙였다.

이런 충고들을 받아들인다면 오바마 행정부는 집권 초기에 여러 위험 지역에서 잔혹한 폭력이 되풀이되는 것을 끊어낼 조치를 취할 수 있을 것이다.

2008년 12월 28일

가자 지구의 악몽

이 글을 쓰는 지금, 악랄한 이스라엘의 가자 지구 공격이 계속되어 참혹한 모습이 핏빛으로 더욱 짙게 얼룩져가는 까닭에 죄 없이 다친 사람들과 죽어가는 사람들 그리고 상심에 빠진 사람들의 눈물 속에서 평화적 해결의 가능성은 사라져만 간다.

가자 지구에 대한 가장 최근의 공격은 공교롭게도 미국 유권자들이 버락 오바마를 선택하기 위해 투표장으로 향하던 2008년 11월 4일 이스라엘이 휴전을 파기하며 시작되었고, 2008년 12월 27일에 전격적으로 확대되었다.

이러한 범죄에 오바마는 침묵으로 대응했다. 같은 해 11월 뭄바이에서 테러 공격이 일어났을 때 그 테러 공격 뒤에 감추어진 '증오 이데올로기hateful ideology'까지 들먹이며 신속하게 비난했던 것과는 사뭇 달랐다. 가자 지구의 경우, 그의 대변인들은 "현직 대통령은 버락 오바마가 아니다"라는 만트라 뒤에 숨었고, 오바마가 2008년 7월 이스라엘의 스

데로트를 방문했을 때 "내 두 딸이 밤에 곤히 잠든 집에 누군가 로켓포를 발사하려 한다면, 내게 주어진 모든 권한을 동원해서 그 짓을 막을 것이다"라고 말하며 이스라엘의 행동을 지지했다는 말만 되풀이했다.

이스라엘 조종사가 조종하는 미국산 전투폭격기와 헬리콥터가 팔레스타인 아이들에게 과거와는 비교할 수 없는 극심한 고통을 안겨주고 있지만, 오바마는 앞으로 어떤 반응도 보이지 않고 성명서 하나도 발표하지 않을 듯하다.

후임 대통령의 목소리가 있어야 한다. 적어도 도덕적 차원에서 대응해야 하며 범죄행위의 중단과 인도주의적 지원을 촉구해야 한다. 특히 이번 경우에는 더더욱 그래야 한다. 이스라엘은 분명히 주요 동맹이자 후원자이고 무기를 제공하는 조력자 미국의 뜻을 거슬러 독자적으로 행동할 수 없다. 따라서 가자 지구의 유혈 사태는 미국의 책임이기도 하다. 미국 대통령의 목소리가 예전부터 있었다면, 수십 년이 지난 지금쯤에는 이스라엘의 행동을 지지하는 워싱턴 강경파가 부드러워졌을지도 모른다.

선거기간 동안 오바마가, 팔레스타인과 이스라엘이 진정한 독립된 국가로 공존하는 두 국가론을 오랫동안 가로막았던 미국의 거부주의에서 벗어날지도 모른다는 소문이 돌았다. 미국과 이스라엘은 드물게 예외적인 모습을 보인 것을 제외하고는, 오래전 국제적으로 합의된 두 국가론을 30년 넘게 독불장군처럼 실질적으로 거부해왔다. 두 국가론은 미국과 이스라엘을 제외한 전 세계가 지지하는 것이며, 미국 국민 대다수가 찬성하는 방법이기도 하다. 하지만 오바마의 발언 기록에서 그 소문을 진지하게 받아들인 흔적은 찾을 수 없다.

오바마가 중동 지역 특별 보좌관으로 지명한 대니얼 커처^{Daniel Kurtzer}는 클린턴 정부에서 이집트 대사를, 부시 정부에서는 이스라엘 대사를 지냈다. 커처는 2008년 6월 오바마가 워싱턴에 위치한 이스라엘 로비 단체 이스라엘·미국 공공문제위원회^{AIPAC}에서 행한 연설문을 작성하는 데 참여했다. 이 연설문은 아첨 수준에서는 부시를 훌쩍 뛰어넘어, "예루살렘은 앞으로도 계속 이스라엘의 수도일 것이며 결코 분할되지 않을 것이다"라고 선언하기까지 했다. 지나치게 극단적인 입장이어서 선거 본부는 이 발언이 오바마의 진의가 아니었다고 해명해야 했다. 그나마 커처는 오바마가 중동 지역과 관련해 선택한 인물 중에서 상대적으로 온건한 편에 속한다.

시몬 페레스^{Shimon Peres} 이스라엘 대통령이 언론에 전한 바에 따르면 오바마는 2008년 7월 이스라엘을 방문했을 때 아랍연맹의 제안에 "무척 감명받았다"고 말했다. 두 국가론에 대한 국제 합의를 훨씬 뛰어넘어 이스라엘에게 완전한 관계 정상화를 요구하는 제안이었다. (페레스도 두 국가론이라는 국제 합의를 받아들이지 않았다. 심지어 수상 임기가 끝나가던 1996년에는 팔레스타인 국가는 결코 존재할 수 없을 것이라 주장하기도 했다.)

언론에 보도된 오바마의 발언에서 중대한 심경의 변화가 보이는 듯하다. 하지만 이스라엘의 우익 지도자 베냐민 네타냐후^{Benjamin Netanyahu}에 따르면 오바마가 같은 방문 일정 동안 네타냐후의 계획, 즉 점령지에 대한 이스라엘의 통제권을 무한정으로 보장하라는 요구에 "무척 감명받았다"고 말했다는 점에서 이스라엘에 대한 오바마의 생각은 변하지 않았다.

이 모순을 이스라엘의 정치 평론가 알루프 벤Aluf Benn이 그럴듯하게 풀어주었다. 벤의 지적에 따르면, "오바마의 주된 목표는 누구도 곤란해 하거나 화나게 하지 않는 것이었다. 오바마는 예의를 차리려고 자신을 초대한 인사들에게 그들의 제안이 무척 흥미롭다고 말했던 것이 아닌가 싶다. 그래서 그들은 만족했겠지만 오바마는 아무것도 약속하지 않은 셈이 된다". 이해할 만하지만, 오바마의 애매한 발언은 그가 이스라엘을 향한 사랑은 뜨겁게 토해내면서도 팔레스타인의 관심사는 무시했다는 사실 이외에 아무것도 남기지 않았다.

오바마는 이스라엘의 자위권과 자국 시민을 보호할 권리를 오래전부터 지지했다. 2006년 이스라엘이 미국의 지원을 등에 업고 레바논을 침략했을 때, 오바마의 선거 본부 홈페이지에 따르면 오바마는 "이란과 시리아의 전쟁 개입을 반대하는 상원 결의안"을 공동 발의했고, "헤즈볼라 미사일의 위협이 해결되지 않은 상황에서 이스라엘에게 휴전을 강요해서는 안 된다"고 주장했다. 이스라엘의 다섯 번째 침략으로 레바논 시민 1,000명 이상이 목숨을 잃었고, 남레바논 대부분과 베이루트 일부가 다시 한 번 파괴되었다.

오바마 홈페이지에서 외교정책 쟁점들에 관련해 레바논을 언급한 것은 이게 전부이다. 레바논에는 자위권이 없다는 뜻이다. 하기야 미국이나 미국의 고객들을 상대로 누가 자위권을 지닐 수 있겠는가?

가자 지구의 침략은 2006년 1월 팔레스타인에서 평화롭고 민주적으로 치러진 선거 결과에서 비롯된 비극적인 사건이다. 당시 선거를 엄중하게 감시한 국제 감시단의 평가에 따르면 자유롭고 공정하게 치러진 선거였다. 미국과 이스라엘이 마무드 아바스 팔레스타인 자치정부 대통령과 그가 속한 파타당에 유리한 방향으로 선거를 끌어가려 했지만, 팔레스타인 국민은 하마스를 선택했다. 주인의 뜻을 거스른 사람들은 잘못된 행동에 대한 벌을 받아야 하는 법이다.

잘못된 방향으로 투표한 팔레스타인 국민을 향한 징계는 곧바로 시작되었고, 그 강도가 점점 심해졌다. 미국의 지원을 등에 업은 이스라엘은 가자 지구에서 폭력적 억압을 강화했고, 선거로 선출된 지도자들을 대거 납치했다. 게다가 포위망을 더욱 좁히고 가자 지구에 흘러들던 물까지 끊어버렸다. 미국과 이스라엘은 민주적으로 선출된 정부가 들어설 가능성이 없을 거라는 입장을 분명히 했다.

이스라엘은 휴전을 공식적으로 인정했지만 2008년 6월에 그랬던 것처럼 즉각적으로 휴전협정을 위반하며 포위망을 유지하고(전쟁 행위), 팔레스타인의 명맥을 이어주는 유엔 팔레스타인 난민구호 사업기구가 구호품을 보충하는 것조차 방해했다. 가자 지구의 난민구호 사업기구 사무총장 존 깅^{John Ging}은 BBC와의 인터뷰에서 "그래서 [2008년 11월 4일] 휴전이 파기되었을 때, 우리에게 의지한 75만 명에게 줄 식량이 바닥난 상태였다"고 말했다.

그 이후로 수 주 동안 봉쇄는 더욱 강화되어 팔레스타인 사람의 고통은 말로 표현하기 힘들 정도가 되었다. 양측 모두가 폭력 수위를 높였고(사망자는 언제나 팔레스타인 사람이었다), 마침내 2008년 12월 19일 휴전이 공식적으로 종료되자, 에후드 올메르트 이스라엘 총리는 휴전을 연장하자는 하마스의 제안을 거부하고 전면적인 침공을 승인했다.

가자 지구에 또다시 악몽이 닥치면서, 국제 합의에 따라 이스라엘－팔레스타인 두 국가가 공존할 수 있을 거라는 희망은 거의 사라진 것으로 보인다. 하지만 앞에서도 언급했듯이, 국제 합의를 심사숙고하려는 미국 대통령의 의지 덕분에 2001년 1월 두 국가론이 거의 타결될 뻔했다는 사실을 잊지 않아야 한다.

2009년 1월 14일

버락 오바마와
이스라엘 – 팔레스타인

버락 오바마는 통찰력 있는 지성의 소유자이자 법학자여서 단어 선택에서 신중하다는 평가를 받는다. 따라서 그가 말한 것만이 아니라 그가 빠뜨린 것까지 신중하게 따져봐야 한다.

이런 이유에서 오바마가 2009년 1월 22일 국무부에서 중동 평화 특사로 일하게 될 조지 미첼George Mitchell을 소개하며 외교 문제에 대해 실질적으로 언급한 첫 번째 발언이 특히 중요하다.

미국과 이스라엘이 가자 지구를 침략한 뒤여서, 미첼은 이스라엘–팔레스타인 문제에 집중할 예정이다. 살인적인 공격이 진행되는 동안 오바마는 현직 대통령이 아니라는 이유로 상투적인 발언을 제외하면 침묵으로 일관했다.

그러나 1월 22일, 미국의 현직 대통령은 버락 오바마였다. 따라서 그는 이스라엘–팔레스타인 문제에 대해 자유롭게 발언할 수 있었다. 오바마는 평화적 해결책에 대한 자신의 공약을 강조하며 "이스라엘과 팔레스타인 사이에서, 또 이스라엘과 이웃한 아랍 국가들 사이에서 능동적이고 적극적으로 지속적인 평화를 추구하는 것이 우리 행정부의 정책이 될 것이다"라고 말했다.

하지만 오바마는 정책의 윤곽에 대해서는 명확하게 밝히지 않고, "아랍 평화안에는 이런 노력들을 진척시키는 데 도움이 될 만한 건설적인 요소들이 담겨 있다. 지금은 아랍 국가들이 평화안에서 약속한 대로 아바스 대통령과 살람 파야드^{Salam Fayyad} 총리의 팔레스타인 정부를 지지하고 이스라엘과의 관계 정상화를 위한 단계적 조치를 취하며 우리 모두를 위협하는 극단주의에 맞서야 할 때이다"라고 아랍 국가들에게만 구체적으로 제안했을 뿐이다.

오바마가 아랍연맹의 제안을 노골적으로 왜곡한 것은 아니지만, 그 제안을 신중하게 자신의 틀에 끼워 넣은 그의 해석법은 주목할 만하다.

아랍연맹이 이스라엘에게 관계 정상화를 요구한 것은 사실이다. 하지만 여기에는 전제가 있다. 미국과 이스라엘이 30년 이상 거의 독불장군처럼 반대해온 두 국가론을 이스라엘이 받아들이는 것이 전제라는 점에 주목해야 한다.

오바마가 이 중요한 사실 —상호 합의로 약간의 수정은 있겠지만 국경선을 마주한 국가로서 이스라엘과 팔레스타인이 공존하는 두 국가론 —을 언급하지 않은 것은 결코 우연이 아니다. 오바마가 미국의 거부주의에서 벗어날 생각이 없다는 증거이다. 아랍연맹의 제안이 결실을 맺기 위한 전제조건인 핵심적 내용의 존재를 무시하면서 아랍 국가들에게는 제안한 대로 행동하라고 촉구하는 것은 어불성설이다.

팔레스타인 현지에서 평화적 해결을 방해하는 가장 심각한 행위는,

이스라엘이 미국을 등에 업고 점령지에서 매일 자행하는 행위들이다. 예컨대 소중한 땅을 빼앗고, 이 계획을 주도한 아리엘 샤론^{Ariel Sharon}이 팔레스타인 사람들을 위한 '반투스탄'*이라 칭했던 것을 건설하는 행위 등은 모두 범죄행위이다.

그러나 미국과 이스라엘은 여전히 말로도 정치적인 해결을 반대한다. 얼마 전 2008년 12월에도 미국과 이스라엘은 팔레스타인 국민의 자결권을 지지하는 유엔 결의안에 반대했다. 일부 태평양 섬나라가 미국의 입장에 동조했을 뿐, 이 결의안은 173 대 5로 통과되었다.

오바마는 이 '건설적인' 제안에 대해 언급하면서도, 두 국가의 평화로운 공존이라는 해결책의 가능성을 훼손할 의도로 계획된 서안 지구의 정착촌 및 기반 시설 공사, 팔레스타인 사람들의 생존을 통제하기 위한 복잡한 조치들에 대해서는 한마디도 하지 않았다. 오바마의 침묵은 "두 나라가 평화롭고 안전하게 더불어 사는 방법을 모색하겠다는 의욕적인 약속을 반드시 지킬 것이다"라는 발언과 관련해서 내뱉은 화려한 언변들을 부인하는 것이었다.

오바마는 2006년 자유선거에서 패배한 정당들을 대표하는 아바스와 파야드를 고집스레 지원한다. 2006년 1월 선거의 결과로 팔레스타인은 곧바로 이스라엘과 미국에게 공공연한 처벌을 받았다. 아바스와 파야드여야 한다는 오바마의 고집은 통제하에 있지 않은 민주주의에 대한 서구 세계의 일관된 경멸에서 비롯된 것이다.

오바마는 또한 과거에 많이 듣던 이유를 들먹이며 민주적으로 선출

---

* 아파르트헤이트 정책의 하나로, 남아프리카공화국에서 영토 안에 흑인들을 분리 거주하도록 지정한 구역.

된 하마스 정부를 무시했고, "4자기구(미국과 러시아, 유럽연합과 유엔)는 하마스가 평화를 원하는 진정한 정당이 되려면 이스라엘의 존재를 인정하고 폭력을 포기하며 과거의 협정들을 준수한다는 조건을 충족해야 한다는 점을 명확히 했다"라고 말했다.

여느 때와 마찬가지로, 실제 미국과 이스라엘이 독불장군처럼 두 국가론을 거부한다는 불편한 진실은 언급되지 않는다. 물론 미국과 이스라엘은 폭력을 포기하지 않으면서 4자기구의 핵심 제언, 즉 앞에서 언급한 '로드맵'도 거부한다.

이런 냉소적 반응이 거의 보편적 현상이기 때문에 이런 이유에서 오바마를 굳이 비판할 필요는 없는 듯하다.

하마스는 거의 언제나 이스라엘(혹은 모든 유대인)의 파괴를 목표로 하는 테러 조직으로 지칭된다. 미국과 이스라엘의 주장과는 달리, 하마스가 국제 합의인 두 국가론을 공개적이고 반복적이며 명시적으로 촉구했다는 사실은 생략된다.

오바마는 "분명히 말하지만, 미국은 이스라엘의 안전을 약속한다. 우리는 위협에 맞서 자위권을 행사하는 이스라엘의 권리를 언제까지나 지지할 것이다"라고 말했다. 팔레스타인이 훨씬 잔혹한 위협들, 즉 미국이 지원한 이스라엘이 가자 지구와 점령지에서 자행하는 위협들에 맞서 자위권을 행사할 수 있는 권리에 대해서는 한마디도 없었다. 그러나 이런 것이 규범이다.

이번 경우는 조지 미첼이 중동 특사로 임명되었기 때문에 특히 기만적이다. 미첼은 북아일랜드 문제를 평화적으로 해결하는 데 주도적인 역할을 했다. 당시 그는 아일랜드 공화국군IRA에게는 테러를 중단할 것을, 영국에게는 폭력적 행위를 중단할 것을 촉구하며, 영국은 테러로부터 자위권을 행사할 권리가 있지만 무력을 사용하면서까지 자위권을 행사할 권리는 없다는 점을 분명히 밝혔다. 아일랜드 공화국군이 테러를 자행한 근본 원인인 아일랜드 가톨릭 공동체의 적법한 불만을 인정하면 된다는 평화적인 대안이 있었기 때문이다. 영국이 이 합리적인 제안을 받아들이자 테러는 종식되었다.

미첼은 개인적으로는 두 국가론을 기꺼이 받아들이고 싶을지도 모르겠다. 2001년 조지 W. 부시 행정부에서 미첼은 한 국제위원회의 의장직을 맡았고, 그 위원회는 이스라엘이 서안 지구에 정착촌을 건설하는 행위를 중단해야 한다는 보고서를 제출했다. 미국과 이스라엘은 미첼의 이 보고서를 공식적으로는 인정하며 찬사를 보냈지만 철저하게 무시해버렸다.

미첼이 이스라엘-팔레스타인 문제에서 맡게 될 새로운 임무에 대한 오바마의 발언에 담긴 뜻은 분명하다. 진정한 두 국가론은 협상 테이블에 올리지 말라는 것이다.

미첼에게 주어진 첫 임무는 대화의 장을 열고 모두, 정확히 말하면 민주적 선거로 선출된 팔레스타인 정부를 제외한 모두의 말에 귀를 기울이는 것이다. 오바마의 발언에 일부가 빠져 있다는 사실은 이번 행정부도 극단적인 경우를 제외하고는 전통적인 미국의 거부주의와 평화를 반대하는 입장을 고수할 것임을 암시하는 강력한 지표이다.

2009년 2월 3일

반항하는 라틴아메리카

유럽인의 정복이 있기 훨씬 전, 1,000년 이상 전에 지금은 사라진 문명이 볼리비아에서 활짝 꽃피우고 있었다.

고고학자들은 볼리비아에 고도로 발달한 풍요롭고 정교한 사회가 존재했다는 증거들을 지금도 찾아내고 있다. 고고학자들의 표현을 빌면, "그 사회는 지상에서 가장 거대하고 가장 강력하며 생태적으로 가장 풍요로운 인공 환경 중 하나였다. …… 그들이 살던 마을과 도시는 널찍하고 일정한 양식을 따랐으며 인류의 가장 위대한 예술품, 즉 걸작"이라 할 만한 경치를 빚어냈다.

베네수엘라부터 아르헨티나까지 대다수의 국가가 그렇듯이, 볼리비아도 다시 부활하고 있다. 서반구에서는 유럽의 정복과 미국의 제국주의적 지배에서 차례로 벗어나 독립하고 서로 의존하며 새롭고 역동적인 남북관계를 만들어가고 있다. 이 모든 것이 미국 경제와 세계경제가 붕괴된 덕분이라 할 수 있다.

지난 10년 동안, 라틴아메리카는 세계에서 가장 진보적인 지역이 되었다.

라틴아메리카 전역을 휩쓴 자주 정신은 개별 국가들에 중대한 영향을 미쳤고, 그 결과로 지역 기구들이 서서히 태동했다. 노벨 경제학상을 수상한 조지프 스티글리츠Joseph Stiglitz가 2007년 베네수엘라의 카라카스에서 적극적으로 권장한 방코 델 수르Banco del Sur(남미은행)와 미주를 위한 볼리바르 대안Bolivarian Alternative for Latin America and the Caribbean(이하 ALBA)이 대표적인 예이다. 특히 애초의 약속이 실현 가능하다면 ALBA는 라틴아메리카에서 진정한 새벽을 열어갈 기구가 될 수 있을 것이다.

ALBA는 미국이 지원하는 미주자유무역지대Free Trade Area of the Americas의 대안으로 설명되는 경우가 많지만, 둘 다 이름부터 잘못된 면이 있다. ALBA는 대안이 아니라 독자적으로 탄생된 기구로 보아야 마땅하다. 게다가 '자유무역협정'은 자유무역과 별 관계가 없다. 엄밀한 의미에서는 무역과도 제한적으로 관계가 있을 뿐이다. 또한 적어도 국민이 국가의 일부라 하면, 자유무역협정은 결코 협정이 아니다.

'투자자 권리 조정'이 더 정확한 용어일 것이다. 이런 조정은 다국적 기업과 은행 및 그들에게 이익을 제공하는 강대국이 고안해내고 거의 언제나 비밀리에 결정된다. 대중은 그 과정에 참여하지도 못하고 그런 과정이 있는지도 모른다.

기대를 가져도 좋을 만한 또 하나의 지역 기구는 남아메리카 국가연합UNASUR, Union de Naciones Suramericanas이다. 유럽연합을 본보기로 삼아 설립된 남아메리카 국가연합은 볼리비아의 코차밤바에 남미의회를 설립할 목적으로 출범했다. 2000년 코차밤바 시민들은 물의 민영화에 대담하게 맞서 투쟁을 벌였고 성공을 거두었다. 극적인 행동주의로 무엇을 성취할 수 있는지 보여주며 국제 연대에게 큰 깨달음을 주었다는 점에서 코차밤바는 남미의회가 들어서기에 더할 나위 없이 좋은 곳이었다.

라틴아메리카 남부의 역동적인 변화도 일부는 베네수엘라의 영향을 받았다. 베네수엘라에서는 좌파인 우고 차베스Hugo Chavez가 대통령에 당선된 후, 베네수엘라의 막대한 자원을 국내외의 부유층과 특권층이 아닌 국민을 위해서 사용했고, 독립과 민주주의 및 실질적인 발전을 위한 전제조건으로 반드시 필요한 지역 통합을 이뤄내려고 헌신적으로 노력했다.

차베스 혼자만이 이런 목표에 매달린 것은 아니다. 남미에서 가장 가난한 나라였던 볼리비아가 가장 극적인 변화를 보여준 사례일 것이다.

볼리비아는 서반구에서 진정한 민주화를 향한 중대한 발판을 놓았다. 2005년 서반구에서 가장 억압받던 사람들, 볼리비아 국민의 다수를 차지하던 원주민들이 민중 조직의 뜻을 반영한 프로그램을 추진하려고 정치의 장에 뛰어들어 자신들과 같은 원주민 출신 후보인 에보 모랄레스Evo Morales를 대통령으로 선택했다.

선거는 과거부터 진행되어온 투쟁의 한 단계에 불과했다. 중요한 쟁점들은 이미 잘 알려져 있었다. 자원에 대한 통제, 복잡한 다민족 사회에서의 문화적 권리와 정의, 그리고 압도적 다수를 차지하는 민중과 전통적인 지배계급인 극소수의 부유한 엘리트들 간의 사회·경제적인 격차 등이 문제였다.

결과적으로, 오늘날 볼리비아는 민중민주주의와 특권층인 서구화된 엘리트가 극히 위태롭게 대립하고 있다. 엘리트 계급이 정치적 특권을 상실한 것에 분개해 때로는 폭력까지 동원해서 민주주의와 사회정의를 반대하기 때문이다. 언제나 그렇듯이 지금도 엘리트들은 미국의 든든한 후원을 받고 있다.

2008년 9월, 칠레 산티아고에서 긴급 남아메리카 국가연합 정상회의가 열렸다. 여기에 모인 남미 지도자들은 얼마 전에 있었던 국민투표에서 모랄레스가 거둔 승리를 근거로 "압도적 다수로부터 권한을 승인받은 에보 모랄레스 대통령의 합헌 정부를 전적으로 지지한다"고 선언했다.

모랄레스는 남아메리카 국가연합에 감사의 뜻을 전하며, "남미 역사상 처음으로 우리 지역 국가들이 미국의 간섭을 받지 않고 우리 문제를 해결할 방법을 찾아가고 있다"고 말했다.

미국은 볼리비아의 주된 수출품인 주석을 가공하기 때문에 이를 빌미로 볼리비아 경제를 오랫동안 지배해왔다. 국제문제 학자 스티븐 주니스Stephen Zunes가 지적하듯이, 1950년대 초 "볼리비아가 자급자족의 수준을 높이려고 노력하던 중대한 시기에 미국 정부는 볼리비아에게 그렇잖아도 부족한 자본을 국가 개발에 투자하기보다는 전前 광산주에게 보상하고 외채를 갚는 데 쓰라고 강요했다".

당시 볼리비아에 강요된 경제정책들은 30년 후 신자유주의적 '워싱턴 합의Washington Consensus'라는 이름으로 남미 대륙에 강요된 구조조정 계획의 전조였다. 워싱턴 합의에 따라 구조조정 계획이 실시된 나라는 예외 없이 파국을 맞았다.

신자유주의적 시장 근본주의로 인해 이제는 부유한 나라들까지 피해를 입고 있는 실정이다. 금융 자유화의 저주로 부유한 나라들이 대공황 이후 최악의 금융 위기를 맞았기 때문이다.

제국주의적 지배의 전통적인 방식, 즉 폭력과 경제 전쟁의 기반이 흔들리고 있다. 라틴아메리카는 이제 진정한 선택권을 손에 쥐게 되었다. 워싱턴은 라틴아메리카가 독립하면 서반구 지배만이 아니라 세계 지배까지 위협받는다는 사실을 잘 알고 있다. 공화국이 탄생한 첫날부터 미국 외교정책의 목표는 라틴아메리카를 지배하는 것이었다.

라틴아메리카를 지배하지 못하면, 1971년 닉슨Richard Nixon 행정부의 국가안전보장회의가 칠레의 민주주의를 파괴하는 것의 절대적인 중요성을 논의할 때 결론내렸듯이, "미국은 세계 어디에서도 질서를 바로잡을 수 없을 것이다". 그래서 칠레에서 잠깐 꽃피웠던 민주주의는 사그라들고 말았다.

주류 학계에서도 인정하듯이, 워싱턴은 전략적이고 경제적인 이익이 있을 때에만 민주주의를 지지해왔다. 이 정책은 역대 모든 행정부를 거쳐 지금까지 변함없이 추진되고 있다.

이처럼 이해관계를 좇는 반민주적인 행태는 도미노 이론*의 합리적인 형태인데, 때로는 더 정확하게 '좋은 선례의 위협'이라 불린다. 이런 이유에서 완전한 순종에서 조금이라도 벗어나면 존재의 위협으로 여겨져 가혹한 응징을 받는 것이다. 라오스 북부 지역의 외딴 마을들에서 조직된 농민운동, 그레나다의 어업 협동조합 등 세계 전역에 유사한 사례가 있었다.

이제 막 자립의 길에 들어선 라틴아메리카에서는 적어도 세 방향으

---

* 도미노의 팻말이 연이어 넘어지듯이 한 나라의 정치체제가 붕괴되면 이웃 나라에도 영향을 미친다는 이론이다.

로 통합이 추진되고 있다. 첫째는 지역 통합이다. 지역 통합은 독립의 필요조건이다. 지역 통합이 이루어지면 서반구의 주인인 미국이 라틴아메리카 국가들을 하나씩 고립시켜 억압하기 어려워질 것이기 때문이다. 둘째는 세계 통합이다. 남남관계를 확립하여 시장과 투자를 다변화하는 것이다. 특히 중국은 서반구 문제에서 의미 있는 동반자로서의 역할을 확대해가고 있다. 셋째는 내부 통합으로, 가장 중요한 통합이다. 라틴아메리카는 부와 권력이 극단적으로 집중된 것으로 악명이 높으며, 국가의 안녕에 대한 엘리트 특권층의 책임 의식이 부족하다.

라틴아메리카는 심각한 문제들을 안고 있지만 밝은 미래를 약속하는 발전이 이루어지고 있기 때문에 투자자나 권력자의 이익이 아니라 국민의 이익을 위한 국제 통합, 즉 진정한 세계화 시대를 예고하고 있다.

2009년 3월 8일

듀랜드 라인이여, 안녕!

현재 아프가니스탄으로 알려진 지역은 먼 옛날부터 정복자들이 거쳐간 곳이었다. 알렉산드로스^{Alexandros} 대왕, 칭기즈 칸^{Chingiz Khan}, 티무르*가 지배했던 곳이다.

19세기에는 대영제국과 러시아제국이 중앙아시아의 패권을 두고 다투었는데, 그것을 '그레이트 게임'이라 일컫는다. 1893년에 영국 식민성 고위 관리 헨리 모티머 듀랜드^{Henry Mortimer Durand}가 약 2,400킬로미터의 선을 그어 영국이 지배한 인도의 서쪽 경계를 정했다. 이른바 듀랜드 라인^{Durand Line}으로, 아프가니스탄 국민이 자기 땅이라 생각하는 파슈툰 부족 지역을 관통해 지나갔다. 1947년에는 그 지역의 북서쪽이 잘려나가 파키스탄이란 새로운 나라가 되었다.

● Timour. 티무르 왕조의 제1대 황제(1336~1405)로 옛 몽골제국 영토의 대부분을 포함하는 대제국을 건설했다.

그레이트 게임은 아프가니스탄과 파키스탄 사이에서 지금까지 계속 되고 있다. 아프가니스탄과 파키스탄은 요즘 아프팍^AfPak이라 불린다. 불명확하고 막연한 듀랜드 라인을 사이에 둔 양쪽 지역 사람들에게 아 프팍은 그런대로 의미가 와 닿을 것이다. 실제로 그곳 주민들은 듀랜드 라인을 한 번도 인정한 적이 없었고, 아프가니스탄은 영국에서 독립했 을 때부터 줄기차게 반대해왔다.

역사에서 결코 지워지지 않을 사실 하나는, 아프가니스탄 국민이 모 든 침략자에게 용감하게 맞서 싸웠다는 것이다.

아프가니스탄은 지금도 여전히 그레이트 게임에서 지정학적 요충지 이다. 오바마 대통령은 선거공약대로 아프팍에서 전쟁의 수위를 한껏 끌어올리기 시작해 부시 행정부의 확전을 계속 추진했다.

현재 아프가니스탄은 미국과 NATO 연합군에게 점령당한 상태이다. 외국군의 존재는 무력 충돌을 불러일으킬 뿐이다. 정말로 필요한 것은 중국과 인도, 이란과 파키스탄, 러시아 등 관련된 지역 열강들이 합심 해서 아프가니스탄 국민이 당면한 내부 문제를 평화적으로 해결할 수 있도록 돕는 것이다. 게다가 아프가니스탄에는 외국의 힘을 빌리지 않 고도 내부 문제를 평화적으로 해결할 수 있다고 믿는 사람이 많다.

NATO는 냉전을 이유로 결성되었지만, 어느덧 그 단계를 훌쩍 넘어 섰다. 소련이 붕괴되어 NATO는 존재의 이유를 상실했다. 혹시나 있을 지도 모를 러시아의 공격에 대비하겠다는 핑곗거리가 더는 통하지 않 기 때문이다. 그러나 NATO는 재빨리 새로운 임무을 떠맡아 미하일 고 르바초프와 맺은 약속을 어기고 동쪽으로 세력을 확장해갔다. 따라서 러시아는 안보에 중대한 위협을 느꼈고, 당연히 국제적 긴장감이 높아졌다.

　오바마 대통령의 안보 보좌관인 제임스 존스^{James Jones}는 2003년부터 2006년까지 NATO 연합군 최고사령관을 지냈다. 그는 NATO가 동쪽과 남쪽으로 세력을 확장해가는 것은 중동 에너지자원에 대한 미국의 지배력을 강화하려는 조치라며 옹호했다. (전문용어로 말하면 '에너지 안보를 위한 보호 장치^{safeguarding energy security}'이다.) 또한 존스는 NATO의 신속 대응군을 옹호하며, 그 덕분에 미국이 주도한 군사동맹이 "멀리서도 신속하게 대응할 수 있는 뛰어난 기동성"을 발휘할 수 있을 것이라고 말했다.

　중국이 워싱턴으로서는 가장 큰 근심거리일 수 있다. 일부 분석가들이 잠재적으로 NATO의 견제 세력이라 평가하는, 중국에 본부를 둔 상하이 협력기구^{Shanghai Cooperation Organization}에는 러시아와 중앙아시아 국가들이 참여하고 있다. 인도와 파키스탄과 이란은 현재 참관국이지만 조만간 회원국으로 가입할 가능성이 크다. 중국은 최대 산유국인 사우디아라비아와도 관계를 심화해가고 있다.

　미국 군사작전에 걸림돌이 되는 풀뿌리 저항 세력은 강력한 반전 단체이다. 반전 단체가 주도하는 평화운동이 아프가니스탄에서 점점 세력을 확대해가고 있다. 행동주의자들은 폭력을 중단하고 탈레반과 협상할 것을 줄곧 촉구해왔다. 이런 아프가니스탄 사람들은 외부 도움을 환영하지만, 군사적 목적이 아니라 재건과 개발 목적의 지원을 환영하는 것이다.

　최근에 아프가니스탄을 취재한 《워싱턴포스트》의 패멀라 컨스터블^{Pamela Constable}은 반전 단체가 아프가니스탄에서 폭넓은 지지를 받고 있기 때문에, 앞으로 아프가니스탄에 투입될 미군들은 탈레반만이 아니라 "무장하지는 않았지만 탈레반 못지않게 벅찬 상대, 즉 국민 여론"에 시달릴 것이라고 말했다. 또 "외국군이 늘어나는 것은 폭도들을 물리치고 아프가니스탄을 뒤덮은 폭력을 진압하는 데 도움이 되기보다는 문제를 더욱 악화시킬 것이다"라고 대답한 아프가니스탄 사람이 많다고 덧붙였다.

또한 컨스터블은 인터뷰한 아프가니스탄 사람들 대부분이 군사작전을 강화하기보다 반군들과 협상을 통해 해결하기를 선호한다고 대답했고, 탈레반 전투원들도 자신들과 같은 아프가니스탄 사람이고 무슬림이며, 아프가니스탄은 전통적으로 공동체와 부족 회합을 통해 갈등을 해결해왔다고 대답한 사람도 적지 않았다고 덧붙였다.

하미드 카르자이 아프가니스탄 대통령이 오바마에게 보낸 첫 번째 메시지는 민간인에 대한 공격을 중단해달라는 요구였지만, 오바마는 이에 명확한 대답을 하지 않았다. 카르자이는 유엔 대표단에게 외국군(결국 미군) 철수 일정을 달라고 통보하기도 했다. 그 때문에 카르자이도 워싱턴의 눈 밖에 났기 때문인지, 언론도 카르자이에 대한 호의적인 태도를 버리고 '믿을 수 없고' '부패한' 인물로 그를 격하시켰다. 카르자이는 카불에 있는 '우리 편'이라고 호들갑을 떨던 것과 마찬가지로 지금의 이런 평가도 진실이 아니다. 현재의 언론 보도에 따르면, 미국과 그 동맹들은 카르자이를 축출할 계획을 짜고 있으며 그들의 입맛에 맞는 인물을 고르는 중이다. 아프가니스탄에서 카르자이의 인기가 떨어진 것은 사실이지만, 아직 미국 점령군보다는 훨씬 인기가 많다.

중동 지역에서 오랫동안 활동한 《옵서버》 특파원 제이슨 버크의 다음

기사에서 미래를 전망해볼 수 있을 듯하다. "아프가니스탄 국민이 실질적으로 원하는 국가보다, 우리가 아프가니스탄 국민들이 원했으면 하는 국가를 세울 희망을 우리는 아직 버리지 못하고 있다. 하지만 아프가니스탄 사람들에게 아프가니스탄이 수십 년 후에 어떤 국가를 닮았으면 좋겠는지 물어보면, 대답은 '이란'이다."•

이란의 역할이 특히 중요하다. 이란은 지금도 아프가니스탄과 긴밀한 관계를 맺고 있다. 이란은 탈레반을 반대하기 때문에 탈레반을 축출하는 데 상당한 도움을 주었고, 그 보상으로 악의 축이라는 오명을 뒤집어썼다. 이란은 다른 어떤 나라보다 아프가니스탄이 안정을 찾아 발전하기를 바란다. 이란은 파키스탄, 인도, 터키, 중국 및 러시아와도 지리적으로 관련되어 있다. 이런 관계가 자체적으로 발달할 가능성은 얼마든지 있다. 서구 세계와 관계를 개선하려는 이란의 노력을 미국이 계속 방해한다면 이란이 상하이 협력기구와 연계할 가능성도 배제할 수 없다.

카르자이는 이번 주 아프가니스탄 문제로 헤이그에서 열린 유엔 회담에서 이란 관리들을 만났다. 그 자리에서 이란 관리들은 아프가니스탄의 재건을 지원하고, 아프가니스탄에서 우후죽순처럼 확대되고 있는 마약 거래에 대한 지역 감시에 협조하겠다고 약속했다.

부시 – 오바마의 확전 정책은 아프가니스탄이나 중동 지역의 문제를 평화적으로 해결하는 데 도움이 되지 않는다. 그레이트 게임이든 뭐든 간에, 외세가 개입하지 않은 상태에서 아프가니스탄 사람들끼리 타협

• Jason Burke, "Our skewed world view won't let us see the real Pakistan", *The Guardian*, 2009년 3월 15일.

하고 협상하는 것이 중요하다. 아프가니스탄 문제는 아프가니스탄 사람들이 해결할 문제이다.

2009년 4월 1일

고문도 전통인가?

백악관이 공개한 고문 기록이 충격과 분노와 놀라움을 불러일으켰다. 충격과 분노는 이해할 만하다. 특히 얼마 전에 비밀해제된 기밀문서인 상원 군사위원회의 억류자 취급 보고서는 압권이었다.

이 보고서에 따르면, 2002년 여름 관타나모 수용소의 심문자들은 이라크와 알카에다의 연결 고리를 찾아내라는 상부의 압력을 받았다. 고문이 많이 있었지만, 결국 물고문을 통해 억류자 입에서 '증거'를 끌어냈다. 이 증거는 이듬해 부시-체니가 이라크 침략을 정당화하는 데 도구로 사용되었다.

그러나 왜 이 고문 기록이 새삼스레 놀랍다는 것일까? 조사를 해보지 않더라도 관타나모가 고문실이었다는 것은 누구라도 추정할 수 있잖은가. 그 이유가 아니면 죄수들을 법망이 미치지 않는 곳까지 보낸 이유가 무엇이었겠는가? 말이 나온 김에 덧붙이면, 관타나모는 워싱턴이 쿠바에 총구를 겨누며 강요한 조약을 위반한 채 사용하고 있는 곳이다. 안보를 이유로 내세우지만 이는 받아들이기 힘든 핑계이다.

폭넓게 생각해서 이번에 공개된 고문 기록을 그다지 놀랍게 받아들일 필요가 없는 이유는, 미국이 영토 확장에 나선 초기부터 고문은 통상적인 관행이었기 때문이다. 그 후 제국 사업이 필리핀과 아이티 등으로 확대될 때에도 마찬가지였다.

게다가 고문은 미국(그리고 다른 강대국들)의 역사를 더럽힌 침략과 테러, 전복과 경제봉쇄 등의 범죄에 비하면 하찮은 것이었다. 이번에 밝혀진 고문도 '우리가 표방하는 것'과 '우리가 실제로 행하는 것' 사이의 끝없는 갈등을 다시 한 번 드러낸 것에 불과하다.

반응은 격렬했지만, 여러 점에서 의문을 불러일으킨다. 예컨대 부시의 불법행위를 가장 설득력 있고 단도직입적으로 비판하는 지식인으로 손꼽힌 《뉴욕타임스》의 칼럼니스트 폴 크루그먼Paul Krugman은 미국이 "도덕적 이상을 추구하는 나라"였다며, "부시 이전에는 미국이 표방한 모든 것을 철저하게 배신한 국가 지도자가 없었다"고 말했다.

조금도 과장하지 않고 솔직히 말해서, 그러한 견해는 역사를 왜곡하는 것이다. 미국이 다른 강대국들과는 달리 예나 지금이나 정의롭게 행동한다는 것은 일종의 신조이며 국가 강령의 하나이다. 이른바 '미국 예외주의American exceptionalism'이다.

영국 언론인 고드프리 호지슨Godfrey Hodgson이 최근에 발표한 역사책 《미국 예외주의라는 신화The Myth of American Exceptionalism》에서 이런 통념을 약간이나마 바로잡은 듯하다. 호지슨은 미국을 "위대하지만 불완전한 나라"라고 결론지었다.

《인터내셔널 헤럴드 트리뷴International Herald Tribune》의 칼럼니스트 로저

코언$^{Roger\ Cohen}$은 《뉴욕타임스》에 기고한 이 책의 서평에서 여러 증거가 호지슨의 판단을 뒷받침한다고 동의했지만, 한 가지 근본적인 점에서 호지슨에게 이의를 제기했다. 즉 "미국은 하나의 이상으로 태어났기 때문에 미국은 그 이상을 추구해야 한다"는 점을 호지슨이 이해하지 못했다는 것이다. 미국의 탄생을 통해 그 이상은 "언덕 위의 도시"로 드러났으며,* 그 이상은 "미국인의 정신에 깊이 뿌리내려 용기를 북돋워주는 관념"이라고 코언은 덧붙여 말했다.

간단히 말해서, 호지슨은 "지난 수십 년 동안(실제로 미국이 탄생한 이후로 줄곧) 일어난 미국의 이상에 대한 왜곡"에서 벗어나지 못한 실수를 범했다는 것이다. 그렇다면 미국의 이상이 무엇인지 따져보자.

'언덕 위의 도시'라는 감동적인 표현은 존 윈스럽$^{John\ Winthrop}$이 1630년 "하느님이 정하신" 새로운 나라의 영광스러운 미래상을 개략적으로 밝히고자 복음서에서 인용한 것이다.

그보다 1년 전, 그가 세운 매사추세츠 만 식민지는 국새를 만들었다. 입에서 두루마리를 토해내는 인디언의 모습이 새겨졌고, 두루마리에는 "건너와서 우리를 도우라"**라는 말이 쓰였다. 영국 식민지 개척자들은 가련한 원주민들의 간청에 응답하며 그들을 비참한 이교도의 운명에서 구원하려고 달려온 인정 많은 인도주의자였다.

● '언덕 위의 도시'는 〈마태복음〉의 산상수훈에서 언급된 빛과 소금을 상징하는 말이다. 미국 개척기의 지도자 존 윈스럽은 1630년 신대륙으로 이주한 1,000여 명의 청교도들에게 '기독교의 사랑의 모델'이란 제목으로 설교를 했다. 이 설교에서 윈스럽은 자신들이 세울 공동체가 '언덕 위의 도시'가 되어 지상의 모든 국가와 교회가 우러러볼 것이라고 역설했다. 역사가들은 이 설교에 미국의 건국이념이 담겼다고 말한다.

●● 〈사도행전〉 16장 9절의 일부.

요즘 흔히 쓰는 말로 이런 '인도주의적 개입' 선언은 후손들의 개입과 무척 유사했던 것으로 밝혀졌고, 되짚어볼 필요도 없겠지만 이른바 수혜자들에게는 더없이 겁나는 선언이었다.

때때로 혁신적 변화가 있었다. 전 세계 고문 피해자들은 역사학자 앨프리드 맥코이Alfred McCoy가 2006년에 발표한 《고문: 냉전 시대부터 테러와의 전쟁까지 CIA의 심문 A Question of Torture: CIA Interrogation, from the Cold War to the War on Terror》에서 CIA가 이루어낸 "잔혹한 고문학의 혁명"이라고 표현한 것을 지난 60년 동안 견뎌야 했다. 이 책에 따르면 고문은 세간에 전해진 바와 달리 외부 기관에 맡겨지기도 한다. 특히 물고문은 수십 년 전에 개발된 수법의 하나로, 관타나모에서는 개발 당시의 방법이 거의 그대로 사용된 것으로 보인다.

고문과 연루되는 것은 미국 외교정책의 특징이다. 1980년에 발표된 연구에서, 정치학자 라스 슐츠Lars Schoultz는 "라틴아메리카에서는 자국 시민들을 고문한 정부들……기본 인권을 상대적으로 악랄하게 위반한 자들에게 미국의 원조가 과도하게 흘러가는 경향을 보였다"고 주장했다.

레이건 시대 이전에는 슐츠의 연구와 유사한 연구들이 꽤 있었다. 하지만 레이건 시대에는 상관관계가 너무 명확해서 연구할 가치조차 없어졌다. 이런 추세는 지금까지도 큰 변화 없이 계속되고 있다.

대통령들이 우리더러 과거에 얽매이지 말고 미래를 보라고 말하는 것은 당연하다. 권력을 쥔 사람들이 흔히 쓰는 수법이다. 짜증스러운 일이지만 지배자에게 얻어맞은 사람들은 세상을 다르게 보는 경향이 있다.

역사적으로 '예외주의'는 제국의 보편적인 모습에 가깝다. 프랑스는

'문명화 사명'을 내세웠으면서도 프랑스 전쟁부 장관은 알제리의 "토착민을 절멸해야 한다"고 주장했다.

존 스튜어트 밀^{John Stuart Mill}은 영국의 고결함이 세계적으로 유례가 없다고 단언하면서도 그 고결한 힘을 지체 없이 사용해 인도의 해방을 완결하라고 촉구했다. 밀의 고전적인 시론 〈불간섭에 대한 몇 가지 제언^{A Few Words on Non-Intervention}〉은 영국이 1857년 인도 항쟁을 진압하는 과정에서 저지른 끔찍한 잔혹 행위가 밝혀진 직후에 쓰였다.*

이런 예외주의적 사고방식은 권력을 쥔 특권층에게는 편리하겠지만 피해자에게는 해롭기 그지없다. 한 가지 이유를 들자면, 예외주의는 지금도 실제 저지르고 있는 범죄를 덮어버리기 때문이다. 베트남전쟁 동안 자행된 밀라이 대학살도 베트콩의 테트 대공세 이후 평정平定 계획이란 이름하에 저질러진 엄청난 잔혹 행위의 부차적인 사건일 뿐이다. 미국 대통령을 하야시킨 워터게이트 사건이 범죄행위인 건 분명하지만, 그 사건을 둘러싼 파문 때문에 국내외에서 벌어진 훨씬 사악한 범죄들은 뒷전으로 밀리고 말았다. 끔찍한 예를 하나만 들자면, 캄보디아 폭격을 들 수 있을 것이다. 흔한 일이지만, 상대적으로 작은 잔혹 행위들은 훨씬 큰 범죄를 덮는 기능을 한다.

역사에 대한 기억상실은 무척 위험한 현상이다. 도덕적이고 타당한 진실을 훼손할뿐더러, 앞으로 또다시 범죄를 저지르게 할 토대가 되기 때문이다.

2009년 5월 5일

---

* 1857년 인도 항쟁(세포이 항쟁)은 영국 동인도회사에 고용된 인도인 병사(세포이)들이 영국의 인도 지배에 저항하여 일으킨 반란으로 널리 확대되었지만 성공하지는 못했다.

이스라엘 – 팔레스타인 분쟁에 대한
버락 오바마의 **입장**

카이로에서 오바마가 한 연설과 관련해서 CNN은 온라인에 "오바마가 무슬림 세계의 영혼을 유혹하려 한다"는 제목의 뉴스를 실었다. 그 뉴스는 오바마의 의도를 제대로 짚었지만, 더 중요한 것은 화려한 언변으로 감춘 내용, 더 정확히 말하면 생략한 내용이다.

오바마의 연설에서 이스라엘 – 팔레스타인에 관련해서는 특별한 것이 없었다. 오바마는 아랍 사람들과 이스라엘 사람들에게 서로 상대를 탓하지 말고, 한쪽 관점으로만 갈등을 보지 말라고 호소했다.

제3자인 미국이 빠졌다. 미국은 이 갈등을 지금까지 끌어오는 데 결정적인 역할을 하지 않았던가. 그런데도 오바마는 미국의 역할이 달라져야 한다거나 재고되어야 한다고는 말하지 않았다.

오바마는 아랍 평화안에 다시 한 번 찬사를 보내며, 아랍 국가들에게 아랍 평화안을 "책임의 끝이 아니라 중대한 첫걸음"으로 생각해야 할 거라고 말했다. 여기에도 중요한 내용이 생략되었다. 의도적으로 생략한 것이 분명하다. 아랍 평화안이 1967년 6월 이전의 국경을 중심으로 한 두 국가론이라는 국제 합의를 반복해서 촉구한다는 사실을 오바마와 그의 보좌관들이 모를 리가 없다. 35년 전 이 쟁점을 두고 세계에서 등을 돌리기 전에 미국 정부가 했던 발언을 빌면, 그 국경은 "상호 합의로 약간의 수정"이 가능했다. 또한 아랍 평화안은 아랍 국가들에게 이스라엘과의 관계 정상화를 촉구했지만, 미국과 이스라엘이 두 국가론이라는 국제 합의를 받아들여야 한다는 전제가 있었다.

하지만 오바마는 아랍 국가들에게 관계 정상화를 시작하라고 요구하면서도, 전제조건인 그 중대한 정치적 해결책에 대해서는 끝까지 언급하지 않았다. 미국이 아랍 평화안의 핵심 원칙을 받아들이지 않고 심지어 인정조차 하지 않는다면 아랍 평화안은 '첫걸음'이 될 수 없다.

아랍 국가들이 관계 정상화를 위한 조치를 취한다면 이스라엘은 무엇으로 보답해야 할까? 오바마 행정부가 지금까지 이스라엘에 전달한 가장 강경한 입장은 2003년 로드맵 1단계를 준수하여 "이스라엘은 (정착촌의 자연스러운 확장을 포함하여) 정착촌에 관련된 모든 행위를 중단하라"는 것이었다.

이스라엘이 로드맵 1단계를 받아들인다 해도 미국의 지원에 힘입어 이미 시작한 정착촌 계획 전체가 고스란히 유지될 거라는 사실은 정착촌에 관련된 논의에서 거의 언급되지 않는다. 이스라엘이 정착촌 개발 계획을 구실 삼아 이 지역의 주요 물 공급원을 포함한 불법적인 분리장벽 내 소중한 땅은 물론이고 요르단 계곡까지 차지한다면 팔레스타인 사람들은 비좁은 영토에 갇히는 꼴이 된다. 게다가 동쪽으로 멀리 뻗은 정착촌과 기반 시설로 인해서 그 좁디좁은 영토마저 작은 구역들로 쪼

개진다.

이스라엘이 대예루살렘*마저 인수하게 된다는 사실도 언급되지 않는다. 대예루살렘은 아랍인들을 대거 강제 추방하며 현재 개발이 활발히 진행되고 있어, 팔레스타인 사람들은 자신들에게 남겨진 지역 안에서 문화·경제·사회정치적으로 단절된 채 살아갈 것이다.

정착촌과 관련된 모든 행위는 유엔 안전보장이사회가 일찍이 명시적으로 선언한 결의안들을 위배하고 있기 때문에 국제법 위반이다. 특히 예루살렘의 경우에는 더더욱 그렇다.

부시 1세 행정부는 이스라엘의 불법적인 정착촌 계획을 말로만 반대하는 데 그치지 않았다. 즉, 이스라엘에 대한 경제원조를 중단했다. 반면에,《뉴욕타임스》의 보도에 따르면 오바마 행정부 관리들은 그런 조치까지는 논의하지 않고 있으며 로드맵을 따르도록 이스라엘에 가하는 압력이 "대체로 상징적인 수준에" 그칠 거라고 말했다.

상원 외교관계위원회 의장인 존 케리 상원의원이 명확히 밝혔듯이, 오바마의 중동 순방 배경에는 이란에 반대하는 "온건한" 아랍 국가들과 이스라엘이 동맹을 맺도록 유도하려는 목적이 있다. 이런 동맹이 결성된다면 미국이 중요한 에너지 생산 지역을 지배하는 데 보루 역할을 해줄 것이기 때문이다. (여기에서 "온건한" 국가는 해당 국가의 성격과는 아무런 관계가 없다. 미국의 요구에 적극적으로 순응하는 국가라는 뜻이다.)

이스라엘은 미국 군부와 정보기관 및 첨단산업체에게 중요하기 그지없는 서비스를 제공하기 때문에, 워싱턴의 명령을 거부할 여지가 충분

●   구舊예루살렘을 중심으로 약 160제곱킬로미터에 해당되는 지역을 가리키는 용어이다.

히 있다. 하지만 그런 반발은 미국을 화나게 만들 가능성이 있다. 다행히 지금까지 현 이스라엘 정부의 극단주의는 상대적으로 온건한 집단들에 의해 억제되었다.

이스라엘이 언제라도 도를 넘어서기만 하면, 요즘 많은 평론가가 인지하듯이 미국과 이스라엘 간의 정책 충돌이 폭발할지도 모른다. 카이로 연설이나 그 밖의 행동을 보면 지금까지는 그런 조짐이 거의 없다. 이스라엘-팔레스타인에 대한 미국의 정책은 앞으로도 변화가 없을 가능성이 크다.

2009년 6월 4일

모방의 계절

레바논과 이란의 선거, 온두라스의 쿠데타는 그 자체로도 의미가 있지만, 국제사회의 반응 또한 무척 뜨거웠다. 하지만 요즘 이스라엘이 지중해에서 자행하고 있는 해적질은 상대적으로 거의 거론되지 않았다.

레바논

2009년 6월 7일의 선거는 주류 언론에서 열렬히 환호했다.

《뉴욕타임스》의 칼럼니스트 토머스 프리드먼Thomas Friedman은 2009년 6월 10일 자 칼럼에서 "나는 자유롭고 공정한 선거에 사족을 못 쓰는 사람"이라며 "레바논 선거는 진짜 멋진 한판 승부였고, 결과는 무척 만족스러웠다. 버락 오바마 대통령이 이란의 마무드 아마디네자드에게 승리를 거두었다"고 썼다.

"무슬림, 기독교인, 드루즈인*을 막론하고 레바논 국민 중 부동의 다수가 사드 하리리Saad Hariri가 이끄는 3월 14일 연합에 표를 던졌다"는 것이 그 증거였다. 사드 하리리는 미국이 지원한 후보이고, 암살된 라피크 하리리[Rafik Hariri] 전 총리의 아들이다.

자유선거의 승리 그리고 워싱턴의 승리에서 가장 공이 큰 사람에게 마땅히 감사의 뜻을 전해야 한다는 듯 프리드먼은 "조지 부시가 2005년 시리아에게 맞서지 않았다면, 또 하리리가 암살된 후에 레바논에서 시리아를 강제로 몰아내지 않았다면, 이번 자유선거는 치러지지도 않았을 것이다. 부시가 새로운 기회를 만들었고 오바마가 [카이로 연설에서] 희망의 불씨를 지폈다"고 덧붙였다.

이틀 후, 우리가 중동에서 이루어낸 고결한 역할에 대한 프리드먼의 찬사는 엘리엇 에이브럼스[Elliott Abrams]가 《뉴욕타임스》에 기고한 기명 칼럼에서 되풀이되었다. 레이건 대통령과 조지 W. 부시 시절 고위 관리를 지내고 현재는 외교협회** 선임연구원으로 있는 에이브럼스는 칼럼에서 "레바논 선거는 모든 현실적인 시험을 통과했다. …… 레바논 국민에게 헤즈볼라를 반대하는 표를 던질 기회를 주었고, 그들은 그 기회를 놓치지 않았다"고 말했다.

하지만 '현실적인 시험'에 실제 득표수가 포함될 수 있을런지 모르겠다. 레바논 내무부가 밝힌 결과에 따르면, 득표율에서는 헤즈볼라를 중심으로 한 3월 8일 연합이 약 54퍼센트를 얻어 손쉽게 승리를 거두었다. 2008년 11월 미국 대통령 선거에서 오바마가 매케인을 상대로 획득한 득표율과 비슷하다.

●   레바논, 시리아, 이스라엘에 사는 소수민족으로 이슬람교에서 갈라져 나온 드루즈교를 믿는다.
●●   Council on Foreign Relations. 미국 외교정책을 연구하는 초당적인 비정부기구로 《포린 어페어스》를 발간한다.

따라서 프리드먼과 에이브럼스의 논리대로라면, 오바마가 아마디네자드에게 승리했다는 결과에 우리는 한탄해야 할 것이다. 민주주의를 조금이라도 존중하는 사람이라면 그럴 수밖에 없을 것이다.

다른 평론가들과 마찬가지로 프리드먼과 에이브럼스는 의회 내의 의석수를 언급한다. 하지만 의석수는 종파들을 안배하는 투표 제도 때문에 왜곡되어 최대 종파이며 헤즈볼라와 아말 운동을 지원하는 시아파의 의석수가 크게 줄었다.

정직한 분석가들이 지적하듯이, 종파 안배라는 레바논의 기본 원칙 자체가 이 "자유롭고 공정한 선거"를 심각하게 훼손한다. 정치 분석가 아사프 흐푸리Assaf Kfoury의 주장에 따르면, 종파 안배라는 기본 원칙은 어떤 종파에도 속하지 않은 정당이 의회에 입성할 기회를 없애고, 사회경제적인 정책과 그 밖의 실질적인 쟁점들이 선거에서 논의되는 것을 가로막는다.

따라서 종파 안배는 "외세의 대대적인 개입", 낮은 투표율, "부정투표와 매표 행위" 등의 원인이 된다. 이 모든 것이 6월 선거의 특징이었으며, 과거보다 훨씬 더 심했다.

베이루트에 레바논 인구의 거의 절반이 거주하지만, 대체로 멀리 있는 주소지까지 찾아가지 않고 투표할 수 있는 유권자가 4분의 1이 되지 않는다. 결국 특권층과 친서방 계층에 유리하게 개편된 "레바논식의 극단적인 게리맨더링" 때문에 이주노동자와 빈민층이 선거권을 실질적으로 박탈당한 셈이다.

이란

레바논과 마찬가지로 이란의 선거제도도 기본권을 위반한 것이다. 후보자는 종교 지도자의 승인을 받아야 한다. 종교 지도자들은 자신들이 반대하는 정책을 옹호하는 후보자를 거부할 수 있다.

이란 내무부가 발표한 선거* 결과는 두 가지 이유에서 신뢰를 얻지 못했다. 하나는 그들이 선거 결과를 발표한 방법이었고, 다른 하나는 수치 자체였다.** 엄청난 민중 시위가 뒤따랐고, 종교 지도자들이 이끈 군대가 야만적으로 진압에 나섰다. 개표가 공정하게 진행되었더라도 아마디네자드가 과반수를 얻어 승리를 거둘 가능성이 컸지만, 종교 지도자들은 운에만 맡겨두고 싶지는 않았을 것이다.

프리랜서 특파원인 리즈 얼리크Reese Erlich는 테헤란 거리를 취재한 후 "대학생과 노동자, 여성과 중산계급으로 이루어진 진정한 이란 대중 운동이었다"고 말했다. 농민도 상당수 있었을 것이다.

이란 농촌 전문가인 에릭 후글런드Eric Hooglund는 자신이 조사한 지역들의 주민은 압도적으로 야당 후보인 미르 호세인 무사비Mir Hossein Mousavi를 지지했다며, 사람들이 "자신들의 표가 도둑맞았다는 생각에서 비롯된 명백한 도덕적 분노"를 토해냈다고 말했다.

민중 시위가 단기적으로는 성직자와 군부 체제에 별다른 피해를 주지 못하겠지만, 얼리크의 지적대로 "향후의 투쟁을 위한 밑거름"이 되

• 2009년 6월에 있었던 대통령 선거를 가리킨다.

•• 이란 내무부는 개표 단계마다 결과를 발표했고, 아마디네자드 현 대통령이 미르 호세인 무사비보다 줄곧 2 대 1가량의 표차로 앞섰다. 아마디네자드는 농촌 지역에서 상대적으로 높게 지지받았는데 도시 지역과 농촌 지역의 득표율이 줄곧 같은 수치로 나타나는 바람에 의구심을 불러일으켰다.

기에는 충분하다.

이스라엘 – 팔레스타인

중동에서 최근에 진정으로 "자유롭고 공정하게" 치러진 선거가 있었음을 잊어서는 안 된다. 2006년 1월 팔레스타인에서 있었던 선거가 그것이다. 이 선거에서 팔레스타인 국민이 "잘못된 방향으로" 투표했다는 이유로 미국과 그 동맹들은 즉각적 응징을 가했다.

이스라엘은 가자 지구를 포위했고, 지난겨울에는 무자비하게 공격을 했다.

미국의 위성국인 까닭에 어떤 응징도 받지 않을 거라고 확신한 이스라엘은 다시 봉쇄를 강화하며 공해公海에서 가자 지구로 향하던 자유가자운동Free Gaza Movement의 구호선 '스피릿 오브 휴머니티'호를 납치해 이스라엘의 아슈도드 항구로 끌고 갔다.

이 구호선은 키프로스를 출발하기 전에 화물을 검열받은 터였다. 의약품과 재건 물자와 장난감이 화물의 전부였다. 당시 구호선에는 노벨평화상을 수상한 메어리드 매과이어Mairead Maguire, 신시아 맥키니Cynthia McKinney 전 하원의원 등 많은 인권 운동가가 타고 있었다.

이 범죄행위는 주류 언론에 거의 언급되지 않았다. 이스라엘이 지난 수십 년 동안 키프로스와 레바논을 오가는 선박을 번질나게 납치했기 때문이라고 변명한다면 그럴듯하게 들릴 수도 있다. 하기야 불량 국가와 그 후원국이 또다시 불법행위를 범했다고 번거롭게 보도해야겠는가?

온두라스

중앙아메리카에서도 선거 관련 범죄가 있었다. 온두라스에서는 쿠데타가 일어나 호세 마누엘 셀라야^{Jose Manuel Zelaya} 대통령이 축출되어 코스타리카로 추방됐다.

쿠데타는 라틴아메리카 문제 분석가 마크 와이스브로가 칭한 "라틴아메리카에서 반복되는 이야기"를 그대로 되풀이하며, "마피아처럼 마약에 찌들고 대법원과 의회뿐만 아니라 대통령까지 자기들 마음대로 선택하던 부패한 정치 엘리트들에 반대하는 노동조합과 사회조직이 지원한 개혁적인 대통령"을 쫓아냈다.

주류 언론에서는 온두라스가 이 쿠데타로 인해 불행하게도 수십 년 전의 불행한 시절로 되돌아갔다고 논평했다. 그러나 이 논평은 잘못된 것이다. 이번 쿠데타는 지난 10년 동안 라틴아메리카에서 발생한 세 번째 쿠데타였고, 세 쿠데타 모두 '반복되는 이야기'에 정확히 들어맞는다.

2002년 베네수엘라에서 일어난 첫 번째 쿠데타는 부시 행정부의 지지를 받았다. 하지만 라틴아메리카 전역에서 쿠데타를 맹렬히 비난하고 민중 봉기로 차베스가 대통령직에 복귀하자 부시 행정부도 쿠데타의 지지를 철회했다.

두 번째 쿠데타는 2004년 아이티에서 일어났다. 옛날부터 아이티를 학대하던 프랑스와 미국이 일으킨 쿠데타였다. 합법적으로 선출된 장 베르트랑 아리스티드^{Jean-Bertrand Aristide} 대통령은 중앙아프리카로 추방당했다.

온두라스 쿠데타의 색다른 점은 워싱턴이 쿠데타를 즉각 지지하지 않았다는 것이다. 오히려 미국은 미주기구[*]와 합세해서 정권을 탈취한 군부를 비난했다. 하지만 다른 회원국들에 비해서 비난의 강도가 낮았고 결국 미국은 아무런 행동도 취하지 않았다. 또한 다른 이웃 국가들과 프랑스, 에스파냐, 이탈리아가 대사관을 철수한 것과는 달리 미국은 대사관을 철수하지 않았다.

워싱턴이 온두라스 군부의 쿠데타 계획을 미리 알지 못했을 거라고 상상하기는 힘들다. 온두라스는 미국의 원조에 크게 의존하는 국가인데다, 온두라스 군부도 전적으로 미국에게서 무기를 지원받고 훈련받은 조직이기 때문이다. 레이건이 니카라과를 상대로 테러 전쟁을 시작할 때 온두라스를 기지로 삼았던 1980년대 이후로 미국과 온두라스는 군사적으로 긴밀한 관계를 유지해왔다. '반복되는 이야기'가 다시 재현되느냐 않느냐는 미국 내의 반응에 달려 있다.

(안타깝게도 오바마는 반복되는 이야기를 고수하며 대다수의 라틴아메리카 국가나 유럽 국가 들과 달리, 쿠데타 정권이 억압적이고 폭력적인 분위기에서 실시한 선거를 인정했다.)

2009년 7월 7일

●　Organization of American States. 미주기구는 미국 워싱턴에 본부를 둔 국제기구로, 1948년에 창설되었다. 아메리카 대륙의 거의 모든 독립국가들이 포함된 기구이다.

평화를 지키려고 **전쟁**을 한다?

지금 유엔에서는 논란의 여지가 없어 보이는 정책, 즉 중대한 반인류적 범죄를 예방하기 위한 국제 기준을 두고 토론을 벌이는 중이다.

그 기준은 '보호책임'* 혹은 R2P라고 칭해진다. 2005년 유엔 세계정상회의에서 채택된 R2P는 과거에 이미 유엔 회원국들이 받아들이고 이행해온 권리와 책임을 재확인해주었다.

역사라는 감추고 싶은 비밀인 해골이 벽장 안에서 덜거덕거릴 때마다 R2P 혹은 그 사촌 격인 '인도주의적 개입'에 대한 논의는 몸살을 앓는다.

역사적으로 국제 문제에서 변함없이 적용되는 몇 가지 원칙이 있다. 하나는 "강자는 원하는 대로 하고 약자는 무작정 당하는 수밖에 없다"

● responsibility to protect. 자국민을 보호할 능력을 잃은 국가나 독재국가에서 심각한 인권침해가 이루어지는 경우 그 나라의 주권을 일시적으로 무시하고 국제사회가 개입을 할 수 있다는 논리.

는 투키디데스^{Thucydides}의 격언이다. 또 다른 원칙으로는 국제 문제에서 무력이 사용될 때마다 고통받는 국민을 보호하기 위한 엄숙한 책임에 관련된 고상한 미사여구가 뒤따른다는 것이다. 당연히 강자는 역사를 잊고 미래를 내다보고 싶어 하지만, 약자에게 그런 자세는 현명한 선택이 아니다.

벽장 속의 해골은 60여 년 전 국제사법재판소가 다룬 첫 분쟁, 즉 대영제국이 알바니아를 제소한 케르키라 해협 사건[*]에서 잠시 모습을 드러냈다.

국제사법재판소는 "이른바 개입의 권리는 과거에 대부분 심각하게 남용되었고, 국제기구에 결함이 있더라도 국제법으로 인정할 수 없는 무력 정책의 표명일 뿐이며…… 본질적으로 [간섭은] 강대국만이 행사할 수 있으므로 법 집행이 왜곡되기 쉽다"고 판결했다.

2000년 133개국이 참가한 개발도상국 정상회담의 첫 모임에서도 이런 관점이 재확인되었다. 정상들은 분명히 세르비아 폭격을 염두에 두고서 "유엔헌장에서나 국제법의 일반 원칙에서 법적인 근거를 찾을 수 없기 때문에 이른바 인도주의적 개입의 '권리'"를 거부했다.

이 표현은 '유엔헌장에 따른 국가 간 협력 및 우호 관계에 관한 국제법 원칙 선언'(1970)을 재확인한 것이다. 그 이후에도 개입의 권리는 거

•   영국과 알바니아 사이의 국제 분쟁 사건(1946~1948). 1946년 알바니아 영해인 케르키라 해협을 지나던 영국 구축함 두 대가 기뢰에 부딪혀 크게 파손되고 인명 피해를 입었다. 영국은 알바니아 정부에게 기뢰를 해체하겠다고 통보하고 알바니아 정부의 동의 없이 기뢰 해체 작업을 강행했다. 영국은 이 사건에 알바니아 정부의 책임이 있다고 보고 알바니아를 유엔 안전보장이사회에 제소했으며, 안전보장이사회는 이 사건을 국제사법재판소로 넘겼다.

듭해서 거부되었다. 예컨대 2006년 말레이시아에서 열린 비동맹운동 각료 회의에서도 다시 한 번 확인되었다. 비동맹운동 회원국들은 아시아와 아프리카, 라틴아메리카와 아랍 세계의 전통적인 피해국가들이지 않은가.

제럴드 포드 Gerald Ford 와 조지 H. W. 부시의 국가안보 보좌관을 지낸 브렌트 스코크로프트 Brent Scowcroft 를 비롯해 서구의 저명한 외교관들이 참여한 '위협과 도전과 변화에 대한 유엔 고위급 위원회'에서도 2004년 똑같은 결론을 내렸다. 위원회는 "오로지 무력 공격을 받았을 경우에만 자위권으로 무력 사용을 허용한 헌장 51조는 오랫동안 적용되어온 범위를 확대하거나 축소할 필요가 없다"고 결론지으며 "이런 결론을 달갑게 생각하지 않는 국가들에게는 이렇게 대답할 수밖에 없다. 잠재적인 위협이 세계 곳곳에서 인지되는 상황에 세계 질서를 뒤흔드는 위험, 또 세계 질서의 바탕이 되는 불간섭이라는 규범을 뒤흔드는 위험이 너무 커서, 집단적으로 승인된 행동 이외에 일방적인 예방 행위는 합법성이 인정되지 않는다. 한 국가의 일방적인 예방 행위를 인정한다면 모든 국가의 행위를 인정하는 것이 된다"고 덧붙였다. 물론 그러한 권리를 모든 국가에게 부여하는 것은 상상할 수 없는 일이다.

2005년 유엔 세계정상회의에서도 기본적인 입장은 같았으며, "평화적 수단이 부적절하고 국가 당국이 중대한 범죄행위로부터 자국민을 명백하게 보호하지 못한다면 유엔헌장에 따라 안전보장이사회를 통해 집단 행위"를 취할 수 있음을 재확인했다.

이런 선언은 안전보장이사회에 무력 사용 권한을 위임한 유엔헌장 42조를 다시 명확히 한 것에 불과하며, 감추고 싶은 비밀을 감춘 것이다. 우리는 안전보장이사회가 투키디데스의 격언에 휘둘리지 않는 중립적인 중재자라 생각하고 싶지만, 그런 바람은 현실에서는 성립되지 않는다.

안전보장이사회는 상임이사국 5개국이 좌지우지한다. 그러나 상임이사국들은 권한 활용이 평등하게 이루어지지 않는다. 안전보장이사회 결의안을 모독하는 가장 극단적인 형태라 할 수 있는 거부권을 사용한 전력이 그 증거이다.

지난 사반세기 동안, 중국과 프랑스는 7건의 결의안에 거부권을 행사했고, 러시아는 6건, 영국은 10건, 미국은 무려 45건을 행사했다. 심지어 국가들의 국제법 준수를 촉구하는 결의안까지 거부했다.

세계정상회의가 이런 결함을 보완하기 위해 거부권을 없애기로 합의했다면 얼마나 좋았을까. 이는 미국 국민의 대다수가 찬성하는 것이기도 하다. 하지만 그런 이단적 조치는 보호가 절실하지만 강대국에게 우호적이지 않은 나라에게 R2P 권리를 허용하는 것만큼이나 상상할 수 없는 것이다.

케르키라 해협 사건의 판결과 그 이후의 선언들에서 벗어난 경우들이 있기는 하다. 아프리카 연합 헌법안Constitutive Act of the African Union이 대표적인 예로, "중대한 상황에서 아프리카 연합*이 회원국에 개입할 권리"를 인정한다. 이는 어떤 이유로도 다른 나라 안팎의 문제에 간섭할 권리를 금지한 미주기구의 헌장과는 다르다. 이러한 차이의 이유는 분

---

* African Union. 아프리카 53개국으로 구성된 국제기구로, 2002년 7월 9일 아프리카 경제 공동체AEC와 아프리카 통일 기구OAU를 통합하여 만들었다.

명하다. 미주기구 헌장은 미국의 간섭을 막기 위한 것이지만 아프리카에서 아파르트헤이트 정책을 고집하던 국가들이 사라진 이후로 아프리카 연합은 유사한 문제로 고민할 필요가 없기 때문이다.

내가 아는 범위에서 R2P 권리를 세계정상회의의 합의와 아프리카 연합의 확대안 이상으로 확대하자는 고위급 제안은 단 한 건밖에 없다. 개입과 국가주권에 관한 국제위원회International Commission on Intervention and State Sovereignty의 〈보호책임에 대한 보고서〉(2001)가 그것이다. 이 위원회는 "안전보장이사회가 어떤 안건을 거부하거나 합리적인 시간 내에 처리하지 못할" 경우를 고려해 그런 경우에는 "안전보장이사회로부터 사후 승인을 받는다는 조건을 달고 지역 기구나 소지역 기구가 관할권 내에서 행동할" 권리를 인정했다.

요즘 벽장 속의 해골이 요란하게 들썩거린다. 강대국들은 관할권을 일방적으로 결정한다. 미주기구와 아프리카 연합은 그렇게 할 수 없지만 NATO만은 그렇게 할 수 있고 또 그렇게 하고 있다. NATO는 관할권을 발칸 반도와 아프가니스탄, 심지어 그 너머까지 확대하기로 결정했다.

개입과 국가주권에 관한 국제위원회(2001년 임시로 구성된 특별위원회여서 지금은 존재하지 않는다)의 보고서가 인정한 확대된 권리는 실질적으로 NATO에게만 국한된다. 그래서 NATO는 케르키라 해협 사건의 판결을 무시한 채 제멋대로 R2P 권리를 제국주의적 간섭의 무기로 활용한다.

'보호책임'은 언제나 선택적으로 적용되었다. 따라서 보호책임은 미국과 영국이 강요하고 안전보장이사회가 집행한 이라크 제재에는 적용되지 않았다. 당시 이라크에서 유엔 식량 석유 프로그램을 지휘한 저명한 외교관 데니스 핼리데이^{Denis Halliday}와 한스 폰 스포네크^{Hans von}

저명한 외교관 데니스 핼리데이Denis Halliday와 한스 폰 스포네크Hans von Sponeck는 이라크 제재를 '학살'이라 비난하며 항의하는 뜻에서 모두 사임했다.

가자 지구의 팔레스타인 사람들은 유엔의 책임하에 '보호받는 사람들'이기 때문에 그들에게 R2P 권리를 적용하는 것은 꿈속에서도 불가능하다. 더 일반화해서 말하면, 미국 및 미국의 동맹국과 위성국의 범죄행위에는 R2P가 적용되지 않는다.

전 세계까지는 아니어도 아프리카에서 일어난 최악의 재앙, 예컨대 동콩고에 닥친 살인적인 분쟁은 조금도 중대하게 고려되지 않는다. BBC가 얼마 전에 보도했듯이, 다국적기업들이 동콩고에서 유용광물의 불법 거래를 금지한 유엔 결의안을 위반하고 폭력 집단을 지원했다는 이유로 다시 비난을 받고 있다. R2P는 가난한 나라들에 닥친 대량 기아 사태에 대응하기 위한 방법으로도 거론되지 않는다. 유니세프(유엔 아동기금)가 수년 전에 보고한 바에 따르면, 매일 1만 6,000명의 아동이 식량 부족으로 죽어가고, 더 많은 수의 아동이 쉽게 예방할 수 있는 질병으로 죽어간다. 지금은 그 수치가 더 높아졌다. 남아프리카에서만 매일(100일 동안이 아니다) 르완다 수준으로 아이들이 죽어간다. 문제를 해결할 의지가 있다면 R2P에 따라 움직여 쉽게 해결할 수 있을 것이다. 이런 경우를 비롯해 많은 경우에서 '보호책임'은 투키디데스의 격언과 60년 전 국제사법재판소의 예상대로 선택적으로 결정되었다.

그러나 국제 문제를 설명하는 격언들이 변하지 않는 것은 아니다. 민중운동으로 사회가 문명화되면서 과거에 비해 많이 완화된 편이다.

이런 진보적인 개혁을 위해서 R2P는 세계인권선언만큼이나 소중한 도구일 수 있다. 많은 국가가 세계인권선언을 충실히 지키지 않고 미국을 비롯한 일부 국가는 공식적으로 세계인권선언의 대부분을 거부하지만, 행동주의자들은 세계인권선언을 이상으로 삼아 민중을 교육하고 조직화하려고 노력했으며 때때로 상당한 성과를 거두었다.

지금까지 R2P에 대한 논의들의 성과는 오십보백보이다. 그러나 강대국들이 이제부터라도 진지한 자세로 논의에 참여하고 합의를 충실히 지킨다면 R2P 논의가 중대한 성과를 만들어낼 수 있을 것이다.

2009년 7월 29일

라틴아메리카의 군사화

조지 워싱턴^{George Washington}의 표현을 빌면, 미국은 '제국의 갓난아이 infant empire'로 건국되었다. 영토의 정복은 제국으로 향하는 위대한 모험이었다. 초기부터 서반구의 지배는 미국의 중대한 목표였다.

라틴아메리카는 미국의 세계 정복 계획에서 최우선 순위였다. 워싱턴이 칠레의 살바도르 아옌데^{Salvador Allende} 정부의 전복을 기도하던 1971년, 리처드 닉슨 정부하의 국가안전보장회의가 말했듯이, 라틴아메리카를 지배하지 못하면 "미국은 세계 어디에서도 질서를 바로잡을 수 없을 것이다".

최근 들어 서반구 문제가 심화되었다. 남아메리카 국가들이 통합의 길을 걷기 시작했기 때문이다. 지역 통합은 미국으로부터 독립하기 위한 필요조건이다. 또 남아메리카는 국가 간 연대의 폭을 넓혔고, 기본적인 인권침해라는 해묵은 국내 문제를 해결하기 시작했다.

문제는 1년 전 볼리비아를 시작으로 곪아 터졌다. 앞에서도 언급했듯이 남아메리카에서 가장 가난한 나라인 볼리비아의 에보 모랄레스 대통령이 미국의 지원을 등에 업은 전통적인 엘리트 계층의 격렬한 반대에 부딪히자, 새로이 결성된 지역 기구인 남아메리카 국가연합이 모랄레스를 적극적으로 지지하고 나섰다.

에콰도르에서는 라파엘 코레아Rafael Correa가 2006년 대통령 후보로 출마해서 남아메리카에서 허용한 미국의 마지막 군사기지인 만타 군사기지를 폐쇄하겠다는 공약을 내걸었고, 대통령에 당선된 후 그 공약을 실천에 옮겼다.

반면에 2009년 7월, 미국과 콜롬비아는 콜롬비아에서 7곳의 미국 군사기지를 허용하는 비밀 계약을 맺었다. 대외적으로 발표된 목적은 마약 거래와 테러에 대처하기 위함이었지만, AP통신의 보도에 따르면 "협상 과정에 정통한 콜롬비아 고위 장교들과 관료들은 콜롬비아를 펜타곤 작전의 지역 근거지로 만드는 것"이 이 계약의 목적이라고 말했다. 이런 합의로 콜롬비아가 미 군수품을 지원받는 특혜를 누리게 되었다는 보도들도 있었다. 성격이 다른 이스라엘과 이집트를 제외할 때, 콜롬비아는 오래전부터 미국의 군사원조를 가장 많이 받은 나라였다.

1980년대 중앙아메리카를 휩쓴 전쟁 후 콜롬비아는 서반구에서 인권 탄압이 가장 극심한 국가였다. 미국의 원조와 인권 탄압의 상관관계는 학계에서 오래전부터 지적되어왔다.

AP통신은 미공군 공중기동사령부가 콜롬비아의 팔란케로 기지를 "안보협력지역"으로 삼을 수 있을 거라고 제안한 2009년 4월의 문서를 인용하기도 했다. 그 문서에 따르면, 팔란케로에서는 "C-17(군수송기)이 재급유를 받지 않고도 남아메리카 대륙의 거의 절반에서 작전을 전개할 수 있다". 글로벌 항로 전략에 남아메리카를 포함하면 "지역개입 전략을 성공적으로 완수하는 데 유리하고 아프리카 기동 항로를 지원 할 수 있다".

2009년 8월, 남아메리카 국가연합은 아르헨티나 바릴로체에 모여 콜롬비아의 미국 군사기지에 대한 문제를 논의했다. 치열한 토론 후에 발표된 최종 선언은, 남아메리카는 '평화의 땅'으로 유지되어야 하며 외국군이 지역 내 특정 국가의 주권과 존엄성을 위협해서는 안 된다고 강조했다. 또한 남아메리카 방위협의회에는 미공군 공중기동사령부의 문서를 면밀히 검토하라고 지시했다.

미국이 대외적으로 밝힌 군사기지의 목적도 비난을 면하지 못했다. 모랄레스는 코카 재배자 조합의 일원일 당시 볼리비아 군대와 함께 온 미군 병사들이 조합원들에게 총격을 가하는 장면을 직접 목격했다고 울분을 토해내며, "이제 우리는 마약 테러리스트가 되었다. 그들은 우리를 더는 공산주의자라고 부를 수 없게 되자 파괴 분자라고, 그다음에는 마약 밀매자라고, 9·11 공격 후에는 테러리스트라고 불렀다"고 덧붙였다. 그리고 모랄레스는 "라틴아메리카의 역사는 되풀이되고 있다"고 경고했다.

모랄레스는 라틴아메리카에 가해지는 폭력의 궁극적인 책임은 불법마약에 의존하는 미국 소비자에게 있다면서, "남아메리카 국가연합이 마약 소비를 통제하겠다며 미국에 군대를 파견한다면 미국이 받아들이겠는가? 말도 안 된다"고 말했다.

2009년 2월, 마약과 민주주의에 관한 라틴아메리카 위원회는 지난 수십 년 동안 미국이 전개한 마약과의 전쟁을 분석한 결과를 발표했다. 페르난두 카르도주Fernando Cardoso (브라질), 에르네스토 세디요Ernesto Zedillo (멕시코), 세사르 가비리아Cesar Gaviria (콜롬비아) 등 라틴아메리카의 전직 대통령들이 주도한 이 위원회는 마약과의 전쟁이 완전히 실패했다고 결론지으며, 국내외의 강압적인 조치에서 벗어나 비용이 훨씬 덜 들면서도 더 효과적인 조치, 즉 예방과 치료에 집중하는 방향으로 정책을 과감히 바꾸라고 촉구했다.

과거의 연구와 역사 기록이 그랬듯이, 이 위원회의 보고서도 눈에 띄는 영향을 끼치지 못했다. 이러한 결과는 마약과의 전쟁이 범죄와의 전쟁이나 테러와의 전쟁과 마찬가지로 공언된 목표와는 다른 이유, 즉 조사 결과에서 드러난 이유로 추진되고 있다는 자연스러운 결론을 뒷받침해준다.

지난 수십 년 동안 미국은 마약과의 전쟁이라는 핑계로 군사원조를 늘렸고, '급진적 포퓰리즘'을 척결하기 위해서 라틴아메리카 장교에게 보병 전술을 훈련시켰다. 급진적 포퓰리즘이 라틴아메리카에 확산된다면 미국은 등골이 오싹할 것이다.

군사훈련의 주관 부처가 국무부에서 펜타곤으로 이전되면서 인권과 민주적 규정의 준수 여부를 조사하던 의회의 감시마저 사라졌다. 의회는 충분하지는 않았지만 적어도 최악의 남용을 견제하는 역할은 했다.

콜롬비아가 에콰도르를 침략한 직후인 2008년 7월, 1950년에 해산된 미국 제4함대가 재창설되었다. 제4함대는 카리브 해 지역과 중남미 및 인근 바다를 책임지는 역할을 맡게 되었다. "제4함대의 작전에는 마약 밀매 억제, 전역안보협조Theater Security Cooperation, 군사정보의 교환 및 쌍방향의 다국적 훈련이 포함된다"는 공식 발표가 있었다.

남아메리카의 군사화는 훨씬 방대한 계획의 일환이다. 이라크에 건설 중인 거대한 군사기지들의 앞날에 대해서는 누구도 확신할 수 없다. 하지만 원정기동력*을 확보하기 위해서라도 이라크 내에 군사기지들을 유지할 가능성이 크다. 바그다드에 자리 잡은 거대한 '도시 속의 도시'인 대사관의 연간 운영 비용은 애초의 15억 달러를 넘어 18억 달러로 증가할 전망이다. 게다가 오바마 행정부는 파키스탄과 아프가니스탄에도 어마어마한 규모의 대사관을 건설하고 있다.

또한 미군 기지들은 태평양에 비핵지대를 설정하려는 논의에서 예외이듯이, 미국과 영국은 디에고 가르시아 섬**에 있는 미군 기지를 현재 계획된 아프리카 비핵지대에서 제외하라고 요구한다.

요컨대 오바마 선거 본부의 구호를 빌려 말하면, "평화로운 세계"를 향한 노력은 "우리가 믿을 수 있는 변화"에 포함되지 않는다.

2009년 9월 20일

---

* force projection. 자국에서 멀리 떨어진 지역에 있는 타국을 무력으로 위협하기 위해 군사력을 파견해서 전쟁을 수행할 수 있는 역량을 가리킨다.
** 인도양에 위치한 영국령 섬.

전쟁과 평화 그리고
오바마의 노벨상

평화에 대한 희망과 평화에 대한 전망은 일치하지 않는다. 심지어 가깝지도 않다. 희망과 전망을 조금이라도 더 가깝게 만드는 것이 우리에게 주어진 과제이다. 어쩌면 이런 의도에서 노벨상 위원회가 버락 오바마를 노벨 평화상 수상자로 선택했을 것이다.*

스티븐 얼랭어Steven Erlanger와 셰릴 게이 스톨버그Sheryl Gay Stolberg도 《뉴욕타임스》의 기사에서, 이번 노벨상은 "앞으로 더 노력하는 합리적인 미국 지도부가 되어달라는 노벨상 위원회의 간절한 염원이자 격려로 해석된다"라고 말하지 않았는가.

부시에서 오바마로 정권이 넘어갔기 때문에 그런 염원과 격려가 약발이 먹힐 거라고 생각했을 가능성이 있다. 노벨상 위원회가 핵무기 감축에 대한 오바마의 연설을 굳이 언급했다는 점에서, 그들의 의도를 이

---

* 버락 오바마 미국 대통령은 2009년 노벨 평화상 수상자로 선정되었다.

렇게 해석해도 무리가 없을 듯하다.

　요즘 들어 이란의 핵야망이 온갖 신문의 헤드라인을 점령했다. 이란이 국제원자력기구에 무언가를 감춘 채 2009년 9월에 통과됨으로써 이란을 견제하려는 오바마의 노력이 승리를 거둔 증거라고 묘사된 〈유엔 안전보장이사회 결의안 1887호〉*를 위반하고 있을지도 모른다는 경고가 끊이지 않는다.

　이런 와중에 유럽의 미사일 방어 시스템을 재배치하겠다는 오바마의 최근 결정이 러시아에 대한 굴복이냐 아니면 이란의 핵공격으로부터 서구 세계를 지키기 위한 실리적인 조치이냐에 대한 토론이 계속되고 있다.

　침묵이 때로는 요란한 아우성보다 더 설득력 있게 다가온다. 따라서 무엇이 함구되고 있는지 차근차근 따져보자.

　이란의 이중성에 대한 분노가 하늘로 치솟은 가운데 국제원자력기구는 이스라엘에게 핵확산금지조약에 가입해 핵사찰을 받으라고 촉구하는 결의안을 통과시켰다. 미국과 유럽은 국제원자력기구의 결의안을 무산시키려고 애썼지만, 그 노력은 물거품이 되고 말았다. 언론은 이 사건을 거의 다루지 않았다.

　미국은 이스라엘이 결의안을 거부하는 것을 지원하겠다고 약속했다. 합의 과정에 정통한 관리들의 말을 빌면, 이 약속은 이스라엘이 국제 사찰을 거부하고 핵무기를 보유하는 걸 허락해온 미국의 비밀 양해를

●　핵확산금지조약의 목적에 맞게 핵무기 확산 금지와 핵군축 가속화, 핵 테러리즘 위험 감소를 위해 노력한다는 내용을 담고 있다.

재확인한 것이었다. 언론은 역시 침묵했다.

《파이낸셜타임스》의 보도에 따르면, 인도 관리들은 "인도는 세계 주요 핵강대국의 무기고에 있는 핵무기에 버금가는 파괴력을 지닌 핵무기를 지금이라도 만들 수 있지만" 〈유엔 결의안 1887호〉를 환영한다고 밝혔다. 현재 인도와 파키스탄은 독자적으로 핵무기 프로그램을 확대하고 있다. 두 나라는 두 번이나 핵전쟁으로 치달을 지경까지 대치했는데, 이런 재앙을 촉발할 뻔했던 문제가 여전히 해결되지 않았기 때문이다.

오바마는 다른 식으로 〈결의안 1887호〉를 환영했다. 오바마가 세계 평화를 위해 노력한 공로로 노벨 평화상 수상자로 결정되기 전날, 펜타곤은 4.5톤의 철근 콘크리트 안에 깊이 파묻은 벙커를 파괴할 목적으로 제작된 가장 파괴적인 비非핵무기, 즉 스텔스 폭격기 B-2와 B-52에 장착할 무게 13톤짜리 폭탄 제조에 박차를 가하겠다고 선언했다. 이 벙커버스터*가 이란을 위협할 목적에서 제작되었다는 건 비밀이 아니다.

이 '초대형 관통탄'의 제작 계획은 부시 때에 시작되었지만 별다른 진척이 없었다. 그러나 오바마는 백악관에 입성하기 무섭게 신속히 개발을 추진했다.

무력 위협을 중단할 것과 모든 국가가 핵확산금지조약에 가입할 것을 촉구한 〈유엔 안전보장이사회 결의안 1887호〉는 만장일치로 통과되었다. 이란은 오래전에 핵확산금지조약에 가입했고, 현재 핵확산금지조약에 가입하지 않은 국가는 인도와 이스라엘, 파키스탄이 전부이다. 세 나라 모두 핵확산금지조약을 무시한 채 미국의 지원을 받아 핵무기

---

* 적군의 지하 벙커를 파괴하기 위해 제작된 지하 관통형 폭탄.

를 개발했다. 세 나라는 핵확산금지조약에 가입할 생각조차 없어 보인다. 유일한 핵위협의 가능성이 있다면 미국과 이스라엘이 이란을 공격하는 경우이다.

이란은 수백 년 동안 다른 나라를 침략한 적이 없다. 이란은 이런 점에서 미국이나 이스라엘과는 다르다. 카슈미르를 야만적으로 점령한 인도와도 다르다.

이란의 위협은 미미한 수준이다. 전략 분석가 레너드 와이스Leonard Weiss는 이란이 핵무기로 이스라엘이나 다른 나라를 공격할 거라고 믿는 것은 "이란 지도자들이 제정신이 아니어서 스스로 방사능 먼지로 변하기를 학수고대한다고 생각하는 것과 다를 바가 없다"라며, 미국의 거대한 무기고는 말할 것도 없고 미사일을 탑재한 이스라엘 잠수함들도 "선제 군사 공격에 실질적으로 영향을 받지 않는다"고 덧붙였다.

2009년 7월 해군 기동훈련 때, 핵미사일 탑재가 가능한 이스라엘의 돌핀급 잠수함들은 수에즈 운하를 지나 홍해까지, 정확히 말하면 이란을 공격할 수 있는 지점까지 잠입했다. 이 과정에서 때로는 군함들까지 동원됐다. 조지프 바이든 미국 부통령의 말마따나 이스라엘에게는 그렇게 행동할 수 있는 '주권'이 있다.

자유를 소중하게 생각하고 세계의 운명을 걱정하는 사회에서 침묵 속에 감춰졌던 것이 언론의 전면을 차지한 것은 이번이 처음은 아니다. 이란의 체제가 잔인하고 억압적인 것은 사실이다. 따라서 생각이 있는 사람이라면 누구라도 이란이 핵무기를 보유하는 것을 원하지는 않을 것이다. 그러나 조금이라도 정직한 사람이라면 이 문제를 서슴없이 거론할 수 있어야 한다.

물론 노벨 평화상이 오직 파국적인 핵전쟁의 위협을 줄였다는 이유에서만 주어지는 것은 아니다. 오히려 전반적인 전쟁 그리고 전쟁 준비를 줄이는 것과 더 밀접한 관계가 있다. 이런 점에서 오바마가 선정된 것은 의외였다. 특히 미국 점령군에게 포위당한 이란에서는 거센 비난이 일었다.

오바마는 이란과 국경을 접한 아프가니스탄과 파키스탄에서 부시가 시작한 전쟁을 확대했고, 앞으로도 계속할 전망이다. 그것도 격렬하게. 또한 오바마는 이 지역에 장기적으로 군대를 주둔시키려는 미국의 의도를 분명히 드러냈다. 세계 여느 대사관과 달리 '바그다드 대사관'이라 불리는 거대한 도시 속의 도시가 건설되고 있는 것이 그 증거이다. 오바마는 이슬라마바드와 카불에 거대한 대사관을 세우겠다고, 또 페샤와르를 비롯한 여러 곳에 영사관을 세우겠다고 공언했다.*

예산과 안보에서 초당파적 성격을 띤 전문잡지 《거번먼트 이그제큐티브 Government Executive》는 "오바마 행정부는 2010년 예산안에서 국방비로 5,380억 달러를 요청하며, 향후에도 국방 예산을 높게 유지할 것이라고 덧붙였다. 오바마 대통령이 실질적으로 제2차 세계대전 이후 역대 그 어느 대통령보다 국방에 많은 예산을 편성할 것이라는 뜻이다. 더구나 요청한 예산액에는 행정부가 내년(2010년) 이라크와 아프가니스탄 전쟁에 지원해달라고 요청한 1,300억 달러는 포함되어 있지 않다. 앞으로 전쟁 비용에 대한 비난이 더욱 거세질 전망이다"라고 보도했다.**

● 이슬라마바드는 파키스탄의 수도, 카불은 아프가니스탄의 수도이다. 페샤와르는 파키스탄 북부의 도시로 아프가니스탄과 이란을 연결하는 교통 요충지이다.

노벨 평화상 위원회가 진정으로 올바른 선택을 했더라면, 예컨대 아프가니스탄의 저명한 행동주의자 말라라이 조야Malalai Joya를 수상자로 선택했더라면 더 나았을 것이다. 이 대담한 여인은 러시아의 침략을 이겨냈고, 아프가니스탄 국민이 탈레반을 환영했을 만큼 지독하게 야만적이고 과격한 이슬람주의자들의 탄압을 견뎌냈다. 조야는 탈레반에 저항했고, 카르자이 정부에서 되살아난 군벌들에게도 맞섰다.

　　조야는 시종일관 인권을 위해, 특히 여성을 위해 일했다. 조야는 의원으로 당선되었지만 군벌들의 잔혹 행위를 계속 고발한 까닭에 의원직을 제명당했다. 지금 조야는 엄중한 보호를 받으며 지하에 숨어 살면서도 글과 행동으로 투쟁을 계속하고 있다. 사방에서 최선을 다해 노력하는 사람들이 있는 까닭에 평화의 가능성은 희망을 향해 조금씩 더 다가간다.

2009년 10월 26일

●●　　Katherine McIntire Peters, "Defense budget portends difficult trade-offs", *Government Executive*, 2009년 8월 12일.

두 반구에 남겨진
1989년의 유산

2009년 11월에는 1989년에 있었던 중대한 사건들을 기념하는 행사가 줄을 이었다. 영국의 역사학자 티머시 가튼 애시Timothy Garton Ash는 1989년을 "1945년 이후 세계사에서 가장 위대한 해"라고 표현했다.

가튼 애시는 1989년에 "모든 것이 변했다"고 말했다.* 미하일 고르바초프가 러시아에서 개혁을 추진하며 "무력 사용의 전격적인 포기"를 선언하자 11월 9일 베를린장벽이 무너졌고, 동유럽이 소련의 압제에서 해방되었다. 이 사건들은 축하해야 마땅하며 오래도록 기억되어야 할 것이다. 그러나 다른 관점에서 살펴보는 것도 유익할 듯하다.

앙겔라 메르켈Angela Merkel 독일 총리는 우리 모두에게 "자유라는 이 소중한 선물로 우리 시대의 장벽을 이겨내자"고 촉구했다. 메르켈이 의

● Timothy Garton Ash, "1989 changed the world. But where now for Europe?", *The Guardian*, 2009년 11월 4일.

도하지는 않았겠지만, 우리는 이 훌륭한 충고를 다른 관점에 적용해볼 수 있다.

메르켈 총리의 충고를 따르는 방법 하나는 규모와 길이 면에서 베를린장벽과는 비교도 되지 않는 거대한 장벽, 즉 국제법을 위반하고 팔레스타인 영토를 뱀처럼 꾸불거리며 관통한 분리 장벽을 해체하는 것이다.

'합병 장벽'이라 불려야 마땅한 분리 장벽은 안보라는 핑계로 정당화된다. '안보'라는 핑계는 국가 범죄를 감추려는 기본적 합리화에 불과하다. 안보가 문제라면 장벽은 국경을 따라 훨씬 튼튼하게 세워졌을 것이다.

미국의 지원과 유럽의 공모로 건설된 이 괴물의 목적은 이스라엘이 팔레스타인의 기름진 땅과 중요한 수자원을 탈취하는 것을 허용하고, 옛날부터 팔레스타인 땅에서 살았던 사람들이 독립된 한 국가에서 살아갈 수 있는 모든 가능성을 부인하는 것이다.

1989년을 바라보는 또 다른 관점은 로널드 레이건 행정부 때 '민주주의의 증진' 프로그램에서 일했던 토머스 캐러더스^{Thomas Carothers}의 글에서 찾을 수 있다.* 캐러더스는 관련 기록들을 살펴본 후 미국의 모든 지도자가 정신분열증 환자였다고 결론지었다. 미국은 전략적이고 경제적인 미국의 목표에 부합하는 민주주의만 지원했다. 따라서 소련 위성국의 민주주의는 지원했지만, 미국 속국의 민주주의는 지원하지 않았다.

---

* Thomas Carothers, *Critical Mission: Essays on Democracy Promotion*, Carnegie Endowment for International Peace, 2004.

이런 관점은 1989년 11월의 사건들에 대한 기념식에서 재확인되었다. 베를린장벽의 붕괴를 기념하는 행사는 당연히 성대하게 치러졌다. 그러나 베를린장벽이 붕괴되고 일주일 후, 즉 1989년 11월 16일 엘살바도르에서 있었던 사건을 기억하는 사람은 거의 없었다. 노스캐롤라이나 포트브래그에 있는 JFK 특수전 학교에서 재훈련을 받고 이제 막 돌아온 정예부대, 미국이 무장시킨 아틀라카틀 부대가 라틴아메리카에서 손꼽히는 지식인들인 예수회 신부 6명과 그들을 돕던 가정부 및 그녀의 딸을 암살한 사건이다. 아틀라카틀 부대와 그들의 동료들은 1980년 '목소리 없는 사람들의 목소리'로 알려진 오스카 로메로^{Oscar Romero} 대주교 암살을 시작으로 10년 동안 엘살바도르를 피의 기록으로 물들였다. 레이건 행정부가 "테러와의 전쟁"을 벌인 10년 동안, 이와 유사한 참사가 중앙아메리카 전역을 짓눌렀다. 고문과 살인 및 마을 파괴로 수십만 명이 목숨을 잃었다.

소련의 위성국들은 해방된 반면에 미국의 속국에서는 희망이 짓밟혔다. 이런 대조적인 현상은 교훈으로 삼을 만하다. 관점을 넓혀 보면 더더욱 그렇다.

예수회 지식인들이 암살되면서 '해방신학'은 실질적으로 종말을 맞았다. 해방신학은 현대적으로는 교황 요한 23세의 발의와, 그가 1962년에 시작한 제2차 바티칸 공의회에 뿌리를 둔 기독교 부흥운동이었다. 스위스 신학자 한스 퀑^{Hans Küng}은 제2차 바티칸 공의회로 인해 "가톨릭교회 역사에서 새로운 시대가 열렸다"고 평가했고, 라틴아메리카 주교들은 '가난한 사람들을 우선적으로 섬기라^{preferential option for the poor}'는 원칙을 채택했다. 퀑의 표현에 따르면 콘스탄티누스^{Constantinus} 황제가 기독교를 로마제국의 국교로 제정한 것은 한 세기도 안 되어 "박해받던 교회"가 "박해하는 교회"로 뒤바뀐 "혁명"이었는데, 이때 잊혀버린 복음서의 급진적 평화주의를 주교들이 되살려낸 것이다.

제2차 바티칸 공의회 이후 라틴아메리카 사제들과 수녀들 및 평신도들은 가난한 사람과 박해받는 사람에게 복음서의 가르침을 전했고, 그들을 모아 기초 공동체를 결성했으며, 그들에게 스스로의 손으로 운명을 개척하라고 독려했다.

이런 이단적 움직임에는 폭력적인 억압이 뒤따랐다. 테러와 학살이 만연된 시대에는 해방신학을 실천하는 사람들이 주된 표적이 되었다. 20년 전 암살된 6명의 교회 순교자들은 좀처럼 깨지지 않는 철저한 침묵으로만 기억될 뿐이다.

2009년 11월, 베를린장벽의 붕괴에 가장 많이 관련된 3명의 국가수반―조지 H. W. 부시, 미하일 고르바초프, 헬무트 콜^{Helmut Kohl}―이 베를린에 모여 베를린장벽 붕괴가 누구의 공이냐는 주제로 이야기를 나누었다. 콜은 "이제는 하늘이 우리를 어떻게 도왔는지 알고 있다"고 말했다. 조지 H. W. 부시는 "하느님이 주신 권리를 오랫동안 빼앗긴 채 살았던" 동독 사람들에게 감사의 뜻을 전했다. 고르바초프는 미국에도 이제 자체적인 페레스트로이카가 필요하다고 완곡하게 말했다.

1980년대 라틴아메리카에서 복음서의 가르침에 충실한 교회를 되살려내려던 시도를 파괴한 책임이 누구에게 있는지는 의심의 여지가 없다. 섬뜩한 전력을 지닌 대다수 라틴아메리카 장교들을 훈련시킨, 조지아 주 포트베닝에 있는 미국 군사학교*는 미 육군이 해방신학을 분쇄하는 데 큰 역할을 했다는 걸 자랑스레 내세웠다. 바티칸 역시 파문과 억압이라는 다소 부드러운 방법을 동원해 해방신학의 분쇄를 지원했다는 것은 부인할 수 없는 사실이다.

제2차 바티칸 공의회를 계기로 촉발된 이단 신학을 뒤엎기 위한 암울한 작전을 문학적으로 가장 완벽하게 표현한 것은 도스토옙스키 Fyodor Mikhailovich Dostoevskii가 쓴 《카라마조프 가의 형제들 The Brothers Karamazov》의 종교재판소장 일화일 것이다.

종교재판이 가장 극성을 부리던 시대에 세비야를 무대로 한 이 이야기에서, 예수 그리스도가 홀연히 길거리에 나타난다. "소리 없이 남의 눈에 띄지 않게 나타났지만, 이상하게도 모두가 예수를 알아보았고" "자기도 모르게 그에게 끌렸다". 종교재판소장은 호위병들에게 예수를 잡아다가 감옥에 가두라고 명령한다. 감옥에서 종교재판소장은 예수를 심문하면서 자유와 공동체라는 불온한 생각을 파괴하는 원대한 사업을 하려는 "우리를 방해하려고" 온 것이 아니냐고 추궁한다. 또한 종교재판소장은 예수에게 우리는 네가 아니라 로마와 카이사르 Germanicus Caesar의 칼을 따른다고 말한다. 우리가 지상의 유일한 지배자가 되려고 하는 이유는, 그래야 "약하고 미천한" 대중에게 "자유를 포기하고 우리에게 복종해야만 자유로워진다는 것"을 가르칠 수 있기 때문이다. 그러면 대중은 소심해지고 겁먹고, 행복해질 것이다. 그래서 종교재판소장은 내일 "너를 화형시키겠다"고 말한다.

하지만 결국 종교재판소장은 마음이 누그러져서 "예수를 어둠이 깔

● The School of the Americas. 2000년에 안보 협력을 위한 서반구 연구소 Western Hemisphere Institute for Security Cooperation로 이름이 바뀌었다.

린 도시의 뒷골목에 풀어주었다. 그리고 죄수는 떠나갔다".

미국이 운영한 군사학교에서 배운 학생들은 그런 자비심을 베풀지 않았다.

2009년 12월 1일

오바마, **라틴아메리카**의
평화를 지킬까

버락 오바마는 미국 대통령으로는 네 번째로 노벨 평화상을 수상했다. 오바마도 다른 세 대통령의 뒤를 따라, 미국의 이익에 부합되는 경우에만 평화를 유지한다는 오랜 전통을 이어가고 있다.

네 대통령 모두 "누구도 괴롭힌 적이 없는 우리의 작은 지역"—미 육군 장관 헨리 스팀슨 Henry L. Stimson 이 1945년에 서반구를 가리켜 한 표현—에 각자의 족적을 남겼다.

오바마 행정부가 2009년 11월 온두라스에서 있었던 선거를 지지했다는 사실을 고려하면 네 대통령이 어떤 기록을 남겼는지 살펴볼 필요가 있는 듯하다.

시어도어 루스벨트

대통령 재임 때 시어도어 루스벨트 Theodore Roosevelt 는 "지난 4세기 동안 백인 혈통, 즉 유럽 혈통이 영토를 확장할 때마다 그 땅에서 살아온 대부분의 사람에게 지속적으로 이익이 뒤따랐다"고 말했다. 아프리카인, 아메리카 원주민, 필리핀인 등의 수혜자들이 실제로 어떻게 생각하든 상관 없었다.

따라서 멕시코의 절반을 정복하여 "미국인들이 궁극적으로 멕시코 사람들을 몰아낸 것은 인류 전체의 이익을 위하여 불가피하고 무척 바람직한 것"이었으며, "텍사스 주민들이 더 약한 종족의 지배에 복종하는 것은 어불성설이었다".

콜롬비아로부터 파나마를 빼앗아 운하를 건설하기 위해 포함외교* 를 활용한 것은 인류에게 커다란 선물이었다.

우드로 윌슨

우드로 윌슨은 노벨 평화상을 수상한 대통령 중에서 가장 존경받는 대통령이지만, 라틴아메리카에게는 최악의 대통령일 것이다.

1915년 윌슨의 아이티 침략으로 수천 명이 죽었고 노예제도가 실질적으로 되살아났으며 아이티의 대부분이 폐허로 변했다. 게다가 미국 기업들이 아이티를 통째로 삼키는 것을 허용하는 '진보적인' 법안을 통과시키지 않은 아이티 의회의 죗값으로, 윌슨은 해병대에게 총구로 위협해서라도 아이티 의회를 해산시키라는 명령을 내리며 민주주의를 향한 사랑을 과시했다. 결국 아이티 국민이 해병대의 총구에 위협받으며 미국의 입맛에 맞는 헌법을 채택한 후에야 문제가 해결되었다. 99.9퍼

---

* gunboat diplomacy. 다른 나라에 함대를 파견하여 압력을 가함으로써 상대방보다 유리한 조건을 만드는 외교 수단.

센트가 이 헌법에 찬성했지만 투표에 참여한 국민은 5퍼센트를 넘지 않았다. 그래도 윌슨의 국무부는 이 성과가 아이티 국민에게 이익일 거라며 아이티 국민들을 안심시켰다.

윌슨은 도미니카공화국을 침략할 때도 그 나라의 안녕을 위한 것이라 주장했다. 아이티와 도미니카공화국은 잔인한 군부의 지배하에 남겨졌다. 수십 년의 고문과 폭력과 빈곤만이 미국 외교정책의 주된 원칙인 '윌슨의 이상주의'의 유산으로 우리에게 남겨졌다.

지미 카터

지미 카터 대통령에게 인권은 "우리 외교정책의 영혼"이었다.

카터의 라틴아메리카 담당 국가안보 보좌관을 지낸 로버트 패스터 Robert Pastor는 인권과 외교정책 간의 괴리를 다음과 같이 설명했다—안타깝게도 카터 행정부는 니카라과의 독재자 아나스타시오 소모사 Anastasio Somoza 정권을 지원해야 했다. 국민 저항과 국제 여론으로 인해 사임한 소모사를 더는 지원할 수 없게 되자, 미국에서 훈련시킨 국가방위군이 "적에게나 사용할 법한 야만적인 수단"으로 니카라과 국민 약 4만 명을 죽였지만 그런 방위군이라도 유지해야 했다.

패스터의 설명에 따르면 그 이유는 간단하다. "미국은 니카라과를 비롯한 라틴아메리카 지역의 어떤 나라도 지배하고 싶지 않았다. 그러나 그들의 발전이 미국의 통제를 벗어나는 것도 원하지 않았다. 미국은 니카라과가 독립적으로 행동하기를 바랐다. 단, 미국의 이익에 불리한 영향을 미치지지 않는다는 조건에서."

버락 오바마

버락 오바마 대통령은 온두라스의 민주주의를 파괴한 2009년 6월의 군사 쿠데타를 인정함으로써 라틴아메리카 및 유럽의 거의 모든 국가와는 다른 입장을 표명했다.

《뉴욕타임스》의 보도에 따르면, 온두라스 쿠데타는 "깊은 정치·사회경제적 간극"의 반영이었다. 소수의 상위 계급이 보기에 마누엘 셀라야 온두라스 대통령은 "강력한 힘을 지닌 기업과 정치권력의 지배", 즉 그들이 말하는 "민주주의"에 커다란 위협이 되었다. 셀라야가 인구의 60퍼센트가 빈곤층인 온두라스에서 최저임금을 올리는 것과 같은 위험한 조치를 취했기 때문이다.

실제로는 미국만이 군부의 감독하에 실시된 2009년 11월의 선거를 인정했다(포르피리오 로보Porfirio Lobo가 대통령으로 당선되었다). 온두라스 주재 미국 대사인 우고 요렌스Hugo Llorens는 "민주주의의 위대한 향연"이었다고 맞장구쳤다.

미국은 온두라스의 쿠데타와 11월 선거를 지지함으로써, 미군이 라틴아메리카 대부분의 지역에서 쫓겨나면서 그 중요성이 더욱 커진 팔메롤라 공군기지 사용권을 유지할 수 있었다.

선거 후 오바마의 미주기구 대표인 루이스 안셀렘Lewis Amselem은 뒤떨어진 라틴아메리카 사람들에게 "마술적 사실주의*의 세계에서 벗어나 현실 세계로 돌아와" 쿠데타를 인정하고 미국의 뜻을 따르라고 다그쳤다.

● magical realism. 본래 후기 표현주의 회화의 한 양식을 일컫는 말이지만 요즘에는 라틴아메리카의 문학적 성향을 나타내는 용어로 사용된다.

오바마는 군사 쿠데타를 지지하는 새로운 지평을 열었다. 미국 정부가 지원하는 국제공화주의연구소International Republican Institute와 전국민주주의연구소National Democratic Institute는 모두 민주주의를 지원하는 기관으로 알려져 있다.

국제공화주의연구소는 민선 정부를 전복한 군사 쿠데타를 한결같이 지지하며, 최근에는 2002년 베네수엘라와 2004년 아이티에서 있었던 쿠데타를 지지했다. 전국민주주의연구소는 군사 쿠데타에 대해 유보적인 입장이었다. 그런데 온두라스 쿠데타의 경우, 여전히 마술적 사실주의 세계에서 헤매는 미주기구 및 유엔과 달리 오바마의 전국민주주의연구소가 처음으로 군부 감독하의 선거를 참관하는 데 동의했다.

펜타곤과 온두라스 군부의 밀접한 관계와 온두라스에 대한 미국의 막대한 경제적 영향력을 고려할 때, 온두라스의 민주주의를 보호하려던 라틴아메리카와 유럽의 노력에 힘을 보태는 편이 오바마에게는 더 쉬웠을 것이다. 그러나 오바마는 미국의 전통적인 정책을 따랐다.

영국 학자 고든 코널 스미스Gordon Connell-Smith는 미국과 라틴아메리카의 관계를 다룬 역사책*에서, "미국은 라틴아메리카에서 대의민주주의를 장려한다고 말하면서 실제로는 정반대로 행동한다"며 "절차적 민주주의, 특히 선거를 실시하기는 하지만, 선거 결과가 터무니없이 나타나기 일쑤"라고 꼬집었다. 기능적 민주주의라면 민의에 부응해야 마땅하겠지만 "미국은 민간 기업들이 해외에 투자할 수 있는 최적의 조건을 조

---

* Gordon Connell-Smith, *The United States and Latin America: An historical analysis of inter-American relations*, Heinemann Educational, 1974.

성하는 데 전력을 다했다".

진실을 보지 않기 위해서는 '의도적 무지intentional ignorance'가 필요한 법이다. 예정대로 국가 폭력을 계속 행사하기 위해서는, 또 오바마가 노벨상 수상 연설에서 우리에게 다시 한 번 상기시킨 것처럼 인류의 이익을 위해서는 그런 무지를 전심전력으로 지켜야 한다.

2009년 12월 30일

기업이 인수한
미국 민주주의

2010년 1월 21일은 미국 민주주의 역사에서, 또 미국 민주주의 몰락의 역사에서 암흑의 날로 기록될 것이다.

그날 미국 연방 대법원은 정부가 기업이 선거에 정치자금을 지원하는 것을 금지할 수 없다는 판결을 내렸다. 국내외적으로 정부 정책에 중대한 파장을 미칠 판결이었다. 이 판결로 인해, 기업이 미국의 정치 제도에 한층 강력한 영향력을 행사할 것이 뻔하기 때문이다.

《뉴욕타임스》는 사설에서, 이번 판결이 "기업들이 막대한 자금을 활용해 선거판을 좌지우지하고 선출직 공무원들을 협박해 기업의 지시를 따르도록 하는 조건을 조성함"으로써 "민주주의의 심장에 비수를 꽂았다"고 말했다.

연방 대법원의 판결은 5 대 4로 갈렸다. 4명의 수구적('보수적'이라고 잘못 불리는) 대법관에게 앤서니 케네디^{Anthony M. Kennedy} 대법관이 합세했기 때문이었다. 연방 대법원장 존 로버츠 주니어^{John G. Roberts Jr.}는 하급법원에서도 쉽게 판결할 수 있었던 사건을 굳이 골라, 한 세기 동안 기업의 연방 선거 개입을 제한한 과거의 판결들을 뒤집는 중대한 판결을 내리는 데 대법원을 교묘하게 이용했다.

이제 기업 관리자들은 복잡하고 간접적인 수단을 건너뛰고 합법적으로 선거를 직접 매수할 수 있게 되었다. 때때로 복잡한 방식으로 포장되어 후보자에게 건네지는 기업의 기부가 선거 결과에 영향을 주고, 그 결과로 정책까지 바꿀 수 있다는 건 널리 알려진 사실이다. 따라서 연방 대법원의 결정으로 경제를 지배하는 소수가 막강한 힘을 갖게 된 셈이다.

정치경제학자 토머스 퍼거슨이 말하는 '정치의 투자이론'은 장기적인 정부 정책을 상당히 정확하게 예측한다. 이 이론에 따르면, 선거는 힘 있는 민간 기업들이 연대해서 국가에 영향력을 행사하기 위해 투자할 수 있는 기회이다.

1월 21일의 결정은 기능적 민주주의를 훼손하는 수단들에 힘을 모아주었다.

그 뒷이야기도 우리 정신을 번쩍 들게 만든다. 소수 의견을 낸 존 폴 스티븐스John Paul Stevens 대법관조차 "오래전부터 우리는 수정헌법 1조가 기업에게도 적용된다는 입장이었다"라고 인정했다. 헌법에 보장된 표현의 자유에 정치 후보자를 지원하는 것도 포함되게 되었기 때문이다.

20세기 초 들어 법학자들과 법원들은 기업 ―집단주의적 법인체― 도 피와 살을 지닌 자연인과 똑같은 권리를 갖는다는 1886년의 연방 대법원 판결을 따르기 시작했다.

고전적 자유주의에 대한 이런 공격은 점점 사라져가던 보수주의자들에게 신랄한 비난을 받았다. 크리스토퍼 티드먼Christopher G. Tiedeman은 당시 연방 대법원의 판결을 "개인의 자유에 대한 위협이며, 미국 민주 정치의 안정에 대한 위협"이라고 말했다. 또한 법사학자 모턴 호위츠 Morton Horwitz는 법의 역사를 다룬 고전적인 책에서, 법인격이라는 개념이 변해가면서 권한이 주주에서 경영자에게 이전되었고, 결국에는 "이사진의 힘이 기업의 힘이다"라는 원칙으로까지 발전했다고 말했다. 그후에, 이름이 엉뚱하게 붙여진 '자유무역협정'을 통해서 법인권은 인간의 권리를 훨씬 넘어서는 수준으로까지 확대되었다. 자유무역협정하에서 제네럴모터스는 멕시코에 공장을 세우면 이른바 '내국민대우national treatment' 원칙에 따라 멕시코 기업과 똑같이 대우해달라고 요구할 수 있지만, 피와 살을 지닌 멕시코 사람은 뉴욕에서 내국민대우를 요구할 수 없다. 심지어 최소한의 인권 보장도 요구할 수 없다.

한 세기 전, 당시 학자였던 우드로 윌슨은 미국을 "상대적으로 작은 집단인 기업 관리자들이 이 나라의 부와 기업 활동을 지배하고 통제하는 힘을 행사하며 정부의 경쟁자가 된" 나라로 묘사했다. 실제로 그 '작은 집단들'은 점점 힘을 키워 정부의 주인이 되었다. 이번 연방 대법원의 판결로 그 '작은 집단들'은 운신의 폭이 훨씬 넓어졌다.

1월 21일의 판결이 있기 사흘 전에도 부와 권력은 또 다른 승리를 거두었다. 매사추세츠의 '진보적인 사자'라 불리던 에드워드 케네디Edward M. Kennedy 상원의원의 사망으로 치러진 보궐선거에서 공화당 후보 스콧 브라운Scott Brown이 당선된 것이다. 브라운의 승리는 현 정부를 운영하는 진보적인 엘리트 집단에 대한 "민중의 반발"로 설명되었다.

그러나 투표 자료를 분석해보면 이야기가 사뭇 달라진다. 부유한 교외 지역에서는 투표율이 높았던 반면에, 전통적인 민주당 지지층이 모여 사는 도심 지역의 투표율은 낮았다. 이 때문에 브라운이 당선될 수 있었던 것이다. 게다가《월스트리트저널》과 NBC가 매사추세츠에서 공동으로 실시한 여론조사에서도 "공화당 지지자의 55퍼센트는 보궐선거에 '무척 관심이 있다'고 대답한 반면에, 민주당 지지자는 38퍼센트만이 그렇게 대답했다"고 나타났다.

따라서 이런 결과들은 오바마 대통령의 정책에 대한 반발이었다. 부유층은 오바마가 자기들을 더 부유하게 하는 데 충분한 역할을 하지 않았다고 생각하는 반면에, 빈곤층은 오바마가 부자들을 더 부자로 만드는 데만 열중했다고 생각하는 것이다.

구제금융 덕분에 은행은 번창하는데 실업률은 10퍼센트까지 치솟은 현실을 고려하면 민중의 분노는 충분히 이해할 만하다. 제조업 분야에서는 6명 중 1명이 일자리를 잃었다. 실업률이 대공황 시대 수준이다. 경제가 급속도로 금융화되고 생산업이 공동화된 까닭에, 사라진 일자리를 회복할 전망이 보이지 않는다.

스콧 브라운은 자신을 의료 개혁에 반대하는 41번째 표라고 소개했다. 즉, 미국 상원의 다수결 원칙을 방해할 수 있는 표라는 뜻이다.* 오바마의 의료 개혁 프로그램이 매사추세츠 선거에서 변수였던 것은 사실이다. 대중이 의료 개혁 프로그램에 등을 돌렸다고 대서특필한 언론 보도가 틀린 것은 아니다.

여론조사 수치를 보면 그 이유가 어느 정도 설명된다. 의료 개혁에 관

---

* 미국에서는 대통령이 제안하는 법안이나 연방 각료 인선을 통과시키려면 상원 전체회의 표결에서 60명 이상이 찬성해야 한다. 스콧 브라운이 에드워드 케네디(민주당)의 자리를 대신하면서 공화당이 41석이 되었고, 민주당은 59석이 되었다.

련된 법안이 충분하지 않았던 것이다. 《월스트리트저널》과 NBC의 공동 여론조사에 따르면, 공화당과 오바마가 공동으로 의료 개혁 프로그램을 다루는 걸 마뜩찮게 생각한 유권자가 절반을 넘었다. 이 조사의 결과는 전국을 상대로 최근에 실시한 여론조사 결과와 크게 다르지 않았다. 여론조사에 참여한 응답자의 56퍼센트가 연방 정부가 운영하는 공보험에 찬성했고, 메디케어 가입 연령을 55세로 낮추자는 안에는 64퍼센트가 찬성했다. 그러나 두 개혁안 모두 오바마에 의해 폐기되고 말았다. 또 85퍼센트의 응답자가 다른 나라들처럼 정부가 약값 협상에 참여해야 한다고 대답했지만, 오바마는 대형 제약회사들에게 약값 협상에 참여하지 않겠다고 약속했다.

국민 대다수가 합리적인 비용 절감에는 찬성한다. 현재 미국의 1인당 의료 비용은 다른 산업국가의 두 배에 이르지만, 건강의 질은 최저 수준이다. 그러나 제약업체에게 막대한 돈을 펑펑 안겨주고 의료보험을 실질적으로 어떤 규제도 받지 않는 민간 보험회사에게 맡겨놓는 한, 즉 미국만의 독특한 고비용·저효율 시스템을 고집하는 한 비용 절감은 획기적으로 이루어질 수 없다.

1월 21일의 판결로 심각한 의료보험 위기를 극복하고 점점 불안하게 다가오는 환경과 에너지 위기 같은 중대한 문제를 해결하기가 한층 어려워졌다. 국민 여론과 정부 정책 간의 간극이 더욱 벌어졌다. 연방 대법원의 이번 판결이 미국 민주주의에 중대한 타격을 입혔다는 평가는 결코 과장된 것이 아니다.

2010년 2월 1일

국민이 선택하지 않은
'정책 설계자들'

현재 진행 중이든 잠재적 가능성이든 간에 세계를 지배하는 힘의 이동은 정책 입안자와 관찰자 모두에게 흥미진진한 주제이다. 무엇보다 궁금한 것은, 중국이 인도와 더불어 세계의 지배자로서 미국을 대신할 수 있겠느냐, 그렇다면 언제쯤 가능하겠느냐는 것이다.

이 같은 힘의 이동으로 세계 체제는 유럽이 세계를 정복하러 나서기 전과 비슷한 상황으로 되돌아갈 것이다. 중국과 인도는 급속하게 경제성장을 이룬 데다, 서구가 강요한 금융규제 완화정책을 거부한 덕분에 대다수의 국가보다 경제 불황을 잘 이겨냈다. 그럼에도 불구하고 여러 의문이 제기된다.

건강한 사회를 측정하는 일반적인 기준은 유엔 인간개발지수^{HDI,} Human Development Index이다. 가장 최근인 2008년에 발표된 인간개발지수를 보면, 인도는 134위로 캄보디아보다 약간 높고, 라오스와 타지키스탄보다는 낮다. 사실 인도는 상당히 오랫동안 그 수준을 벗어나지 못했다. 반면에 중국은 92위로 벨리즈*와 같고, 요르단보다 약간 높은 반면에 도미니카공화국과 이란보다는 낮다.

인도와 중국은 또한 빈부의 격차가 극심해서, 두 나라 모두 10억 명이 훨씬 넘는 사람들이 기준에 한참 미치지 못하는 수준의 삶을 살아간다.

또 하나의 걱정거리는 미국의 빚이다. 빚 때문에 미국이 중국의 노예로 전락할까 봐 두려울 지경이다. 얼마 전까지는 일본이 미국의 나랏빛을 가장 많이 보유한 국가였다. 게다가 일본의 사례가 예증하듯이, 채권국의 영향력은 항상 과대평가된다.

군사력에서는 미국에 견줄 만한 국가가 없다. 그런데도 오바마는 매년 국방비에서 새로운 기록을 세우고 있다. 미국 적자는 거의 절반이 군사비 때문이지만, 군사비는 현재 정치체제에서 건드릴 수 없는 부문이다. 난맥상에 빠진 의료보험제도는 국제적인 망신거리로, 오래전부터 적자를 확대시킨 또 다른 주범이다. 경제학자 딘 베이커는 결코 실현 불가능한 생각이 아니라며 미국의 의료보험 체계가 다른 산업 선진국의 의료보험 체계와 유사한 수준에 이른다면 적자에서 벗어나 흑자로 돌아설 수 있음을 증명해 보였다. 그러나 금융기관의 힘이 워낙 막강해서 정치계는 의료보험 체계를 건드리지 못한다.

노벨 경제학상을 수상한 조지프 스티글리츠를 비롯한 많은 경제학자가 우리에게 '적자 페티시즘deficit fetishism'을 경계해야 한다고 경고한다. 적자는 회복을 위한 자극제이며, 적자가 훨씬 극심했던 제2차 세계대전 직후에 그랬던 것처럼 적자는 경제성장으로 얼마든지 극복할 수 있다.

● 중앙아메리카, 멕시코의 남쪽, 과테말라의 동쪽에 있는 나라.

하지만 이런 논의는 기본적인 방향부터 잘못되었다. 세계 체제는 각국의 국력의 분배를 통해 '국익'을 조금만 추구하는 국가 간의 상호 관계가 아니다. 이런 사실은 이미 오래전에 암묵적으로 인정되었다.

애덤 스미스Adam Smith에 따르면 영국 정책의 '주된 설계자'는 상인과 제조업자이며, 그들은 영국 국민을 비롯한 여러 사람들에게 서글픈 결과를 안겨주더라도 자신들의 이익을 최우선적으로 챙기는 사람들이었다. 요즘에는 다국적기업과 1970년대 이후 경제에서 차지하는 몫이 폭발적으로 증가한 금융기관이 '주된 설계자'이지만, 스미스의 결론은 지금도 여전히 유효하다.

우리는 얼마 전에도 미국에서 금융기관의 힘을 실감나게 경험했다. 지난 대통령 선거에서 오바마 대통령의 선거자금은 대부분 금융기관에서 나왔다. 따라서 당연히 금융기관들은 보상을 기대했고, 부실자산 구제 프로그램TARP, Troubled Asset Relief Program이라는 구제금융과 그 이상의 보상을 받았다. 경제계와 정치계 모두에서 막강한 힘을 지닌 골드만삭스를 예로 들어보자. 골드만삭스는 주택담보증권만이 아니라 복잡하기 이를 데 없는 금융 상품을 팔아 떼돈을 벌었다. 자신들의 금융 상품이 지닌 취약점을 알고 있던 골드만삭스는 대형 보험회사인 AIG American International Group에 보험을 들었다. 따라서 금융시장이 붕괴되자 AIG도 파산 지경에 이르렀다.

골드만삭스의 정책 설계자는 골드만삭스를 위해 구제금융을 이용하고 납세자들로 하여금 AIG를 파산에서 구하도록 처리해 골드만삭스를 구해냈다. 지금 골드만삭스는 기록적인 수익을 올리면서 두둑한 보너스 잔치를 벌이고 있으며, 몇몇 주요 은행들과 더불어 예전보다 규모가 더 커지고 힘도 막강해졌다. 국민의 분노가 하늘을 찌른다. 금융 위기의 주범인 은행들은 엄청난 이익을 거두어 돈 잔치를 벌이는데, 정작 그들을 구해낸 국민들은 거의 10퍼센트에 도달한 실업률 때문에 고생하고 있지 않은가.

국민의 분노에 정신이 번쩍 들었는지 정부의 태도가 달라졌다. 정부는 탐욕스러운 은행가들에게 비난을 퍼붓고, 금융계가 반기지 않을 몇 가지 정책(볼커법* 등)을 내놓는 것으로 민심을 달랬다.

오바마는 워싱턴을 차지한 그들의 사람이므로 '주된 설계자'들은 오바마에게 자신들과 보조를 맞추지 않으면 정치자금을 야당에게 주겠다는 의사를 전달하려고 소중한 시간을 낭비할 필요가 없다.

따라서 며칠이 지나지 않아 오바마는 언론에 은행가들을 '좋은 사람들'이라 말하며 굳이 두 거물 JP모건체이스와 골드만삭스의 회장을 지목했다. "나는 대부분의 미국인과 마찬가지로 성공하거나 돈을 많이 번 사람들을 시기하지 않는다. 성공과 부는 자유시장 체제의 일부이다." 물론 '자유시장'은 국가자본주의적 관점에서 해석한 것이다.

이런 반전은 애덤 스미스의 결론이 지금도 여전히 유효하다는 걸 보여주는 증거이다. 정책 설계자들은 힘의 실질적인 이동에도 영향을 미쳤다. 힘이 전 세계의 노동자에게서 초국가적 자본으로 넘어간 지 오래이다.

경제학자이며 중국 전문가인 마틴 하트 랜즈버그^{Martin Hart-Landsberg}는 긴밀하게 얽힌 역학 관계를 조사했다. 중국은 이제 아시아 지역 생산체제

• Volcker Rule. 오바마 정부가 금융기관의 위험 투자를 제한하고 대형화를 억제하기 위하여 만든 금융기관 규제 방안이다. 당시 백악관 경제회복자문위원회 의장이던 폴 볼커^{Paul Volcker}의 제안이 대폭 반영되었다고 해서 '볼커법'이라 불린다.

의 조립공장이 되었다. 일본과 타이완 및 선진 아시아 국가들은 중국에 첨단 부품을 수출하고, 중국은 그 부품들을 조립한 완제품을 수출한다.

미국은 중국과의 교역에서 무역 적자가 눈덩이처럼 늘고 있다고 호들갑을 떤다. 하지만 아시아 지역 생산체제가 새로운 형태를 띠면서 일본을 비롯한 다른 아시아 국가들과의 교역에서는 무역 적자가 급격히 줄었다는 사실은 그다지 언급되지 않는다. 미국 제조업자들도 똑같은 방법으로 중국에 부품을 수출하고, 중국은 그 부품들을 조립한 제품을 미국에 수출한다. 결국, 미국이 수출한 부품들을 조립한 완제품이 미국에 되돌아오는 셈이다. 금융기관, 대형 소매업자, 이런 역학 관계와 긴밀하게 관련된 제조업체의 주인 및 경영자에게 이런 변화는 더없이 바람직한 것이다.

2007년 알프레드 P. 슬론 재단^{the Alfred P. Sloan Foundation}의 회장인 랠프 고모리^{Ralph Gomory}는 의회에 출석해서 "지금과 같은 세계화 시대에는 기업과 국가의 이익이 다르다. 과거와 달리 미국의 다국적기업에게 좋은 것이라고 반드시 미국 국민에게 좋은 것은 아니다"라고 증언했다.

IBM을 예로 들어보자. 《비즈니스 위크^{Business Week}》에 따르면, 2008년 말을 기준으로 IBM에 고용된 40만 명의 노동자 중 70퍼센트 이상이 해외에서 일한다. 2009년 IBM은 미국 내 고용을 약 8퍼센트가량 줄였다. IBM이 공공 부문의 혁신과 개발에 크게 의존하고 정부 조달과 그 밖의 방법을 통해 직접적인 보조금을 받는다는 점에서 이런 노동력 감축은 시사하는 바가 크다.

스미스의 표현을 빌면, 노동인구에게 닥친 결과는 "서글프다". 그러나 정책의 주된 설계자에게는 바람직한 현상이다. 요즘 발표되는 연구에 따르면, 미국은 지난 20년 사이 일자리의 약 4분의 1이 해외로 빠져 나갔다. 그나마 남아 있는 일자리도 대체 노동자들과의 경쟁이 치열해지면서 안정성과 적정 임금이 떨어질 가능성이 높다.

거의 30년 동안 부가 소수의 주머니에 집중되고 대다수의 임금이 답보 상태이거나 떨어지는 양상이 반복되면서 빈부 격차가 미국 역사상 가장 극심해졌다. 국민 1퍼센트 안에서도 또 일부에게 부가 집중됐기 때문에 빚어진 현상이다.

중국은 세계의 조립공장이자 수출 기지가 되었지만 중국 노동자들은 세계의 다른 노동자들과 마찬가지로 힘겹게 살고 있다. 부와 권력이 집중되고 전 세계 노동자들이 서로 경쟁하도록 설계된 체제에서 충분히 예견되었던 현상이다.

국민소득에서 노동자의 몫이 전 세계적으로 줄어들었다. 특히 중국에서 급격히 줄어들어, 그렇잖아도 불평등이 만연한 사회인데 사회·정치적인 불안이 커지고 있다.

세계를 지배하는 힘의 축이 일반 국민에서 세계 체제를 결정하는 주된 설계자들에게 넘어가는 중대한 변화가 있었다. 강대국들이 스스로 기능적인 민주주의를 마비시킴으로써 얻어낸 성과이다.

국민 대다수가 얼마나 인내하느냐에 따라, 또 지배와 통제라는 국가 자본주의 체제에 내재된 문제들을 건설적인 방향으로 대처할 방법을 찾아낼 수 있느냐에 따라 우리 미래가 달라질 것이다. 건설적인 해결책을 찾아내지 못한다면 역사가 증명하듯이 그 결과는 암담할 것이다.

2010년 3월 10일

동예루살렘의
'유감스러운' 사건

이스라엘이 1967년의 전쟁으로 강탈한 동예루살렘이 다시 한 번 발화점이 되었다. 이번에는 동예루살렘의 라마트 슐로모에 1,600가구의 아파트 단지를 짓겠다는 계획이 발표된 직후였다. 그리고 그 여파는 다시 이스라엘의 포격으로 인한 팔레스타인 사람들의 죽음으로 이어졌다.

2010년 3월 9일, 조지프 바이든 미국 부통령이 이스라엘을 방문한 동안 이스라엘 내무부가 그 새로운 계획을 발표했다. 이스라엘에게 점령지에서 정착촌의 확장을 중단하라고 촉구한 오바마 대통령의 권고가 먹히지 않은 셈이다.

베냐민 네타냐후 이스라엘 총리는 내무부의 '유감스러운' 발표 시기를 사과했지만, 이스라엘은 동예루살렘만이 아니라 합병하려는 지역 어디에서나 자유롭게 정착촌을 세울 수 있다고 주장했다.

이스라엘 언론에 따르면, 바이든은 네타냐후와 가진 단독 회담에서 짐짓 화를 내며 이스라엘-팔레스타인 분쟁에 대한 미군의 우려를 전달하고, "이스라엘이 이곳에서 하는 행동이 이라크와 아프가니스탄과 파키스탄에서 싸우는 우리 군의 안전을 해친다. 이스라엘의 행동이 우리를 위험에 빠뜨리고 지역 평화를 위협한다"고 말했다.

2010년 3월 16일에는 데이비드 퍼트레이어스 중부군 사령관이 상원 군사위원회에 출석해 "미국이 이스라엘을 편애한다는 인식 때문에 이스라엘-팔레스타인 분쟁이 반미 감정을 부추긴다"는 우려를 표명했다.

일주일 후에는 네타냐후와 오바마가 백악관에서 만났다. 그날 회담에서 '언쟁'이 오간 것으로 알려진다. 네타냐후가 정착촌에 대한 강경한 입장을 굽히지 않았고, '팔레스타인 국가'의 가능성을 인정하는 모습도 보여주지 않았기 때문이다. 이런 비타협적인 태도는 미국의 신뢰도에도 나쁜 영향을 미치기 마련이다.

정착촌과 관해 이와 유사한 언쟁은 20년 전에도 있었다. 그때 조지 H. W. 부시 대통령은 이츠하크 샤미르^{Yitzhak Shamir} 이스라엘 총리의 파렴치하고 모욕적인 행동에 죗값을 물어 이스라엘에 제한적 제재를 가했다. 오바마 행정부는 아버지 부시처럼 관대한 조치를 취하지 않을 것임을 분명히 밝혔다.

지금은 상황이 훨씬 더 심각하다. 이스라엘 내에서는 옹졸하고 편협한 시각에 사로잡힌 초국가적이고 종교적인 정파들이 기승을 부린다. 이 지역에서 누구에게도 환영받지 못하는 전쟁에 미군이 끼어든 셈이다.

2009년 5월, 워싱턴에서 오바마는 네타냐후와 마무드 아바스 팔레스타인 자치정부 대통령을 만났다. 당시의 회담과 2009년 6월 카이로 연설은 미국의 중동 정책이 전환점을 맞은 것으로 해석되었다. 하지만 더 자세히 분석해보면 그런 해석이 망설여진다.

미국과 이스라엘은 '팔레스타인 국가'와 '정착촌의 자연스러운 확대' 라는 두 구절을 두고 실랑이를 벌였다. 여기에서 아바스는 아무런 역할 도 못하는 구경꾼에 불과했다. 두 구절을 하나씩 따져보자.

오바마는 조지 W. 부시 대통령이 그랬던 것처럼 '팔레스타인 국가'라 는 말을 실제로도 썼다. 반면에 네타냐후가 이끄는 이스라엘의 집권당, 리쿠드당의 (개정되지 않은) 1999년의 정강을 보면 "요르단 강 서쪽에 팔 레스타인 아랍 국가를 건설하는 걸 단호히 반대한다". 하지만 재미있는 어법이기는 했지만 1996년 네타냐후 정부가 이스라엘에서 '팔레스타인 국가'의 가능성을 처음 인정했다는 사실을 기억할 필요가 있다. 당시 네 타냐후 정부는 팔레스타인 사람들이 팔레스타인 땅에서 자신들에게 남 겨진 조각을 '국가'라고 부르든 '프라이드 치킨'이라 부르든 상관하지 않겠다고 말했다.

워싱턴의 입장은 2009년 5월 힐러리 클린턴 국무장관의 발언을 통해 가장 강력한 형태로 제시되었다. 미국은 새로운 정착촌 건설을 반대한 다는 공식적인 정책에서 '자연스러운 확대라는 예외'조차 인정하지 않 겠다는, 무척 자주 언급되는 발언이었다. 네타냐후는 물론이고 실질적 으로 이스라엘 정계 전체가 '자연스러운 확장'을 인정해야 한다고 주장 하면서, 이전에 부시는 팔레스타인 국가에 대한 자신의 '비전'하에서 그 런 확장을 인정했는데 미국이 이제 와서 뒷걸음질친다고 투덜거린다.

오바마-클린턴의 발언은 새로운 것이 아니다. 팔레스타인 국가를 향 한 부시의 로드맵에서 언급된 구절을 되풀이한 것일 뿐이다. 부시의 로 드맵에서는 1단계로 이스라엘은 "[전 상원의원 조지 J.] 미첼 보고서에 따 라 정착촌의 자연스러운 확대를 포함한 정착지에 관련된 모든 행위를 중단하라"고 규정하고 있다.

카이로 연설에서 오바마는 '빈 서판' 화법을 고수했다. 알맹이는 없지만 그럴듯하게 들려 청중으로 하여금 그들이 듣고 싶은 말을 빈 서판에 쓰게 만드는 수법이다. 오바마는 팔레스타인 국가에 대한 부시의 '비전'을 되풀이할 뿐, 정확한 의도를 명확하게 밝히지 않았다. 오바마는 "미국은 계속되는 이스라엘의 정착촌 건설을 적법하다고 보지 않는다"고 말했다. 여기에서 중요한 단어는 '적법'과 '계속되는'이다. 오바마는 중요한 내용을 생략한 채* 부시의 '비전'을 받아들인다고 말했다. 요컨대 서안 지구에서 이미 추진 중인 방대한 정착촌과 기반 시설 계획은 '적법'하며, '팔레스타인 국가'는 이스라엘 정착촌들 사이에 뿔뿔이 흩어진 남은 땅을 가리키기 때문에 '프라이드 치킨'이라는 것이다.

2009년 11월, 네타냐후는 10개월 동안 신규 건설을 중지하겠다고 발표했지만 많은 예외 조항을 두었다. 특히 대예루살렘을 완전히 제외했는데, 라마트 슐로모 조성 계획에서 보듯이 그곳에서는 아랍인 땅의 몰수와 유대인 정착자들을 위한 주택 건설이 신속한 속도로 진행되고 있다.

이런 행위들은 이중으로 불법이다. 모든 정착촌이 그렇지만, 첫째로 국제법 위반이다. 특히 예루살렘의 경우는 1968년에 선포된 안전보장이사회의 결의안들을 위반한 행위이다.

당시 예루살렘에서 힐러리 클린턴은 (불법적인) 건설에 대한 네타냐

---

* 그 내용에 대해서는 이 책 159~162쪽 '이스라엘-팔레스타인 분쟁에 대한 버락 오바마의 입장'을 참조할 것.

후의 전례 없는 양보에 박수를 보내, 세계 대다수 지역에 분노를 불러일으키며 조롱거리가 되었다.

오바마 행정부는 중동 분쟁의 '재개념화'를 옹호한다. 이에 대해서는 상원 외교관계위원회 의장인 존 케리 상원의원이 2009년 3월 가장 명확하게 설명했다. 이스라엘은 미국의 동맹국으로서 이란과 대치해야 하고 미국의 중요 에너지 생산지 지배를 허용하는 온건한 아랍 국가들에 통합되어야 한다는 것이다. 그렇게 하면 이스라엘-팔레스타인 분쟁을 해결할 수 있는 불특정한 방법이 나타날 것이란 생각이다.

이런 와중에도 미국과 이스라엘의 유대 관계는 더욱 깊어졌다. 특히 정보 분야의 긴밀한 협력은 50년 이상 지속되고 있다. 첨단산업에서 미국과 이스라엘의 협력 관계는 눈부실 정도이다. 예컨대 인텔은 칩 크기를 혁명적으로 축소하려고 이스라엘 키리야트 가트 공장에 거대한 설비를 추가로 설치하고 있다.

미국과 이스라엘은 군수산업에서도 관계가 무척 각별해서, 이스라엘은 개발 및 제조 시설들을 미국으로 이전했다. 그래야 미국의 군사원조를 더 쉽게 받고, 미국 시장에 접근하기도 쉽기 때문이다. 일자리를 잃을 수도 있는 수천 명의 이스라엘 노동자가 반대하지만, 이스라엘은 장갑차 생산까지 미국으로 이전할 계획을 세우고 있다.

이런 관계는 미국의 군수업체에게도 이중으로 이익이다. 미국 정부의 지원을 받아 개발한 무기를 이스라엘에 공급하면 그 자체로도 상당한 돈벌이가 되지만, 여기에 자극받은 아랍의 부유한 독재국가(온건한 국가)들이 덜 정교한 군수 장비를 대량으로 구매하기 때문이다.

또한 이스라엘은 미국이 무기를 사전 배치하거나 다른 작전을 전개하는 데 필요한 전략적인 군사기지 역할을 계속하고 있다. 가장 최근의 사례로 2010년 1월, 미군은 "이스라엘 땅에 비축한 긴급 군사 장비를 두 배로 늘려" 8억 달러까지 끌어올렸다. 국방 전문잡지 《디펜스 뉴스 Defense News》의 보도에 따르면 "미사일과 장갑차, 전투기용 무기와 포탄은 이미 이스라엘에 비축되어 있다".

이런 이스라엘의 역할들은 미국의 군국주의와 세계 지배 및 첨단 경제를 위해 이스라엘이 제공해온 막대한 역할 중 일부에 불과하다. 이런 이유에서 이스라엘은 워싱턴의 명령에 공공연히 반발하지만, 역사가 되풀이해서 보여주었듯이 이스라엘도 과욕을 부리면 큰 위험에 부딪힐 수 있다. 예컨대 오만한 라마트 슐로모 계획은 미국의 신경을 건드린 게 분명하다.

이스라엘은 미국이 허락하는 범위를 벗어날 수 없다. 미국은 이스라엘의 범죄행위를 대외적으로는 비난하지만, 오래전부터 그 범죄행위에 동참해왔다. 따라서 이런 위선적 행위를 계속 방치할 것인지 결정할 책임은 미국 국민에게 있다.

2010년 3월 29일

Note

Noam Chomsky, *Hopes and Prospects*, Haymarket Books, 2010의 일부를 요약한 것이다. 한국어판은 《촘스키, 희망을 묻다 전망에 답하다》(노승영 옮김, 책보세, 2011)로 나왔다.

러스트 벨트의 분노

2010년 2월 18일, 53세의 컴퓨터 공학자 조 스택^{Joe Stack}은 경비행기에
탄 채로 텍사스 주 오스틴의 국세청 건물에 돌진해 자살했다. 한 사람
이 죽고, 여러 사람이 부상당했다.

스택은 자살 이유를 설명한 반反정부 선언을 남겼다. 한때 산업 중심
지였던 곳 근처인 펜실베이니아 주의 해리스버그에서 그가 쥐꼬리만
한 수입으로 살던 10대 때부터 이야기는 시작된다.

그의 이웃이자 고양이 먹이로 연명하던 80대 노파는 "퇴직한 철강 노
동자의 부인이었다. 그녀의 남편은 30년 일하고 퇴직하면 연금과 의료
보험 혜택을 받을 거라는 대기업과 노동조합의 약속을 철석같이 믿고
펜실베이니아 중부 지역의 철강공장에서 평생을 뼈 빠지게 일했다. 하
지만 그는 아무것도 얻지 못하고 공장을 떠나간 수많은 노동자 중 한
명이 되었다. (정부는 말할 것도 없고) 무능한 경영진과 부패한 노동조합
이 노동자들의 연금 기금을 빼돌리고 퇴직금을 훔쳐갔기 때문이다. 따

라서 남편을 잃은 노파는 사회보장연금에 기대 살아갈 수밖에 없었다".

여기에 엄청난 부자들과 그들의 정치계 친구들이 이제는 사회보장기금까지 빼앗아가려고 아등바등하고 있다는 것을 덧붙일 수 있을 것이다.

스택은 대기업을 믿을 수 없다는 생각에 혼자 힘으로 일어서보려 했지만 정부도 믿을 수 없다는 사실을 깨달았을 뿐이다. 정부는 그처럼 힘없는 사람들에게는 전혀 관심이 없었고, 부유한 특권층에게만 관심을 쏟았다. 법체계도 마찬가지였다. "모든 법은 언제나 두 가지 방향으로 해석된다. 부자를 위한 해석, 나머지에게 적용되는 해석이다."

정부가 우리에게 남겨준 것은 "미국 의료체계라는 웃음거리, 매년 수만 명을 학살하는 제약회사와 보험회사"이다. 의료 행위가 필요가 아닌 부에 따라 공급되기 때문이다.

스택은 사회질서를 해치는 이런 병폐들을 추적해서 "소수의 약탈자와 강도가 상상할 수도 없는 잔혹한 짓을 저지를 수 있는 구조이다. …… 그들의 번지르르한 기차가 탐욕과 어리석음의 무게에 못 이겨 폭삭 주저앉을 때가 되면 연방 정부가 최대한 서둘러서 그들을 구하려 달려간다"고 고발했다.

스택의 선언은 "공산주의 강령: 모두가 각자의 능력에 따라 일하고 필요한 만큼 가져간다. 자본주의 강령: 모두가 어리석은 만큼 빼앗기고 탐욕스러운 만큼 빼앗는다"는 의미심장한 두 구절로 끝난다.

미국의 러스트 벨트*를 비판적으로 연구한 보고서들에서도 정부와 기업이 손잡고 추진한 프로그램으로 인해 공장이 문을 닫고 가족과 공

● rust belt. 미국 북부의 사양화된 공업 지대.

동체가 파괴되어 길거리로 내몰린 사람들의 분노를 확인할 수 있다. 기업 및 정부와 도덕적 계약을 맺고 자신에게 주어진 의무를 다했던 사람들이 결국에는 자신이 이익과 권력의 도구에 불과했었다는 사실을 깨달았을 때 느꼈을 배신감은 충분히 이해된다.

캘리포니아 대학교 로스앤젤레스 캠퍼스[UCLA]의 리칭콴李靜君 교수가 조사한 바에 따르면, 세계에서 두 번째로 큰 경제 대국인 중국에서도 놀랍도록 유사한 현상이 확인되었다.* 리칭콴은 미국에서 버림받은 산업 분야들과 이른바 중국의 러스트 벨트—국가 사회주의 시대에는 북동부의 산업 중심지였지만, 국가자본주의가 남동부의 선 벨트[sunbelt]를 개발하면서 버려진 지역—에서 버림받은 노동자계급의 분노와 절망감을 비교했다. 두 지역 모두에서 대대적인 노동자 시위가 있었지만 성격은 달랐다. 중국의 러스트 벨트 노동자들은 미국의 노동자들과 똑같은 배신감을 토해냈지만, 중국의 경우에는 마오쩌둥毛澤東의 원칙에 대한 배신감이었다. 그들은 마오쩌둥의 원칙이 도덕적 계약이라 생각하며 사회 발전을 위해 헌신하고 연대했지만, 과거야 어쨌든 간에 이제 그것이 명백한 사기라는 걸 깨달았기 때문이다. 중국 전역에서 2억 명가량의 노동자가 작업 부서에서 쫓겨나서 "깊은 불안감에 시달리고 분노와 절망감을 토해낸다"고 리칭콴은 말했다.

리칭콴의 연구를 비롯해, 미국의 러스트 벨트를 연구한 책들도 정부와 기업에 대해 간혹 자기 파괴적인 형태로 나타나는 분노 뒤에 감추어

---

* Ching Kwan Lee, *Against the Law: Labor Protests in China's Rustbelt and Sunbelt*, University of California Press, 2007.

진 도덕적 의분義憤을 간과해서는 안 된다고 충고한다.

미국의 티파티 운동*은 이런 환멸감을 부분적으로 반영한 것이다. 티파티 운동의 극단적인 조세 저항은 조 스택의 항의만큼 즉각적인 자살행위는 아니지만, 궁극적으로는 자살행위와 다름없다.

요즘의 캘리포니아가 대표적인 예이다. 세계에서 공공 고등교육이 가장 활성화된 지역이 지금 해체되고 있잖은가. 아널드 슈워제네거 Arnold Schwarzenegger 주지사는, 연방 정부가 약 80억 달러를 지원하지 않으면 캘리포니아 건강·복지 프로그램을 중단해야 할 거라고 말한다. 연방 정부의 지원을 요구하는 주지사가 한둘이 아니다.

반면에 주권州權** 강화를 요구하는 단체들은 연방 정부를 향해 자신들의 문제에 개입하지 말라고 주장한다. 조지 오웰이 '이중사고 doublethink'—모순된 두 가지 생각을 마음에 품고 또 둘다 믿어버리는 능력을 말하는데 우리 시대의 모토이기도 하다—라 일컬었던 현상의 전형적인 예이다.

캘리포니아의 재정 상태가 파산 지경에 이르면서 열성적인 조세 저항이 나타난 것이다. 풍요로운 교외를 비롯한 다른 지역도 다를 바가 없다.

세금에 대한 반감을 부추기는 전략은 기업 프로파간다의 오랜 수법

●　Tea Party Movement. 2009년 미국의 여러 길거리 시위에서 시작한 보수주의 정치 운동으로, 보스턴 차 사건에서 이름을 따왔다. 이들은 정부의 건전한 재정 운용, 작은 정부, 세금 인하, 국가 안보 등의 보수적 가치를 추구하며 오바마 대통령이 추진하는 전국민 의료보험 확대에도 반대한다.

●●　연방 국가를 구성하는 단위인 주州 정부가 독립적인 정치 주체로서 갖는 헌법상의 권한.

이다. 많은 이유에서 국민에게 정부를 미워하고 두려워하는 감정을 심어줘야 한다. 무엇보다 현재의 권력 체제에서 정부는 원칙적으로 민의에 부응하고 개인 권력의 약탈 행위를 견제할 수 있는 조직이기 때문이다. 실제로 정부는 간혹 이러한 역할을 하기도 한다. 하지만 반反정부 프로파간다가 노골적이어서는 안 된다. 물론 기업계는 다국적기업과 금융기관을 위해 일하는 정부, 심지어 기업들이 경제를 망쳤을 때 구제금융으로 구제해주는 강력한 정부를 좋아한다.

그러나 이중사고에 길들여진 국민은 재정 적자를 혐오하면서도 두려워한다. 따라서 워싱턴을 차지한 기업계의 끄나풀들이 사회보장제도 같은 복리후생 수당과 수혜권을 삭감하는 데 동의할 수 있는 것이다(하지만 구제금융을 삭감하지는 않는다). 그렇다고 적자의 주된 주범, 예컨대 군사비 예산과 절망스러울 정도로 비효율적인 민간 건강보험 체계까지 국민이 반대해서는 안 된다.

조 스택과 같은 사람들이 불만을 토해내는 방식을 조롱하고 희화화하기 쉽지만, 그들의 인식과 행동 뒤에 감추어진 것을 정확히 파악하는 것이 훨씬 더 중요하다. 불만이 가득한 사람들이 자신들에게는 물론이고 다른 사람들에게 조금의 위험도 미치지 않는 방법으로 결집하는 시대에는 더더욱 그렇다.

2010년 4월 30일

자유의 선단에
가해지는 위협

이스라엘이 인도적 지원을 위해 물품들을 싣고 가자 지구로 향하던 자
유의 선단*을 공격해 전 세계를 충격에 빠뜨렸다.

공해에서 선박을 납치하고 승객을 죽이는 행위는 중대한 범죄이다.

그러나 이스라엘의 이번 범죄는 새삼스러운 것이 아니다. 이스라엘
은 수십 년 동안 키프로스와 레바논을 오가는 선박을 번질나게 납치했
고, 승객들을 죽이거나 납치하고 때로는 이스라엘 감옥에 인질로 가두
기도 했다.

이스라엘이 이런 범죄를 저지르고도 응징을 받지 않을 거라고 확신
하는 이유는, 미국이 이스라엘의 행위를 용납하고 유럽이 대체로 미국
의 뜻을 따르기 때문이다.

● Freedom Flotilla. 이스라엘에게 실질적으로 포위당한 가자 지구를 인도적 차원에서 지원하기 위해 자
유가자운동과 터키의 인권단체 '인권과 자유와 인도적 구호를 위한 재단Foundation for Human Rights and
Freedoms and Humanitarian Relief, IHH'이 연합해 만든 조직이다.

《가디언》이 2010년 6월 1일 자 사설에서 정확히 지적했듯이, "무장한 소말리아 해적이 어제 공해에서 6척의 선박에 무단으로 승선해 적어도 10명의 승객을 살해하고 더 많은 사람을 다치게 했다면, 오늘쯤 NATO 기동부대가 소말리아 해변을 향하고 있을 것이다". 이번 경우에 NATO 는 조약에 따라 회원국들에게 공해에서 공격당한 동료 회원국, 즉 터키를 도와야 한다고 촉구했어야 마땅했다.

이스라엘은 자유의 선단에 하마스가 이스라엘에 로켓포를 발사할 벙커를 짓는 데 사용할지도 모를 자재가 실려 있었기 때문에 공격할 수밖에 없었다고 핑계를 대지만, 많은 이유에서 이런 핑계는 믿기지 않는다. 설령 그렇다 하더라도 국제범죄를 정당화할 수는 없다. 이스라엘은 평화적인 수단으로 얼마든지 로켓포의 위협을 종식시킬 수 있다.

앞에서도 간략하게 말했듯이, 사건의 배경이 중요하다. 하마스는 특히 2006년 1월의 자유선거에서 승리한 후부터 위험한 테러 위협 집단으로 지목되었다. 게다가 미국과 이스라엘은 잘못된 방향으로 투표한 죄목으로 팔레스타인 사람들에게 지독한 응징을 가했다. 그 결과 가자 지구는 포위되었고, 해군이 동원되어 해상까지 봉쇄되었다. 2007년 6월, 내전으로 하마스가 팔레스타인 영토를 완전히 장악한 후로는 봉쇄가 더욱 강화되었다. 내전은 흔히 하마스의 쿠데타로 묘사되지만 실제로는 하마스에게 정권을 안겨준 자유선거 결과를 뒤집으려는 미국과 이스라엘이 야비하게 자극한 것이었다. 이런 사실은 데이비드 로즈가 이 사건에 관련해서 2008년 4월 《베니티 페어*Vanity Fair*》에 기고한 자세한 기사로 세상에 알려졌다. 이 기사에 따르면, 조지 W. 부시 및 국가안보 보좌관 콘돌리자 라이스와 그녀의 부관 엘리엇 에이브럼스가 "파타당의 실력자 모하마드 다흘란 휘하의 군대를 지원해 가자 지구에 내전을 촉발했고, 그 결과 하마스는 예전보다 더 강해졌다". 이 기사의 타당성은 이 지역에서 오랫동안 근무한 미국 외교관 노먼 올슨에 의해서도 확인되었다.

하마스가 저지른 테러에는 근처 이스라엘 도시들에 로켓포를 발사한 것도 포함되었다. 두말할 나위 없는 범죄행위였으면서도 이스라엘과 미국이 가자 지구에서 일상적으로 저지르는 범죄에 비하면 조족지혈에 불과했다.

2008년 6월, 이스라엘과 하마스는 휴전협정에 합의했다. 이스라엘 정부는 휴전협정을 공식적으로 인정했으면서도 같은 해 11월에 휴전협정을 깨고 가자 지구에 침입해서 6명의 하마스 행동주의자를 살해했다. 이스라엘이 휴전협정을 지키지 않고 가자 지구를 봉쇄했지만, 하마스는 한 발의 로켓포도 발사하지 않았다. 하마스는 다시 휴전을 제안했다. 이스라엘 내각은 하마스의 제안을 고려했으나 결국 거부하고 2009년 12월 27일 가자 지구를 다시 침략해 살상극을 벌였다.

다른 국가와 마찬가지로 이스라엘에도 자위권이 있다. 그러나 이스라엘에게 자위라는 명목으로 가자 지구를 침략해 무력을 사용할 권리까지 있었던 것일까? 유엔헌장을 비롯한 국제법은 결코 애매하지 않다. 한 국가는 온갖 평화적 수단을 다 쓴 후에야 그런 권리를 갖는다. 이 경우에는 어떤 면으로 보나 평화적 수단이 성공할 가능성이 높았지만 —어쩌면 높았기 때문에—평화적 수단이 시도조차 되지 않았다.

따라서 이스라엘의 행위는 순전히 범죄 성격의 침략이었다. 이스라엘이 자유의 선단을 향해 무력을 사용한 것도 마찬가지이다.

포위는 국제사회의 비난을 피하기 위해서 안에 갇힌 사람들이 겨우 숨만 붙어 있게 만들려는 야만적인 짓일 뿐, 그 이상은 아니다. 포위는 미국의 지원을 받아 가자 지구와 서안 지구를 분리하려는 이스라엘의 오랜 계획의 마지막 단계이다.

가자 지구의 최고 전문가로 손꼽히는 이스라엘 언론인 아미라 하스 Amira Hass는 분리 과정의 역사를 "1991년 1월 이스라엘이 팔레스타인 운동에 제약을 가하면서 1967년 6월에 시작된 평화 과정의 방향이 뒤집어졌다. 당시만 해도 1948년 이후 처음으로 팔레스타인 사람들 대부분은 사방이 트인 단일 국가의 영토에서 살고 있었다. 물론 점령당한 땅이었지만 한 덩어리인 땅이었다"고 개략적으로 정리하며, "가자 지구와 서안 지구의 완전한 분리는 이스라엘 정책의 가장 큰 성과 중 하나이다. 분리 정책의 궁극적인 목표는 국제사회의 결정과 협정에 근거한 해결책을 차단하고 이스라엘의 군사적 우위에 바탕을 둔 합의를 강요하는 것이다"라고 결론지었다.

그런데 자유의 선단이 이런 정책을 방해하고 나섰다. 따라서 자유의 선단은 궤멸의 대상이 되었다.

아랍-이스라엘의 갈등을 해결하는 기본적인 틀은, 1967년 6월 전쟁 이후 채택된 〈유엔 결의안 242호〉에 따라 국경을 중심으로 한 두 나라의 공존을 촉구하는 결의안을 그 지역 아랍 국가들이 안전보장이사회에 제출한 1976년 이후로 변하지 않았다.

이 기본적인 틀을 실질적으로 전 세계가 지지하고 있다. 아랍연맹, 이란을 포함한 이슬람 협력기구, 하마스를 비롯한 관련 비국가 단체들도 예외가 아니다. 미국과 이스라엘은 30년 동안 이를 끈질기게 거부해왔지만, 앞에서도 언급했듯이 빌 클린턴이 임기의 마지막 달에 거부주의에서 처음으로 진지하게 벗어난 덕분에 두 국가론이 거의 타결될 뻔하기도 했다.

평화를 거부한 고통스러운 대가가 지금까지 이어지고 있다.

강대국 국민을 제외하고는 그 누구도 강대국에게 국제법을 강요할수 없다. 명시적으로든 암묵적으로든, 범죄행위를 합법적이라고 옹호하는 목소리가 높은 국가에서 자국민이 정부에게 국제법을 준수하라고 강요하기는 쉽지 않은 일이다. 그런 목소리가 범죄를 구분하기 힘들게 만들기 때문에 국제법을 무시하는 범죄적 행위가 중단되기는커녕 서서히 확대되는 것이다.

2010년 6월 4일

이란에 드리운 **먹구름**

이란의 위협은 오바마 행정부가 외교정책에서 직면한 가장 중대한 위기이다. 의회는 이란에서 사업을 하고 있는 외국 기업들에도 엄중한 불이익을 부가하겠다며 이란에 대한 제재를 더욱 강화했다.

오바마 행정부는 인도양에 떠 있는 영국령 디에고 가르시아 섬에서 미군의 공격력을 신속히 확대했다. 영국이 섬사람들을 일찌감치 쫓아낸 덕분에 미국은 그 섬에 중동과 중앙아시아를 공격하기 위한 거대한 군사기지를 건설할 수 있었다.

미 해군은 토마호크 미사일을 장착한 핵잠수함을 보좌하기 위해 잠수모함을 디에고 가르시아 섬에 파견했다. 토마호크 미사일은 핵탄두를 운반할 수 있는 미사일이다. 글래스고의 《선데이 헤럴드*Sunday Herald*》가 입수한 미 해군 적하목록에 따르면, 디에고 가르시아 섬에 인도된 군수품에는 지하 구조물을 파괴할 수 있는 벙커 버스터 387기도 포함되어 있었다.

런던 대학교 국제 관계 및 외교 연구소의 댄 플레시^{Dan Plesch} 소장은 《선데이 헤럴드》와의 인터뷰에서 "미국은 이란을 파괴하기 위한 모든 준비를 갖추었다"며 "미군의 폭격기와 장거리 미사일은 수 시간 안에 이란 내 1만 곳을 파괴할 준비를 끝냈다"라고 덧붙였다.

아랍 언론은 얼마 전 미 함대가 이스라엘 선박 한 척과 함께 수에즈 운하를 지나 페르시아 만으로 향하고 있다며, 그 목적은 "이란을 제재하고 이란을 오가는 선박들을 감시하는 것"이라고 보도했다. 영국과 이스라엘 언론도 사우디아라비아가 이스라엘이 이란을 폭격할 수 있도록 항로를 제공할 예정이라고 보도했지만, 사우디아라비아는 이런 사실을 부인했다.

스탠리 매크리스털^{Stanley A. McChrystal}이 사직해 아프가니스탄 주둔 미군 사령관을 교체한 후 아프가니스탄에서 귀국하던 미국 합동참모본부 의장 마이클 멀린^{Michael Mullen} 제독은 NATO 회원국들을 안심시키기 위해 이스라엘을 방문하여 가비 아슈케나지^{Gabi Ashkenazi} 이스라엘 군참모총장을 만나 연례 전략회의를 가졌다. 이스라엘 일간지 《하레츠^{Haaretz}》의 보도에 따르면, 둘은 "이란이 핵을 보유했을 가능성에 대한 대비책"을 집중적으로 논의했으며, 멀린은 "나는 항상 이스라엘의 관점에서 당면한 문제를 보려고 한다"고 말했다.

일부 존경받는 분석가들도 이란의 위협이 곧 세상의 종말인 듯 말한다. 예컨대 사회학자 아미타이 에치오니^{Amitai Etzioni}는 "미국은 이란에 정면으로 맞서야 한다. 그렇지 않으면 중동을 포기해야 할 것"이라며, 이란이 핵프로그램을 계속 추진하면 터키와 사우디아라비아 등 다른 국가들도 이란식으로 '초강대국'을 꿈꿀 것이라고 주장했다. 또한 미국으로부터 독립적인 지역 연대가 구체화될 수도 있다는 점을 지적했다. 에치오니는 미국 군사 저널 《밀리터리 리뷰*Military Review*》에 기고한 글에서 미국의 공격은 이란의 핵시설뿐만 아니라 비핵무기까지, 심지어 민간인 사회를 뜻하는 기반 시설까지 표적으로 삼아야 한다며 "이런 군사 행동도 일종의 제재이다. 비록 한층 강력한 수단이기는 하지만 '고통'을 주어 행동의 변화를 촉구하자는 것이다"라고 썼다.

2010년 4월 미국 국방부가 의회에 제출한 보고서에 담긴 이란의 위협에 대한 분석은 상당히 믿을 만하다. 이란의 군사비는 "그 지역의 다른 국가들과 비교할 때 상대적으로 낮은 편"이고, 이란의 군사 교리military doctrine는 "방어적이다. …… 침략을 늦추고, 적대국에게 외교적 해결책을 강요하도록 짜여졌다". 또한 핵 선택에 관련해서도 "핵프로그램과 핵무기를 개발할 가능성을 열어두려는 이란의 의지는 억지 전략의 핵심을 이룬다".

워싱턴이 보기에 이란의 억지력은 미국의 세계 지배를 방해하는 불법적인 주권 행사이며, 무엇보다 중동 에너지 자원의 지배를 위협하는 요인이다. 게다가 이란의 위협은 전쟁 억지력의 수준을 넘어선다. 이란은 중동 지역에서 영향력을 확대하려고 한다. 이런 의도는 지역의 '불안정화'로 해석되기 때문에 미국은 이란 이웃 국가들을 침략하고 군사적으로 점령해서 '안정화'를 꾀하려 하는 것이다.

이런 범죄행위 이외에도 이란은 테러 집단들을 지원한다. (선거를 인정한다면) 레바논과 팔레스타인의 주된 정치 세력인 헤즈볼라와 하마스를 지원하는 것이다.

무슬림 세계에서 민주주의의 표본을 꼽자면, 중대한 흠이 있긴 하지만 그런대로 자유선거를 꾸준히 실시하고 있는 터키이다. 2010년 5월 17일 이란의 저농축 우라늄을 터키로 반출해 원자로 가동에 필요한 원료로 교환받는 방안에 이란, 터키, 브라질이 합의하자, 오바마 행정부는 격노했다. 미국은 이란에게 추가 제재를 가할 유엔 안전보장이사회 결의안을 밀어붙여 이 합의를 무용지물로 만들었으나, 중국도 선뜻 찬성했을 정도로 추가 제재는 아무런 의미가 없었다. 추가 제재를 해봤자 기껏 이란의 자원을 두고 중국과 경쟁을 벌이는 서구 국가의 이익을 방해할 뿐이라고 생각했기 때문이다. 당연히 터키는 브라질과 함께 안전보장이사회의 추가 제재 결의안에 반대했고, 레바논은 기권했다.

터키의 이런 행동에 워싱턴은 놀라지 않을 수 없었다. 오바마 행정부의 유럽 담당 차관보인 필립 고든Philip Gordon은 터키에게 그런 행동은 미국에서 양해되지 않을 것이고, "중요한 NATO 동맹국의 간곡한 충고"라며 "서구 세계와의 공동 협력에 책임을 다하는 모습을 보여줘야 할 것"이라 경고했다고 AP통신은 보도했다.

'정치계급'*도 이런 흐름을 잘 알고 있다. 외교협회 연구원 스티븐 쿡Steven A. Cook은 이제 "우리가 어떻게 해야 터키를 원래대로 돌려놓을 수 있을까?"라는 중대한 문제를 생각해야 한다고 지적했다. 즉, 어떻게 하면 터키가 착한 민주주의자처럼 미국의 명령을 따르게 할 수 있느냐는 뜻이다.

● political class. 이탈리아 정치 이론가 가이타노 모스카Gaetano Mosca가 처음 사용한 개념으로, 정계에서 활동하고 정계의 속성을 잘 알고 있으며 국가 지도층을 형성하는 소수 집단을 가리킨다. 정치 엘리트라고도 한다.

중동 지역의 다른 나라들도 터키와 마찬가지로 미국의 제재를 찬성하지 않는 분위기이다. 파키스탄과 이란은 최근에 터키에서 만나 새로운 파이프라인에 대한 협정을 맺었다. 파이프라인이 인도까지 연결되면 미국에게는 이만저만한 걱정거리가 아닐 것이다.

2008년 미국은 인도의 핵프로그램을 지원하기로 합의했다. 미국 평화연구소 United States Institute of Peace의 남아시아 담당관인 모이드 유수프 Moeed Yusuf는 인도가 파이프라인에 가입하는 걸 저지할 의도였다며 이런 해석은 지역 전문가들의 공통된 해석이라고 말했다.

인도와 파키스탄은 핵확산금지조약에 가입하지 않은 핵보유국 3국 중 두 나라이다. 나머지 하나는 이스라엘이다. 세 나라 모두 미국의 지원을 받아 핵무기를 개발했고, 지금도 이 지원은 계속되고 있다.

제정신인 사람이라면 누구도 이란을 비롯한 다른 나라들이 핵무기를 개발하는 걸 원하지 않을 것이다. 이런 위협을 완화하거나 아예 제거하는 확실한 방법은 중동을 비핵지대로 설정하는 것이다. 2010년 5월 초 유엔 본부에서 열린 핵확산금지조약 회담에서 이 문제가 다시 쟁점화되었다. 118개국이 가입한 비동맹운동의 의장국인 이집트는 1995년의 핵확산금지조약 재검토 회의에서 미국을 비롯한 서구 국가들도 동의한 중동의 비핵지대 설정 문제에 대한 협상을 2011년부터 시작하자고 제안했다. 워싱턴은 이집트의 제안을 공식적으로 받아들였지만 이스라엘은 예외로 두어야 한다는 입장을 굽히지 않았고, 관련 조항들이 미국에 적용되도록 허용할 낌새도 전혀 보이지 않았다.

미국은 이란과 다른 지역으로 핵무기가 확산되는 악몽 같은 위협을 줄이기 위해 실질적인 조치를 취하기는커녕, 다른 수단이 성공하지 못하면 무력을 동원해서라도 중동의 중요한 석유 생산지에 대한 지배력을 강화하려 할 뿐이다.

2010년 7월 1일

아프가니스탄 전쟁:
베트남의 재판

전쟁일지^{War Logs}—위키리크스가 인터넷에 폭로한 아프가니스탄 전쟁에 대한 6년간의 군사 기밀문서—는 미국의 입장에서는 점점 암울해져 가는 전투에 관한 자세한 기록이고, 아프가니스탄 국민의 눈에는 점점 가중되어가는 잔혹한 참사의 기록이다.

전쟁일지가 소중한 기록이긴 하지만, 나치가 스탈린그라드 패전 이후 절감한 것처럼 '전쟁은 성공하지 못했을 경우에만 나쁘다'는 유감스러운 생각이 널리 퍼지는 데 한몫을 하는 것 같다.

2010년 7월, 스탠리 매크리스털 장군이 아프가니스탄 주둔군 사령관을 퇴임하라는 압력을 받은 후 그의 상관 데이비드 퍼트레이어스 장군으로 사령관이 교체되는 소동이 있었다.* 퍼트레이어스가 의회에서의

---

* 매크리스털 장군은 오바마 정부의 이라크 정책을 공개적으로 비판했다가 백악관으로부터 사임 압력을 받고는 2010년 6월 23일에 경질되었다.

영향력을 십분 활용하는 바람에 향후에는 전쟁을 더 확대하되 교전 규칙을 완화하여 민간인에 대한 공격이 한결 쉬워질 것으로 전망된다.

아프가니스탄 전쟁은 오바마 대통령이 현재 주력하고 있는 전쟁이다. 대외적으로 알려진 목표는 알카에다의 위협으로부터 미국을 보호하는 것이다. 그런데 알카에다는 기지의 실체조차 없는 가상 조직이어서, 전문 문헌에서는 '네트워크 중 네크워크', '리더가 없는 저항 조직'이라 일컬어진다. 현재 알카에다는 세계 전역에 흩어져 있는 상대적으로 독립된 집단들이 느슨하게 연대하는 조직으로 여겨진다.

CIA는 알카에다 행동 대원의 50퍼센트가 현재 아프가니스탄에서 활동하는 것으로 추정한다. 그러나 탈레반이 알카에다에게 은신처를 제공하는 실수를 반복하는 듯한 조짐은 전혀 보이지 않는다. 오히려 탈레반은 파슈툰족 지역을 포함한 험준한 지역에 완전히 자리 잡은 것으로 보인다.

2010년 2월 미국 해병대는 오바마 정부의 새로운 전략에 따라 아프가니스탄 남부 헬만드 주의 마르자 구역을 반란 세력의 중심지로 지목해 정복에 나섰다. 《뉴욕타임스》의 기자, 리처드 오펠Richard A. Oppel의 보도에 따르면 "(마르자에서) 해병대는 탈레반과 교전을 벌였다. 마르자에서 탈레반 세력이 워낙 강력한 탓에 탈레반이 마르자의 유일한 정치 조직으로서 주민들 모두에게 영향을 미치고 있는 것으로 보인다. ……헬만드에 진입한 해병 원정여단 사령관 래리 니컬슨Larry Nicholson 준장은 '우리는 적이라는 단어의 뜻을 재평가해야 했다. 이곳 주민들 대부분이 스스로를 탈레반이라 생각한다. …… 따라서 탈레반을 마르자에서 축출하는 게 아니라 적을 몰아내야 하는 것이라고 우리 생각을 재조정해야 한다'고 말했다".

해병대는 과거부터 늘 정복자들을 괴롭혀온 문제, 즉 미국이 베트남에서 호되게 치른 경험에 직면해 있다. 미국 정부에서 베트남 전문가로 활동하기도 한 학자 더글러스 파이크Douglas Pike는 1966년에 적—남베트남 민족해방전선—이 "남베트남에서 유일하게 대중을 기반으로 한 정당"이었다고 한탄했다. 이런 적과 정치적으로 경쟁한다는 것은 잔챙이와 고래가 싸우는 것과 다를 바 없다고 생각한 파이크는 끔찍한 결과를 낳더라도 미국이 비교우위에 있는 이점, 즉 무력을 최대한 활용해서 민족해방전선의 정치력을 분쇄해야 한다고 주장했다.

다른 정복자들도 유사한 문제로 곤혹스러워했다. 예컨대 1980년대에 아프가니스탄을 침략한 러시아는 모든 전투에서 승리를 거두었지만 전쟁에서는 패했다.

시카고 대학교의 아시아 역사학자 브루스 커밍스Bruce Cumings는 미국의 또 다른 침략, 즉 1898년의 필리핀 침략을 다룬 글에서 오늘날의 아프가니스탄에 너무나도 잘 맞아떨어지는 의견을 피력했다. "올바른 선원은 현재의 진로가 재앙을 향하고 있는 걸 알게 되면 진로를 바꾼다. 그러나 제국의 군대는 모래에 푹푹 빠지면서도 진격을 계속해 제자리만 맴돌고, 정치인들은 미국의 이상만을 들먹인다."

미국이 주도한 다국적군은 마르자를 정복하고 나서 칸다하르를 공격할 예정이었다. 2010년 4월 미군이 칸다하르에서 실시한 여론조사에 따르면, 주민의 95퍼센트가 군사작전에 반대했고, 6명 중 5명이 탈레반을 "우리 아프가니스탄 국민의 형제들"이라고 생각했다. 과거의 정복에서 경험했던 현상이다. 여기에 매크리스털 장군의 퇴임이 겹쳐 칸다하르 계획은 연기되었다.

이런 상황에서 미국 정부는 아프가니스탄 전쟁에 대한 국내 여론이 악화되지는 않을까 걱정할 수밖에 없었을 것이다. 그러던 와중인 2010년 5월, 위키리크스는 아프가니스탄 전쟁에서 서유럽의 지원을 계속 유지하기 위한 방법을 언급한 CIA 문서를 폭로했다. 그 문서의 제목은 '무관심을 기대하는 것만으로 충분하지 않은 이유Why Counting on Apathy Might Not Be Enough'였다. 그 문서에 따르면, "아프가니스탄에서 펼쳐야 할 사명에 대한 국민의 관심도가 낮았기 때문에 프랑스와 독일의 지도자들이 여론의 반대를 무시하고 국제안보 지원군*에 자국 군대를 꾸준히 증파할 수 있었다. …… 독일과 프랑스의 여론조사에서 응답자의 80퍼센트가 국제안보 지원군의 증파를 반대한 것으로 나타났지만 베를린과 파리는 현재 국제안보 지원군의 수에서 세 번째와 네 번째로 많은 군인을 파견한 상태이다". 국민의 반발을 미연에 방지하거나 적어도 억제하기 위해서는 적절한 프로파간다가 필요하다는 뜻이다.

그리하여 CIA는 "민간인과 난민에 대한 프랑스인들의 민감한 심성"을 건드려서 그들을 저버리면 안 된다는 죄의식을 끌어내는 방식의 프로파간다를 프랑스 정부에게 권고했다. 특히, "종교적이지 않은 프랑스 국민을 결집시키고, 사상자가 나더라도 훌륭한 대의大義를 지원한다는 인식을 유권자들에게 심어줄 수 있는" 여성 교육을 강조하라고 권고했다. 프로파간다가 항상 그렇듯이, 실제로 존재하는 사실들은 서로 무관

---

* International Security Assistance Force, ISAF. NATO가 주도하는 아프가니스탄 내 치안 및 발전을 맡은 군대로 2001년 12월 20일 유엔 안전보장이사회를 통해 설립되었다.

하다. 예컨대 러시아가 점령했을 때도 그랬지만, 군사작전으로 상당한 피해를 입은 지금도 카불의 여성 교육은 조금씩 나아지고 있다.

CIA 내부 문서를 통해 우리는 정부가 누구를 내부의 적으로 생각하는지 확실하게 알 수 있다. 요컨대 국민이 국가정책에 반대할 때 국민은 통제해야 할 대상이다.

민주사회는 무력에 의존하지 않고 프로파간다를 이용한다. 오바마가 좋아하는 철학자 라인홀드 니부어^{Reinhold Niebuhr}의 충고를 인용하면, "필요한 환상"과 "감정에 호소하는 단순화"로 여론을 조작한다.

항상 그렇듯이, 내부의 적을 통제하는 전투, 즉 프로파간다는 특정 사건과 관계가 있다. 아프가니스탄 전쟁의 미래가 그 전투에 달려 있다고 말해도 과언이 아니다.

2010년 8월 1일

세계
최강대국
타이틀전

중국과 새로운 세계 질서 1

세계를 지배하는 초강대국에 온갖 위협이 가해지는 와중에 조용히, 그러나 강력하게 부상하는 경쟁국이 있다. 바로 중국이다. 미국은 중국의 의도를 면밀하게 감시하고 있다.

2010년 8월 13일 《뉴욕타임스》의 톰 섕커Thom Shanker 기자는 펜타곤의 한 보고서를 인용해 "중국이 육지에서 멀리 떨어진 공해에서 미국 전함이 작전하는 것까지 허용하지 않을 정도로 군사력을 확대하고 있다"라는 펜타곤의 우려를 보도했다. 워싱턴의 판단으로는 "중국이 군사력 확대와 전투 역량 및 의도에 대해 전혀 공개하지 않아 세계 전략상 중요한 지역에서 긴장을 고조시키고 있다". 반면에 미국은 다른 곳에서도 그렇듯이 중국을 에워싼 "세계 전략상 중요한 지역"에서 펼치는 작전의 의도를 떳떳하게 공개한다.

미국은 매년 군사비를 증대하므로 어디서나 작전을 공개할 만큼 막강한 전투 역량을 과시하고 있다. 현재 미국은 군사비가 나머지 나라들의 군사비를 전부 합한 것과 맞먹고, 세계 전역에서 수백 곳의 군사기지를 운영하며, 과학기술의 파괴력과 지배력에서 월등하기 때문에 가능한 것이다.

중국은 2010년 7월 중국 해안 근처에서 한국과 미국이 공동으로 실시하는 군사훈련에 첨단 항공모함 '조지 워싱턴'호가 참여하는 것을 반대하며 국제 의례의 규칙에 대한 이해력 부족을 드러냈다. 반면에 서구 사회는 미국의 그런 작전이 지역 안정과 자체의 안보를 위해서 취해지는 것으로 이해한다.

'안정'이라는 용어는 국제 문제에 대한 담론에서 전문적인 뜻, 즉 미국의 지배라는 뜻으로 해석된다. 따라서 《포린 어페어스》의 전 편집자, 제임스 체이스James Chase가 1973년에 칠레의 '안정'을 꾀하기 위해서는 살바도르 아옌데 대통령의 민선 정부를 전복하고 아우구스토 피노체트Augusto Pinochet 장군의 독재 정권을 추대해 칠레의 정국을 '불안하게' 만들 필요가 있었다고 말했을 때 누구도 눈살을 찌푸리지 않았다. 피노체트는 학살과 고문을 자행했을 뿐 아니라 테러 네트워크까지 결성해서, 미국이 안정과 안보라는 이름 아래 다른 지역에서도 유사한 정권들을 세우는데 일조했다.

미국의 안보를 위해서 절대적인 지배가 필요하다는 것은 이제 상식이다. 예일 대학교의 역사학자 존 루이스 개디스John Lewis Gaddis는 이런 전제를 학문적으로 연구하여 《9·11의 충격과 미국의 거대전략Surprise, Security, and the American Experience》에서 조지 W. 부시 대통령이 추진한 예방전쟁preventive war 정책의 뿌리를 추적했다.

예방전쟁의 운영 원칙은 "팽창은 안보의 지름길"이라는 것이다. 개디스는 거의 두 세기 전까지 거슬러 올라가 이 원칙의 뿌리를 존 퀸시 애덤스[John Quincy Adams] 대통령에서 찾으며 그를 '명백한 운명'*이라는 표현의 지적 저작권자라 말한다. 개디스의 지적에 따르면, 부시가 "미국인들은 자신의 자유를 지키기 위해서, 또 자신의 삶을 지키기 위해서 필요하면 선제 행동을 취할 각오가 되어 있어야 한다"고 경고했을 때 부시는 "새로운 원칙을 확립한 것이 아니라 오랜 전통을 되풀이한 것"이다. 달리 말하면, 애덤스부터 우드로 윌슨까지 옛 대통령들이라면 "확실하게 파악하고 있었을" 원칙을 되풀이한 것에 불과하다.

물론 윌슨의 후임자들도 이 원칙을 잘 알고 있었을 것이고, 현 대통령도 예외가 아니다. 빌 클린턴 대통령의 정책은 미국은 "주요 시장, 에너지원, 전략적 자원에 방해받지 않고 접근"하기 위해 군사력을 사용할 권리가 있다는 것이었다. 따라서 변종이었던 조지 W. 부시를 위해 핑곗거리를 억지로 만들어낼 필요조차 없다.

따라서 클린턴 행정부에서 국방장관을 지낸 윌리엄 코언[William Cohen]이 지적한 것처럼, 미국은 "우리에 대한 국민 여론을 조성하고 우리 삶과 안보에 영향을 미칠 사건들을 우리 손으로 결정하기 위해" 유럽과 아시아에 전진 배치한 막대한 군사력을 유지해야 한다. 군 역사학자 앤드루 바세비치에 따르면 이처럼 전쟁을 영구화하려는 관습은 새로운 전략적 정책이 되었고, 이 정책은 조지 W. 부시와 버락 오바마 시대에

---

* Manifest Destiny. 미국의 영토 확장주의를 정당화한 말로, 1845년 미국의 텍사스 병합 당시 《데모크래틱 리뷰The Democratic Review》의 주필이던 존 오설리번John O'Sullivan이 논설에서 "아메리카 대륙을 확대해야 할 우리의 명백한 운명은 해마다 증가하는 수백만 인구의 자유로운 발전을 위하여 신이 베풀어주신 것이다"라고 말한 데서 비롯되었다.

더욱 강화되었다.

마피아 두목이라면 누구나 알겠지만, 지배력을 조금이라도 상실하면 지배 체제가 약화되어 두목 자리를 대담하게 엿보는 부하들이 생겨날 수 있다. 정책 입안자들의 말을 빌면 이런 힘의 원리는 '도미노 이론'으로 표현되는데, 성공한 독립적 발전이라는 바이러스는 다른 곳으로 전염될 수 있기 때문에 박멸되어야 마땅하고 그런 바이러스에 전염될 가능성이 있는 국가는 야만적인 독재 정부라는 예방주사를 맞아야 한다는 뜻이다.

펜타곤 보고서에 따르면, 중국의 국방 예산은 2009년에 1,500억 달러까지 증액되어 "펜타곤이 2009년 이라크와 아프가니스탄에서 군사 행동을 취하고 전쟁을 수행하는 데 지출한 비용의 5분의 1"에 가까워졌다. 물론 미국의 총 국방 예산에 비하면 극히 일부에 불과하다.

미국이 월등한 군사력과 경제력으로 세계 거의 모든 지역에서 '의심할 여지가 없는 힘'을 유지하며 미국의 세계 구상에 걸림돌이 될 수 있는 국가들의 주권 행사를 제한할 수 있어야 한다는 가정, 지금까지 실제 누구에게도 도전받지 않은 이 가정을 고려하면 미국의 불안도 이해되지 않는 것은 아니다.

이런 원칙들은 제2차 세계대전 동안 전후 세계의 기본 틀을 개발하는 과정에서 고위급 정책 입안자들과 외교정책 전문가들이 체계화한 것이며, 실제로 전후에 거의 그대로 시행되었다.

미국은 적어도 서반구, 옛 대영제국, 극동 지역 및 중동의 주요한 에너지원을 포괄하는 '원대한 지역 Grand Area'에 대한 지배력을 유지해야만 했다. 스탈린그라드 전투 이후 러시아가 나치 군대를 핍박하기 시작하자 원대한 지역이라는 목표는 최대한 유라시아를 포괄하는 방향으로 확대되었다. 유럽 —프랑스인들이 생각하는 유럽, 대서양부터 우랄 산맥까지 —이 언제라도 독자적인 길을 선택할 수 있다는 사실도 잊지 않았다. 따라서 이런 위협을 조금이나마 억제하려고 NATO가 고안되었다. 서구 세계가 의존하는 세계 에너지 시스템의 '주요한 기반 시설'을 책임지고 지배하려는 미국 주도의 다국적군으로 NATO가 확대되면서 유럽과의 관계는 지금까지도 여전히 쟁점거리로 남아 있다.

제2차 세계대전 동안 세계를 지배하는 강대국으로 부상한 이후로 미국은 세계 지배 체제를 유지하려고 애써왔다. 그러나 이 계획을 견실하게 유지하기란 쉽지 않은 일이다. 실제로 세계 지배 체제가 눈에 띄게 약화되면서 미래의 역학 관계에 중대한 변화가 예상된다. 특히 중국이 영향력을 확대하면서 강력한 도전자로 떠올랐다.

오늘날의 세계에 관한 이런 공통된 주제는 '미국의 쇠퇴'가 언제부터 시작되었느냐는 문제와도 연결된다. 이 문제 또한 오늘날의 공통된 주제이다. 미국의 쇠퇴는 오래전에 시작되었다. 미국의 힘은 1945년에 최정점에 있었다. 세계 지배라는 미국의 계획에 처음으로 가해진 타격은 1949년 '중화인민공화국'의 독립 선언이었다. 미국 정계 전통에서는 '중국의 상실loss of China'이라 일컬어지는 사건이지만, 소유해야만 잃어버릴 수도 있다는 점에서 명칭 자체가 흥미롭다. 여하튼 중국의 상실은 그 이후에 있었던 많은 '상실' 중 첫 번째 사건이었다. 그리고 현재 중국의 도전은 완전히 다른 수준이다.

2010년 9월 1일

중국과 새로운 **세계 질서** 2

세계 질서를 위협하는 온갖 것 중에서 가장 끈질긴 것은 제국의 통제하에 있지 않은 민주주의이다. 더 일반적으로 말하면, 독자적인 주권 행사이다. 이에 대한 두려움이 역사적으로 제국의 운영 방향을 결정해왔다.

워싱턴의 전통적인 뒷마당이던 남아메리카의 피지배국들이 점점 불손하게 변해간다. 독립을 향한 그들의 움직임은 2010년 2월 중남미·카리브 해 국가공동체Community of Latin American and Caribbean States의 결성과 더불어 더욱 가속화되었다. 서반구에서 미국과 캐나다만 제외된 지역공동체이다.

남아메리카는 500년 전 에스파냐와 포르투갈에게 정복당한 이후 처음으로 독립의 필요조건인 통합을 향해 전진하면서 풍부한 자원을 보유했지만 소수의 부유한 엘리트에게 지배받으며 빈곤에 시달리던 대륙 내부 문제를 해결해 나가기 시작했다.

게다가 남남관계도 확대되고 있다. 여기에는 중국이 천연자원의 소비자이자 투자자로서 주도적인 역할을 한다. 중국의 영향력이 급속도로 확대되어 일부 자원 부국에서는 미국의 영향력을 넘어섰다.

중동 지역의 변화가 더욱 의미심장하다. 60년 전, 막강한 영향력을 지녔던 정책 입안자 아돌프 벌리^{Adolf A. Berle}는 중동의 막대한 에너지 자원을 지배하면 "세계를 확실하게 지배할 수 있을 것"이라고 충고했다. 따라서 석유의 지배력을 상실하면 세계 지배라는 계획이 위협받을 수 있다. 1970년대까지 주된 산유국들이 석유 자원을 국유화했지만 서구 세계는 상당한 영향력을 계속 유지했다. 그런데 1979년 샤 왕조가 무너지면서 미국은 이란을 '상실'했다. 하지만 그 정권 또한 미국과 영국이 1953년에 군사 쿠데타를 일으켜 정권을 샤에게 되돌려주는 조건으로 보상을 강요한 독재 정권이었기 때문에 '상실'이라는 표현은 적절하지 않다.

하지만 이제 전통적인 위성국에 대한 미국의 지배력도 약화되고 있는 실정이다. 세계 최대로 알려진 유전들은 사우디아라비아에 있다. 제2차 세계대전 동안 그곳에서 벌어진 작은 전쟁으로 미국이 영국을 축출한 이후 사우디아라비아는 미국에 의존하는 국가가 되었다. 지금도 사우디아라비아에게 미국은 타의 추종을 불허하는 최대 투자국이며, 주된 무역 상대국이다. 물론 사우디아라비아도 이러저런 투자를 통해 미국 경제를 지원한다.

하지만 이제 사우디아라비아가 수출하는 석유의 절반 이상이 아시아로 향하며, 성장을 위한 계획에 있어서도 동쪽에 큰 기대를 걸고 있다. 석유 매장량이 세계에서 두 번째인 이라크도 미국과 영국의 살인적인 제재와 침략으로 파괴된 유전들을 복구하게 된다면 그렇게 될 가능성이 크다. 게다가 미국의 정책은 세계 세 번째 산유국인 이란마저 똑같은 방향으로 몰아가고 있다.

중국은 현재 미국을 밀어내고 중동의 석유를 가장 많이 수입하는 국가인 동시에 중동에 가장 많은 물건을 수출하는 국가이다. 무역이 급속히 확대되어 지난 5년 동안 교역량이 두 배나 증가했다.

이런 변화는 세계 질서의 중대한 변화를 암시한다. 아시아 대부분의 국가가 참여했지만 미국을 배제한 상하이 협력기구의 조용한 부상도 무시할 수 없다. 경제학자 스티븐 킹Stephen King이 《지배력의 상실: 서구의 번영에 대한 위협Losing Control: The Emerging Threats to Western Prosperity》에서 말했듯이, 상하이 협력기구는 "생산자와 소비자를 동시에 포괄하는 새로운 에너지 카르텔"로 발전할 가능성이 크다.

서구의 정책 입안자들과 정치 평론가들은 2010년을 '이란의 해'라고 칭한다. 이란의 위협이 세계 질서에 가장 큰 위험을 야기한다고 여겨지기 때문에 미국의 외교정책에서 주안점이 되었다. 유럽은 평소처럼 얌전하게 미국의 뒤를 따라야 한다. 그 위협이 군사적 위협이 아니라는 것은 공식적으로도 인정되었다. 독립의 위협이다.

'안정'을 유지하기 위해 미국은 이란에 혹독한 제재를 가했지만 유럽을 제외하면 여기에 관심을 기울이는 국가는 거의 없다. 비동맹국가들, 즉 세계 대부분의 국가는 오래전부터 이란에 대한 미국의 정책을 강력하게 반대해왔다. 더구나 인접국인 터키와 파키스탄은 이란까지 연결되는 파이프라인을 건설 중이며, 그들 간의 교역량 또한 증가하고 있다. 아랍 세계의 여론은 서구 세계의 정책에 분노하며, 과반수가 이란의 핵개발을 찬성할 정도이다.

이런 갈등은 중국에 이익이다. 《크리스천 사이언스 모니터_The Christian Science Monitor_》의 수석 논설위원 클레이턴 존스_Clayton Jones_는 "이란의 경우 유럽을 비롯해 많은 나라의 기업이 빠져나간 빈자리를 중국 투자자들과 무역업자들이 채우고 있다"고 썼다. 특히 중국은 이란의 에너지 산업에서 지배적인 역할을 확대하고 있다. 이에 대한 워싱턴의 반응에서는 절망감마저 엿보인다. 2010년 8월 미국 국무부는 "중국이 세계 전역에서 기업 활동을 하고자 한다면 품격을 지켜야만 할 것이다. 장기적 영향을 미친 국제적 책임을 회피하는 나라라는 평판을 얻게 된다면 …… 중국에게 요구되는 국제사회에서의 책임은 명백하다"고 경고했다. 물론, 그 책임은 미국의 명령을 따르는 것이다.

중국 지도자들은 미국 국무부의 경고를 심각하게 받아들이지 않고, 더는 누리지 못하는 권위에 필사적으로 집착하는 제국의 허튼소리 정도로 받아들인 듯하다. 미국의 제국주의적 지배에서 이란보다 훨씬 더 큰 위협은 미국의 명령을 따르기를 거부하는 중국이다. 사실 중국은 미국의 명령을 코웃음으로 일축할 만큼 막강한 힘을 키워가는 강대국이며, 중국의 이런 태도는 역사적으로 중대한 의미가 있다.

2010년 10월 1일

미국의 **중간선거**:
엉뚱한 방향으로 **표출된 분노**

미국의 중간선거는 내가 여태껏 본 적이 없는 분노와 두려움과 환멸을 불러일으켰다.* 민주당은 집권당이라는 이유로 현재의 사회경제적인 상황과 정치적 상황과 관련해 혐오의 대상이 되었다.

2010년 10월에 실시된 라스무센 여론조사에서 '주류 미국인'의 절반 이상이 티파티 운동을 호의적으로 생각한다고 대답했다. 현 상황에 대한 환멸감의 반영이라 할 수 있다. 이런 불만의 표시는 당연한 것이다. 30년 이상 국민 대다수의 실질임금은 정체되거나 감소한 반면에 노동시간과 고용 불안정은 심화되었다. 더불어 가계 빚도 증가했다. 전체적인 부는 증가했지만 모두 극소수의 주머니로 들어가서 불평등이 전례 없이 심화되었다.

이런 결과는 1970년대 이후로 계속된 경제의 금융화와, 그에 따른 국

---

* 미국의 중간선거는 2010년 11월 2일에 실시되었다.

내 생산의 공동화에서 비롯된 것이다. 역사학자이며 정치경제학자인 로버트 브레너Robert Brenner가 자세히 분석했듯이, 이 두 방향으로의 변화는 제조업 이익률의 저하와 밀접한 관계가 있다. 더구나 월스트리트가 금융의 규제 완화를 요구하고, 효율적 시장 신화에 마취된 경제학자들이 이를 지지하고 나서면서 경제의 금융화 과정은 거칠 것이 없었다. 경제력과 정치력의 집중화에 따른 다른 폐단들도 여기에 한몫을 했다.

금융 위기를 부른 막대한 책임이 있으면서도 국민 돈으로 파산에서 구제된 은행들이 이제는 기록적인 이익을 거두고 엄청난 보너스 잔치를 즐긴다고 생각하는 국민이 대다수이다. 그사이 공식적으로 발표된 실업률은 거의 10퍼센트에 이르러 좀처럼 떨어지지 않는다. 제조업이 대공황 때 수준으로 뒤쳐져서 6명 중 1명이 일자리를 잃었고, 좋은 일자리가 회복될 기미는 보이지 않는다.

당연히 국민은 정부에게 적절한 해결책을 요구하지만, 어떤 대답도 듣지 못하고 있는 실정이다. 우리가 불신을 잠시 거두고 그들처럼 부조리와 기만의 세계로 들어가야지만 조금의 일관성을 찾을 수 있는 말들만 들을 수 있을 뿐이다.

티파티 운동의 허튼소리를 희화화한 것은 중대한 실수이다. 티파티 운동이 대변한 민중의 호소 뒤에 감추어진 진실이 무엇인지 이해하고, 분노한 시민들이 대공황 시대에 산업별 노동조합 회의Congress of Industrial Organizations, CIO를 조직한 것과 같은 건설적인 행동주의보다 극우의 목소리에 더 부응한 이유가 무엇인지 성찰해야 마땅하다.

티파티 운동에 심정적으로 동조하는 사람들은 모든 제도적 기관, 즉 정부와 기업 및 전문가 집단이 썩을대로 썩었고 어떤 것도 제 기능을 하지 못한다는 주장에 귀를 기울이고 있다. 일자리가 없는 데다 저당 잡힌 집마저 잃어버린 사회에서, 민주당 지지자들은 그런 재앙을 이끈 정책에 대해 불평조차 할 수 없다. 로널드 레이건과 그의 공화당 후임들에게 가장 큰 책임이 있다고 말할 수도 있겠지만, 현재의 정책들은 지미 카터 대통령 시대부터 시작되었고 빌 클린턴 대통령 시절에 더욱 가속화되었다. 2008년 대통령 선거기간 동안, 버락 오바마의 최대 후원자는 지난 30년 전부터 막강한 경제 지배력을 구축한 금융기관이었다.

18세기의 고집스러운 급진주의자 애덤 스미스는 영국을 두고 권력의 주된 설계자가 사회의 주인—그의 시대에는 상인과 제조업자—이라고 진단했다. 또 권력의 주된 설계자들은 정부 정책이 영국 국민에게 서글픈 결과를 안겨주더라도, 또 '유럽인들의 무지막지하고 부당한 조치' 때문에 해외의 피해자들에게 더 큰 피해가 가더라도 자신들의 이익에 철저하게 부합되도록 대책을 만든다고 지적했다.

스미스의 격언을 현대적으로 한층 정교하게 해석한 이론이 토머스 퍼거슨의 '정치의 투자이론'이다. 이 이론에 따르면, 선거는 투자자들이 자신들의 이익에 도움이 되는 정책 설계자들을 선택함으로써 국가에 영향력을 행사하기 위해 연대하는 기회이다. 퍼거슨의 이론이 장기적인 정부 정책을 상당히 정확히 예측할 수 있는 지표로 여겨지는 이유는 그다지 놀랍지 않다. 집중화된 경제력은 자연스레 정치 과정에까지 영향력을 확대하려 할 것이기 때문이다. 이런 현상은 미국에서 유난히 극심하다.

돈을 많이 굴리는 기업 경영자들은 건강한 사회에 대한 무관심과 '탐욕'을 비난하는 목소리에 대해 그들 나름대로 변명한다. 그들의 임무는 이윤과 시장 점유율을 극대화하는 것이라고. 하기야 그것이 그들에게 주어진 합법적인 의무인 것은 사실이다. 그런 임무를 제대로 수행하지 못하는 경영자는 다른 사람으로 교체되기 마련이다. 그런데 경영자들은 구조적인 위험, 즉 그들의 행위가 경제 전반에 해를 끼칠 가능성마저 무시한다. 이런 외적 결과는 그들의 관심사가 아니다. 그들이 나쁜 사람이기 때문이 아니라 제도적인 이유 때문이다.

거품이 터지면, 위험을 야기한 사람들은 자신들을 보듬어줄 복지국가의 품 안으로 피신할 수 있다. 구제금융─일종의 정부 보험 정책─은 시장의 비효율성을 부추기며 잘못된 결과를 초래하는 많은 지원 제도 중 하나이다.

경제학자 피터 분Peter Boone과 사이먼 존슨Simon Johnson은 2010년 1월 《파이낸셜타임스》에 기고한 글에서 "현재의 금융 체계가 최후의 심판일을 향해 다가가고 있다는 인식이 확산되고 있다. 금융 체계가 무너지려 할 때마다 우리는 돈을 마구 찍어내고 국가 재정에 의존해 금융권을 신속하게 구제한다. 이런 식의 대응이 반복되면서 금융업계는 '두둑한 돈을 벌려면 큰 도박판을 벌이고 손실은 걱정하지 말라'는 교훈을 얻었다. 그들은 구제금융이나 다른 장치를 통해 납세자들의 지원을 받는다. 따라서 금융권은 소생해서 다시 도박판을 벌이고 다시 무너진다"고 말했다.

최후의 심판일 비유는 금융 세계 밖에서 더욱 불길하게 들어맞는다. 미국 상공회의소와 그 밖의 많은 기업 로비 단체가 후원하는 미국석유협회American Petroleum Institute는 국민에게 지구온난화를 걱정하지 말라고 설득하는 데 심혈을 기울였는데, 여론조사에 따르면 상당한 성공을 거두었다. 2010년 중간선거에서 공화당 후보들은 모두 실제로 지구온난화를 부정했다.

이런 프로파간다 뒤에 숨어 있는 경영진도 지구온난화는 기정사실이고 전망이 어둡다는 걸 분명히 알고 있을 것이다. 그러나 시장 체제가 건재하는 한 인류의 운명은 경영진이 신경 쓸 필요가 없는 외적 문제에 불과하다. 최악의 시나리오가 펼쳐졌을 때 인류를 구원하려고 달려올 경영자는 한 명도 없을 것이다.

나는 오랜 세월을 산 덕분에, 독일 역사의 대가 프리츠 슈테른Fritz Stern의 표현대로 "점잖던 독일이 야만스러운 나치로 추락"하던 시절을 생생하게 기억한다. 슈테른은 2005년에 발표한 글에서 "환멸을 느끼게 하는 세속 세계를 향한 분노가 불합리라는 환희에서 구원을 찾았던 역사적 과정"을 되짚는 과정에서 미국의 미래를 발견했다고 말했다.

현재의 세계는 너무 복잡하기 때문에 같은 역사가 되풀이될 가능성이 없다. 하지만 우리가 선거 결과를 분석할 때 잊지 않아야 할 교훈들이 있다. 더 나은 미래로 나아가는 모습을 보여주고 무수한 불만분자들을 조직화하지 않으면, 잘못 표출된 분노와 울분에 대안을 제시하고자 하는 사람들에게도 미래가 없다는 것이다.

2010년 11월 4일

이스라엘 – 팔레스타인 회담에서
기대할 것이 있을까

워싱턴이 이스라엘에 굴복해서 정착촌 확장을 3개월 동안 중지해달라고 애걸복걸한 사건, 그것도 팔레스타인 사람들이 모여 사는 동예루살렘을 제외해서 무의미하게 된 중지를 애원한 사건은 미국 외교사에서 가장 치욕적인 사건의 하나로 기록되어야 마땅하다.

2010년 9월, 지난번에 합의한 (제한적인) 정착촌 확장 동결 시한이 끝나기 무섭게 팔레스타인과 이스라엘의 직접적 대화도 중단되었다. 어떻게든 이스라엘이 정착촌 확장을 다시 동결하고 대화를 재개하도록 설득해야 하는 오바마 행정부는 보이지 않는 지푸라기라도 잡고 싶은 심정일 것이다. 따라서 극우 이스라엘 정부에게 선물 공세를 퍼부었다.

그 선물에는 30억 달러 상당의 전투기까지 포함되었다. 또한 미국 군수산업에도 보조금이란 명목하에 납세자들의 막대한 돈이 지원되었다. 군수업체들은 중동 지역의 군비를 강화하기 위한 프로그램 덕분에 이중으로 돈벌이를 하고 있다.

미국 군수업체들은 군사정보부U.S. military-intelligence 설립의 일환으로 첨단 장비를 개발하고 생산한다는 명목 또 페르시아 만 연안 국가들에게 재래식 군사 장비를 제공한다는 이유로 보조금을 받는다. 2010년 12월 현재 사우디아라비아에 600억 달러의 무기를 판매하여 과거의 판매 기록을 가볍게 넘어섰다. 오일달러를 재활용해 미국의 침체한 경제에 숨통을 틔워준 거래인 셈이다.

이스라엘과 미국의 민간 첨단산업들은 완전히 한통속이다. 따라서 경제 분야의 언론과, 민주당보다 훨씬 더 친기업적인 공화당이 발벗고 나서서 이스라엘의 행동을 지지한다고 해서 놀랄 것은 없다. 사우디아라비아에 그처럼 엄청난 무기를 판매하는 이유는 '이란의 위협'을 방어하기 위함이다.

하지만 펜타곤과 미국 정보기관이 강조하듯이, 이란의 위협은 군사적 위협이 아니다. 이란이 핵무기를 개발한다면 그 목적은 억지력을 확보해 미국과 이스라엘의 공격을 막기 위한 것일 가능성이 크다. 워싱턴의 분석에 따르면, 미국의 침략과 점령으로 '안정을 찾은' 인근 국가들에 대한 영향력을 확대하려는 이란의 시도가 실질적인 위협이다.

오바마 정부는 아랍 국가들이 이란의 위협을 방어하려고 미국에 군사원조를 요청했다고 주장한다. 진실이든 거짓이든 간에, 이 주장에서 오바마 정부가 생각하는 민주주의가 무엇인지 짐작할 수 있다. 독재 정권들이 뭐라 하든, 브루킹스 연구소Brookings Institute가 최근에 발표한 여론조사에 따르면, 아랍인들은 중동 지역의 주된 위협을 이스라엘(88퍼센트), 미국(77퍼센트), 이란(10퍼센트) 순으로 꼽았다.

얼마 전 공개된 위키리크스의 폭로에 대한 토론들에서 미국 관리들과 평론가들이 아랍 국민의 여론을 철저하게 무시한 채 현 독재자들의 입장만 앵무새처럼 반복하면서 때로는 "이란 문제에서 아랍 사람들은 우리 편이다"라는 근거 없는 허튼소리까지 해대는 걸 보면 우습기만 하다.

미국이 이스라엘에 퍼부은 선물 중에는 외교적 지원도 있었다. 관련 보도에 따르면, 워싱턴은 이스라엘 지도자들을 짜증나게 하는 유엔 안전보장이사회의 모든 조치에도 거부권을 행사할 것이며 정착촌 건설의 동결을 다시는 연장하라고 요구하지 않겠다고 약속했다. 이런 우여곡절 끝에 3개월간의 동결에 합의한 이스라엘은 향후에 점령지에서 정착촌 건설이라는 범죄적인 행위를 확대하더라도 미국에게 방해받지 않을 권리를 확보했다.

이스라엘에서 손꼽히는 국제법 권위자로 국제형사재판소 판사를 지낸 테오도르 메론Theodor Meron이 1967년 말 점령지에서의 정착촌 건설 계획은 제4차 제네바 협약을 위반하는 것이라고 이스라엘 정부에게 조언한 이후로, 이스라엘의 그 누구도 정착촌 건설이 범죄행위라는 사실을 의심하지 않는다. 제4차 제네바 협약은 나치 정권의 만행을 국제법으로 금지시키기 위해서 1949년에 체결한 국제인도법International Humanitarian Law의 핵심 원칙이다.

미국에서 태어난 이스라엘 역사학자 거숌 고렌버그Gershom Gorenberg가 《우연한 제국The Accidental Empire》에서 말했듯이, 메론의 결론을 야코브 심손 샤피라Ya'akov Shimson Shapira 법무장관이 지지했고, 곧이어 모셰 다얀Moshe Dayan 국방장관도 받아들였다. 다얀은 동료 장관들에게 "우리는 점령지를 공고히 해야 한다. 그래야 시간이 지난 뒤 유대와 사마리아[서안 지구]를 동화시켜 '작은' 이스라엘에 합병하고" 그와 동시에 "군사적 목적에서 필요한 조치"라는 구실로 서안 지구의 "영토적 연속성을 끊어놓을 수 있을 것"이라고 말했다. 다얀은 자신의 발언에 담긴 뜻을 분명히 알고 있었고 양심의 가책을 느꼈던지 "점령지에 이스라엘 사람들을 정착시키는 것은 이미 알려진 대로 국제 협약을 위반하는 것이다. 그러나 이런 조치가 새삼스러운 것은 아니다"라고도 말했다. 다얀은 워싱턴의 우두머리가 공식적으로는 반대하면서도 한쪽 눈을 찡긋하며 그런 범죄적 행위에 대한 군사·경제·외교적 지원을 계속할 거라고 정확히 예측했다.

정착촌 건설이 가지는 범죄성은 안전보장이사회 결의안을 통해 반복 확인되었고, 비교적 최근에는 국제사법재판소의 판결로도 확인되었다. 미국 출신의 재판관 토머스 버겐설Thomas Buergenthal도 별도의 선언에서 이스라엘의 정착촌 건설은 국제인도법을 위반한 것이라고 인정했다. 이스라엘의 행위는 예루살렘 관련 유엔 안전보장이사회의 결의안까지 위반한 것이다. 그러나 워싱턴이 눈을 찡긋하는 한 어떤 것도 문제되지 않는다.

워싱턴의 공화당 초강경파는 이스라엘의 범죄행위를 지원하는 데 훨씬 적극적이다. 《워싱턴포스트》의 글렌 케슬러Glenn Kessler는 연방 하원 내 공화당 원내대표인 에릭 캔터Eric Cantor가 "해외 원조에 대한 국민의 반발로부터 이스라엘 원조를 보호하는 새로운 해결책, 즉 다른 나라를 지원할 기금을 줄임으로써 유대 국가의 원조를 유지하는 방법을 제시했다"고 보도했다.

정착촌 확대라는 쟁점은 그야말로 양동작전이다. 진짜 쟁점은 정착촌의 존재 자체와 관련된 기반 시설의 확충이다. 이스라엘은 치밀한 계획하에 예루살렘과 텔아비브의 외곽을 포함하여 서안 지구 점령지의 40퍼센트 이상을 이미 탈취했다. 경작 가능한 땅과 주요한 수자원은 분리장벽—실제로는 합병장벽—을 사이에 두고 당연히 이스라엘 쪽에 포함시켰다.

1967년 이후 이스라엘은 국제사회의 보편적인 반대(당시에는 미국도 반대했다)에도 불구하고 안전보장이사회의 명령을 무시한 채 예루살렘의 경계 지역을 꾸준히 확대했다.

현재의 협상에서 정착촌 확장, 워싱턴의 비굴한 자세만이 우스꽝스러운 것은 아니다. 협상 구조 자체가 속임수에 불과하다. 미국은 고집스러운 두 숙적을 화해시키려는 '정직한 중재자'로 비춰진다. 그러나 한쪽에는 미국과 이스라엘이 있고, 반대편에는 전 세계가 있기 때문에 진정한 협상을 위해서는 중립적인 제3자가 협상을 중재해야 할 것이다.

35년 동안 미국과 이스라엘이 국제사회의 보편적 의견에 가까운 정치적 해결책인 국제 합의를 독불장군처럼 반대해왔다는 것은 이제 비밀도 아니다. 간혹 잠시나마 예외적인 모습을 보였지만, 거부주의로 일관해온 두 국가는 안전보다는 불법적인 확장을 선호해왔다. 워싱턴의 입장이 변하지 않는다면 정치적인 해결은 실질적으로 불가능하다. 정착촌 확장은 중동 지역은 물론이고 세계 전역에 적잖은 영향을 미치며 지금도 계속되고 있다.

2010년 12월 1일

교착 상태에 빠진
이스라엘-팔레스타인 협상을 끝내려면

이스라엘 정부는 불법적인 정착촌 확대에 열중하는 와중에도 두 가지 문제를 해결하려 애쓰고 있다. 하나는 이스라엘 자신도 '비합법'이라 인식한 사건을 전 세계에 알리려는 운동—즉 이스라엘의 범죄행위 및 그 범죄행위에의 참여를 반대하는 것—이고, 다른 하나는 팔레스타인의 합법화를 추진하는 운동이다.

현재 신속하게 추진되고 있는 '비합법화' 운동은 2010년 12월 인권 단체 휴먼 라이츠 워치Human Rights Watch가 미국에게 "이스라엘의 정착촌 계획을 지원한 액수만큼 이스라엘의 지원을 중단"하고, 면세 받은 미국 기업들이 차별 금지 등 국제법을 위반한 채 이스라엘을 지원하는지 감시하라고 촉구하면서 진척되었다. 그야말로 원하는 목표를 달성하기 위해서 인권 단체가 온갖 수단을 동원한 셈이었다. 국제사면위원회에서는 이스라엘로의 무기 수출 금지를 오래전에 촉구한 터였다.

팔레스타인 합법화의 경우도 2010년 12월 아르헨티나와 볼리비아,

브라질이 팔레스타인 국가(가자 지구와 서안 지구)를 인정했고, 이에 동조한 국가가 100개국을 넘어서면서 비약적인 성과를 거두었다.

국제 변호사 존 휘트벡John Whitbeck의 추정에 따르면, 전 세계 인구의 80~90퍼센트가 팔레스타인을 국가로 인정한 나라에 거주하는 반면에 코소보공화국을 국가로 인정한 나라에 거주하는 인구의 비율은 10~20퍼센트에 불과하다.

미국은 코소보공화국은 인정하지만 팔레스타인 국가는 인정하지 않는다. 따라서 휘트벡이 격주간지 《카운터펀치Counterpunch》에 기고했듯이, 언론은 "코소보의 독립은 기정사실인 양 받아들이지만 팔레스타인의 독립은 이스라엘과 미국의 동의가 없으면 결코 실현될 수 없는 열망에 불과한 것인 양 취급한다". 강대국의 입김이 국제사회에 고스란히 반영된 결과이다.

이스라엘이 서안 지구에 건설한 정착촌의 엄청난 규모 때문에, 두 국가론이라는 국제 합의는 이미 물 건너갔거나 잘못된 판단이라는 주장이 10여 년 전부터 꾸준히 제기되었다(하지만 대부분의 국가는 그런 주장에 동의하지 않는다). 따라서 팔레스타인 문제에 관심 있는 사람들은 아예 서안 지구 전부를 이스라엘에게 넘겨주면 남아프리카공화국에서의 반反아파르트헤이트 투쟁과 같이 그곳의 아랍 사람들은 결국 완전한 시민권을 인정받게 될 것이라고 주장해야 마땅하다.

이런 주장은 이스라엘과 이스라엘의 보호자 미국이 서안 지구의 완전한 인수에 동의할 것이라는 전제에서 출발하지만, 이스라엘은 현재 개발 중인 서안 지구의 일부, 즉 대략 절반만 합병하고 나머지 지역에 대해서는 "인구 분포의 문제"—유대 국가에 비유대인이 지나치게 많다는 것—를 핑계로 어떤 책임도 떠안지 않는다는 프로그램을 계속 추진할 가능성이 훨씬 높다. 물론 그 과정에서 팔레스타인의 나머지 지역과 완전히 분리하기 위해 가자 지구 봉쇄를 더욱 강화할 것이다.

이스라엘과 남아프리카공화국의 비교는 주목할 만하다. 아파르트헤이트가 시행되던 때 남아프리카의 민족주의자들은 국제사회에서 점점 버림받고 있음을 깨달았다. 1958년 에릭 라우^{Eric Louw} 외무장관은 미국 대사에게, 남아프리카공화국이 세계 패권국인 미국의 지원을 받는 한 유엔의 규탄이나 그 밖의 항의는 걱정할 바가 아니라고 말했다. 라우 장관의 지적은 정확했다.

1970년대에 유엔은 남아프리카공화국에 대한 무기 금수를 결의했고, 곧이어 불매운동과 투자철회운동이 뒤따랐다. 남아프리카공화국은 철저하게 계산대로 대응했고 국제 여론은 더욱 악화되었다. 유엔과 지미 카터 대통령을 모욕이라도 하듯이, 카터가 주도한 지원 협의회^{contact group}에서 나미비아에 난민촌을 제안하려 하자, 남아프리카공화국은 앙골라의 카싱가 난민촌을 급습하는 살상극을 벌였다. 카터는 무의미한 협상을 결렬시키지 않으려고 별다른 반응을 하지 않았다.

요즘 이스라엘의 행동이 놀랍도록 이와 유사하다. 2008년 12월부터 2009년 1월까지의 가자 지구 공격과 2010년 5월에 가자로 향하던 자유의 선단 공격이 그 대표적인 예이다.

레이건 대통령도 1981년 취임 후 남아프리카공화국이 자국 내에서의 범죄행위뿐만 아니라 인근 국가로 넘어가 벌인 약탈 행위까지 지원했다. 이 정책은 레이건이 대통령 취임 때 선포한 테러와의 전쟁으로 정당화되었다. 1988년 레이건 행정부는 넬슨 만델라^{Nelson Mandela}의 아프리카민족회의를 세계에서 '가장 악명 높은 테러 집단' 중 하나라고 규정하기도 했다. 만델라는 2008년에야 워싱턴의 '테러리스트 명단'에서 삭제되었다. 남아프리카공화국은 거만했고, 내부의 적들을 분쇄해서 의기양양하기까지 했다. 이 모든 것이 전 세계에서 유일하게 중요한 나라, 미국에서 견실한 지원을 받은 덕분이었다.

얼마 지나지 않아 미국의 정책이 바뀌었다. 미국과 남아프리카공화국의 대기업들이 계급 구조는 유지하되 아파르트헤이트라는 부담을 떨쳐내는 편이 더 낫다는 걸 깨달았기 때문이다. 그리고 곧 아파르트헤이트는 붕괴되었다.

미국이 범죄행위 지원을 중단함으로써 급속히 중대한 변화가 일어난 최근 사례로 남아프리카공화국만 있는 것은 아니다. 동티모르가 또 다른 사례이다. 미국은 영국과 다른 동맹국의 도움을 받아 인도네시아의 1975년 침략을 강력하게 지원했다. 그 결과 동티모르에서는 끔찍한 학살극이 시작되어 1999년까지 계속되었다. 물론 1999년 이전의 학살극이 훨씬 잔혹했지만, 1999년에 인도네시아가 저지른 잔혹 행위는 NATO가 공습하기 전 세르비아에서 자행된 학살의 수준을 훌쩍 넘어섰다. 인도네시아마저도 동티모르를 절대 떠나지 않겠다고 선포했을 정도로 거만하기 그지없었다. 1999년 9월 중순, 클린턴은 국내외 압력이 거세지자 그동안의 정책 방향을 포기하고 게임이 끝났다고 선언했다. 그러자 인도네시아 군대는 동티모르에서 부랴부랴 철수했다. 따라서 오스트레일리아를 중심으로 한 평화유지군이 아무런 방해도 받지 않고 동티모르에 들어갈 수 있었다. 결국 중요한 것은 힘이다.

이스라엘의 경우에도 이런 변화가 일어나 외교적 해결의 발판을 놓을 수 있을까? 장애가 많겠지만, 1967년부터 끈끈한 관계를 맺어온 미국과 이스라엘의 군부 및 정보기관의 연대가 가장 큰 걸림돌이 될 것이다.

이스라엘의 범죄행위를 가장 노골적으로 지지하는 집단은 기업계이다. 미국의 첨단산업계는 이스라엘의 첨단산업계와 한통속이라고 말해도 과언이 아니다. 일례로 세계 최대의 마이크로칩 제조사인 인텔은 현재 이스라엘에 최첨단 생산 시설을 설치하고 있다.

위키리크스가 공개한 미국의 한 외교 전문에 따르면, 이스라엘 북서부의 도시 하이파에 있는 라파엘 군수회사는 집속탄을 생산하기 때문에 미국의 이익에 몹시 중요하다고 여겨지는 기업 중 하나이다. 라파엘은 미국의 원조와 시장에 더 효과적으로 접근하기 위해 생산 시설 일부를 이미 미국으로 이전했다. 이 밖에도 기업계와 방위산업체의 압력단체에 비하면 아무것도 아니지만, 이스라엘의 이익을 대변하는 강력한 압력단체들도 있다.

문화적 사실들도 중요하다. 기독교 시온주의*가 시기적으로 유대교 시온주의보다 훨씬 앞서고, 기독교 시온주의자의 숫자는 성경이 거짓 없는 진실이라 믿는 미국인의 3분의 1을 넘는다. 영국의 에드먼드 앨런비Edmund Allenby 장군이 1917년 예루살렘을 정복했을 때 영국 언론에서는 그를 이교도들에게서 성지를 구해낸 사자심왕獅子心王 리처드라고 칭송했을 정도였다.

● 유대교 시온주의Jewish Zionism는 팔레스타인 지역에 유대인 국가를 건설하는 것이 목적인 민족주의 운동이고, 기독교 시온주의Christian Zionism는 유대인이 예루살렘으로 돌아와 이스라엘 국가를 세우는 것이 성경에서 예언되었다는 일부 기독교인들의 믿음이다. 기독교 시온주의라는 단어는 20세기 중반부터 흔히 쓰였으며, 그 이전에는 '회복주의Restorationism'라 불렸다.

유대인들은 주님이 그들에게 약속한 본향으로 돌아가야만 한다. 프랭클린 루스벨트 시대의 내무장관 해럴드 이커스Harold Ickes는 엘리트 계급의 생각을 대변해서, 유대인의 팔레스타인 점령을 "인류 역사에서 비교할 데가 없는" 위대한 성취라고 말했다. 이와 유사한 생각들이 미국 엘리트 계급에게 중대한 영향을 미쳤다.

식민 사회에 정착한 사람들에 대한 본능적인 동정심도 무시할 수 없다. 거슬러 올라가면, 미국인들도 자격 없는 원주민들이 잘못 사용하던 땅에 문명을 전달했기 때문이다. 이런 오만한 생각은 수 세기 계속된 제국주의, 특히 때때로 '앵글로스피어'*라 불리는 국가들에 깊이 뿌리내린 믿음이다. 앵글로스피어는 한결같이 영국의 곁가지들로 식민지 사회에 정착한 국가들이며, 이스라엘의 폭력과 확장을 강력하게 지지한다는 공통점을 갖는다.

교착상태에 빠진 이스라엘과 팔레스타인의 대화를 원할히 하려면 미국이 고집스러운 두 숙적을 필사적으로 화해시키려는 '정직한 중재자'라는 지배적인 환상부터 깨뜨려야 한다. 또 미국-이스라엘과 나머지 세계 간에 진지한 협상이 이루어져야 한다는 걸 깨달아야 한다.

미국의 권력 중심이 여론의 압력을 받아 수십 년간의 해묵은 거부주의를 포기할 때, 요원하게만 보이던 많은 전망들이 별안간 가능해질 수 있다.

2011년 1월 1일

• Anglosphere. 가치와 문화를 공유하면서 정치·경제·군사적으로 뭉치는 영어권 국가들을 일컫는 용어.

아랍 세계가 불타고 있다

알자지라는 2011년 1월 27일 "아랍 세계가 불타고 있다"며 서구 연합군이 중동 전역에서 "영향력을 급속도로 상실해가고 있다"고 보도했다.

튀니지에서 대대적인 봉기가 일어나 미국이 지원한 독재자를 몰아냈고 그 충격이 주변 국가들로 번져 나갔다. 특히 이집트에 큰 영향을 미쳐 시위대가 독재자의 무자비한 경찰들까지 제압했다.

평론가들은 이번 사건을 1989년 동유럽 혁명에 비교했지만, 중대한 차이가 있다. 무엇보다 아랍 독재자들을 지원하는 강대국들에는 미하일 고르바초프 같은 인물이 없다. 미국과 동맹국들은 관습화된 원칙, 즉 민주주의는 전략적이고 경제적인 목표에 부합할 때만 인정할 수 있다는 원칙을 고수할 뿐이다. 적절히 길들여지지 않은 민주주의는 적의 영토에서는 어느 정도는 괜찮지만, 우리 뒷마당에서는 허용되지 않는다는 원칙이다.

1989년의 루마니아 혁명과 비교한다면 그런대로 타당성이 있다. 위싱턴은 루마니아의 독재자 그리고 동유럽 독재자 중에서 가장 악랄했던 니콜라에 차우셰스쿠 Nicolae Ceaușescu를 집요하게 지원했지만, 약속을 지킬 수 없는 지경이 되자 과거를 깨끗이 지워내고 그의 실각을 환영했다.

이런 원칙은 미국의 전형적인 패턴이다. 필리핀의 페르디난드 마르코스 Ferdinand Marcos, 아이티의 장 클로드 뒤발리에 Jean-Claude Duvalier, 한국의 전두환, 인도네시아의 수하르토 Suharto 등 많은 독재자들에게 똑같이 적용된 원칙이다. 이집트의 호스니 무바라크 Hosni Mubarak의 경우도 같은 전철을 밟을 가능성이 크며, 후임 정권이 공인된 길에서 너무 멀리 벗어나지 않도록 하기 위한 관례적인 노력이 더해질 것이다. 당장은 무바라크의 충복이자 얼마 전 부통령에 지명된 우마르 술라이만 Omar Suleiman이 희망인 듯하다. 그러나 국민만이 아니라 독재자 무바라크도 오랫동안 정보기관 수장을 지낸 술라이만을 싫어한다는 게 문제다.

이른바 전문가들은 급진적인 이슬람을 두려워한 나머지 실리적인 차원에서 민주주의를 (부득이하게) 반대할 필요가 있다고 입을 모은다. 전혀 틀린 말은 아니지만 약간 오해의 소지가 있는 주장이다. 미국이 가장 두려워하는 것은 언제나 독립이다. 아랍 세계에서 미국과 동맹국들은 세속적 민족주의의 위협을 예방하기 위해서 급진적인 이슬람주의자들을 꾸준히 지원해왔다.

가장 널리 알려진 예가 사우디아라비아이다. 사우디아라비아는 이념적으로 급진적인 이슬람의 중심이고, 이슬람 테러의 모체이다. 또 다른 예로는 파키스탄의 독재자 중에서도 가장 잔혹했고 레이건의 총애를 받았던 무함마드 지아 울하크 Muhammad Zia ul-Haq가 있다. 지아 울하크는 사우디아라비아로부터 자금 지원을 받아 급진적 이슬람화를 추진했다.

현재 카네기 국제평화재단 Carnegie Endowment for International Peace 의 중동 연구 책임자인 마르완 무아셰르 Marwan Muasher 전 요르단 부총리는 "아랍 세계에는 '잘못된 것은 없고 모든 것이 잘 관리되고 있다'는 말이 예부 터 회자되어왔다. 이런 생각에 사로잡힌 보수 세력은 개혁을 요구하는 반대자들과 외부인들이 현지 상황을 과장하고 있다고 주장한다"고 말 했다.

따라서 대중의 주장은 고려할 가치가 없다. 이런 믿음은 먼 과거에 도 있었으며 세계 전역, 심지어 미국 본토에서도 일반화되어 있다. 사 회·정치적으로 불안한 사건이 터지면 전술적 변화가 필요하겠지만 언 제나 통제를 회복할 목적에서 이루어져야 한다.

튀니지를 휩쓴 격정적인 민주화 운동은 "표현의 자유와 결사의 자유 를 억압하고 심각한 인권 문제를 지닌 경찰국가", 또 가족들까지 뇌물 과 부패에 찌들어 국민에게 미움받는 독재자가 지배하는 국가에 대한 거부였다. 방금 인용한 구절은 튀니지 주재 미국 대사인 로버트 고덱 Robert Godec 의 평가로, 위키리크스가 폭로한 2009년 7월 전보문 중 일부 이다.

이런 평가들에 근거해 일부 평론가는 "위키리크스가 폭로한 자료 들 덕분에 미국 국민은 공무원들이 의무를 게을리하지 않는다며 안도 했다"고 주장하기도 했다. 실제로 해외 전문들이 미국의 정책들과 너 무나 완벽하게 일치해서 오바마가 일부러 그 전문을 누설한 것이 아 닌가 의심되기도 한다(실제로 격월간 잡지 《내셔널 인터레스트》의 수석 편 집자 제이컵 하일브룬 Jacob Heilbrunn 이 관련 글을 쓰기도 했다). 《파이낸셜타 임스》는 1면 기사 제목을 "미국은 어산지 Julian Assange 에게 훈장을 주어

야 한다"고 뽑았고, 이 신문의 외교정책 분석가인 기디언 래치먼^{Gideon}
Rachman은 "미국의 외교정책은 원칙에 근거하고 이성적이며 실리적인
것처럼 보인다. …… 특정 쟁점에 대한 미국의 공식적인 입장은 대체로
개인의 입장이기도 하다"라고 썼다. 이런 관점에서 위키리크스의 폭로
를 보면, 워싱턴이 번질나게 주장하는 고결한 의도에 의문을 제기하는
'음모론'이 무색해진다.

　고덱 대사의 전문은 이런 판단을 뒷받침한다. 적어도 자세히 보지 않
는다면 그렇다. 하지만 외교정책 분석가 스티브 주니스가 《포린 폴리시
인 포커스^{Foreign Policy In Focus}》에 썼듯이, 자세히 보면 고덱 대사의 전보
문에 담긴 정보 외에도 워싱턴이 튀니지에 1,200만 달러 상당의 군사원
조를 했다는 사실을 확인할 수 있다. 공교롭게도 튀니지는 미국에게 군
사원조를 받는 다섯 국가 중 하나였다. 나머지 네 나라는 당연한 소리
겠지만 이스라엘, 중동의 두 독재국가 이집트와 요르단, 그리고 오래전
부터 서반구에서 최악의 인권 탄압 기록을 자랑하지만 미국에게 가장
많은 군사원조를 받는 콜롬비아이다.

　하일브룬이 제시한 증거물은 역시 누출된 전문에서 밝혀진 내용으
로, 이란을 표적으로 삼는 미국 정책에 대한 아랍 국가들의 지지이다.
언론이 흔히 그렇듯이, 래치먼도 이 사례를 언급하며 위키리크스의 폭
로를 고무적이라 평가하며 환영했다. 이런 반응에서, 교육받은 계층의
민주주의에 대한 경멸이 얼마나 심각한지 짐작할 수 있다.

　국민의 생각은 거의 보도되지 않지만, 조금만 노력하면 관련 자료를
쉽게 구할 수 있다. 브루킹스 연구소가 2010년 8월에 발표한 여론조사에
따르면, 이란이 위협적인 존재라는 워싱턴과 서구 세계 평론가들의 주장

에 동의하는 아랍인은 10퍼센트에 불과하다. 오히려 아랍인들은 미국과 이스라엘이 주된 위협이라 생각한다(차례대로 77퍼센트와 88퍼센트).

워싱턴의 정책에 아랍인들은 무척 적대적이어서, 과반수(57퍼센트)가 이란이 핵무기를 보유하면 중동 지역이 더 안전해질 거라고 대답했다. 하지만 마르완 무아셰르가 말했듯이 "아랍 세계에는 잘못된 것이 없고 모든 것이 잘 관리되고 있다"는 환상이 팽배하다. 독재자들이 우리 편이다. 독재자들이 다스리는 백성은 무시해도 상관없다. 그 백성들이 사슬을 끊고 덤벼들면 그때 정책을 조정하면 된다.

그 밖에 폭로된 내용들도 워싱턴의 고귀한 의도에 대한 광신적인 판단을 뒷받침하는 듯하다. 2009년 7월, 온두라스 주재 미국 대사 우고 요렌스는 "6월 28일 마누엘 셀라야 대통령의 강제 축출에 관련된 법률적이고 헌법적인 쟁점"을 조사해서 워싱턴에 전달했다. 이 조사에서 온두라스 주재 미국 대사관은 "군부와 대법원 및 의회가 6월 28일 행정부를 축출하기 위한 불법적이고 위헌적인 쿠데타를 공모한 것이 확실하다"고 결론지었다. 오바마 대통령이 쿠데타 정권을 지지하고 쿠데타 후에 저지른 잔혹 행위에는 눈을 감음으로써 라틴아메리카 및 유럽의 거의 모든 국가와 멀어지기 시작했다는 점을 제외하면 무척 바람직한 결과였다. 외교정책 분석가 프레드 브랜프먼Fred Branfman이 진보 성향의 웹진 《트루스디그Truthdig》에 기고했듯이, 위키리크스가 폭로한 가장 충격적인 문서는 파키스탄과 관련된 문서일 것이다. 폭로된 문서에 따르면, 워싱턴이 아프가니스탄과 파키스탄에서 벌인 전쟁으로 인해 그렇잖아도 팽배한 반미주의가 더욱 거세지고 파키스탄 국가를 더욱 불안정한 상태에 몰아넣을 위험이 있으며 최악의 악몽, 즉 핵무기가 이슬람 테러리스트들의 손에 들어갈 위험까지 높아질 수 있다는 걸 파키스탄 주재 미국 대사관은 분명히 알고 있다.

위키리크스에서 폭로한 "자료들은 미국 국민에게 공무원들이 의무를 게을리하지 않는다는 안도감을 주지만"(하일브룬), 그사이에도 워싱턴 은 재앙을 향해 꿋꿋하게 치닫고 있다.

2011년 2월 1일

카이로 – 매디슨 커넥션

2011년 2월 20일, 이집트의 노동조합 지도자로 1월 25일 혁명을 주도한 카말 아바스^{Kamal Abbas}는 위스콘신의 노동자들에게 "여러분이 우리 편이듯 우리도 여러분의 편입니다"라는 메시지를 보냈다.

이집트 노동자들은 미국의 지원을 받은 호스니 무바라크 정권하에서 기본권을 보장받기 위해 오랫동안 투쟁해왔다. 카말이 전 세계에 노동운동의 원동력인 연대를 호소하고 또 노동권을 위한 투쟁과 민주주의를 비교한 것은 정확한 판단이었다.

노동권과 민주주의는 서로 밀접한 관계가 있다. 노동운동은 민주주의와 인권을 지키고 그 영역을 확대하는 데 가장 중요한 요건이다. 이런 이유에서 노동운동은 정부와 민간 기업이라는 두 권력 체제에는 골칫거리이다.

이집트와 미국의 노동 투쟁이 역사적으로 일치하는 부분도 있겠지만 현재로서는 정반대 방향을 향하고 있다. 이집트에서는 노동자들이 이런저런 권리들을 차근차근 확보해가고 있는 반면에, 미국에서는 노동자들이 무자비한 공격을 받으며 기존 권리를 지키기 급급한 실정이다. 따라서 두 나라의 사례를 면밀히 검토해볼 필요가 있다.

1월 25일 봉기의 기폭제는 테크놀로지 기기에 익숙한 젊은이들이 주도한 2008년의 4월 6일 항거였다. 뉴욕 대학교 박사과정 학생으로 노동운동 분석가인 나다 마타^{Nada Matta}의 분석에 따르면, 4월 6일 항거는 2008년 봄에 "마할라에서 파업 중이던 섬유 노동자들과 연대"해서 일어났다.* 국가 폭력으로 인해 파업과 연대는 실패로 끝났지만, 마할라는 "무바라크 체제에 대한 저항과 도전의 상징"이 되었다. 특히 노동자들의 요구가 지역적인 문제를 넘어 이집트 모든 노동자를 위한 최저임금으로까지 확대되었기 때문에 마할라 파업은 독재 정권에게 특히 위협적이었다.

마타의 분석은 미국에서 손꼽히는 이집트 노동운동 권위자인 조엘 베이닌^{Joel Beinin}의 글에서도 확인된다. 베이닌의 판단에 따르면, 이집트 노동자들은 오랜 투쟁을 거치는 과정에서 연대를 구축해왔기 때문에 쉽게 결집할 수 있다.

노동자들이 1월 25일 혁명에 참여한 것이 지배계급에게는 결정타가 되었다. 군 사령부는 무바라크의 하야를 요구했다. 이집트 민주화 운동의 위대한 승리였다. 하지만 국내외적으로 아직 많은 장애물이 남아 있다.

---

* 마할라는 카이로에서 북쪽의 산업 도시로, 카이로에서 차로 2시간 30분가량 걸린다. Nada Matta, The Egyptian Uprising and Workers' Grievances, *ZNet*, 2011년 2월 17일.

외적인 장애물이 무엇인지는 명확하다. 미국과 동맹국들이 아랍 세계에서 제대로 작동하는 기능적 민주주의를 쉽사리 용납하지 않는다는 것이다. 그 증거로 이집트를 비롯한 중동 전역에서 실시된 여론조사 결과를 보자. 압도적 다수가 이란이 아니라 미국과 이스라엘을 주된 위협이라 생각한다. 심지어 이란이 핵무기를 보유하면 중동 지역의 상황이 더 나아질 거라고 생각하는 사람이 대다수이다. 다른 많은 이유가 있지만, 바로 이런 이유에서도 워싱턴과 그 동맹들은 여론이 정책에 반영되는 걸 원하지 않는다. 그것이 기능적 민주주의의 기준인데도 말이다.

학계에서도 인정하듯이 워싱턴이 전통적인 정책, 즉 민주주의는 전략적이고 경제적인 목표에 부합할 때만 허용할 수 있다는 정책을 고수할 가능성이 아주 높다. 미국의 '민주주의에 대한 열망'은 허구에 불과해서 이론과 프로파간다에만 존재할 뿐이다.

미국의 민주화 과정은 상당히 복잡하다. 제2차 세계대전 이후 미국은 전례 없는 성장을 누렸다. 당시에는 평등주의가 널리 퍼져 있었고, 대부분의 국민이 혜택을 누릴 수 있는 법률들이 제정되었다. 이런 추세는 리처드 닉슨 시대까지 계속되었지만, 결국 닉슨 시대에 자유주의 시대는 막을 내리고 말았다. 그 사이 1960년대에는 민중의 행동주의가 확대되어 민주적 참여도 활발했다.

1960년대의 행동주의에 따른 민주화의 영향과 닉슨의 계급 배반*에 대한 반발은 거의 곧바로 시작되었다. 반자유주의적인 법안을 입안하

• 지배계급의 의도와 달리 환경보호청과 직업안전보건국을 신설하고 근로 장려 세제 등의 조치를 도입한 사례를 가리킨다.

려는 압력이 급속히 커졌고, 다양한 이데올로기 성향을 지닌 사람들을 사로잡기 위한 우익 싱크탱크가 줄지어 설립되었다. 그 밖에도 많은 조치가 있었다.

경제의 흐름도 급격히 금융 중심으로 변했고, 생산 시설이 해외로 빠져나갔다. 게다가 상위 1퍼센트, 더 정확히 말하면, 그 1퍼센트 중에서도 극히 일부, 최고경영자와 헤지펀드 대표 같은 사람들의 부가 급격히 증가하면서 불평등이 심화되었다. 반면에 국민 대다수의 실질임금은 정체 상태를 벗어나지 못했다. 대부분의 사람들이 노동시간을 늘렸고, 빚과 자산 인플레이션에 의존해야 했다. 따라서 8조 달러의 주택 시장에 거품이 생겼지만 연방준비제도이사회와 거의 모든 경제학자가 효율적 시장이라는 도그마에 홀려 그런 주택 시장의 거품을 간과했다. 결국 거품이 터지자 거의 대공황 수준으로 경제가 무너져 특히 제조업 노동자를 비롯한 많은 노동자에게 영향을 미쳤다.

부의 집중은 정치력으로 이어졌고, 정치력은 조세정책, 규제 완화, 기업 지배 구조와 관련된 법 등 초부유층의 특권을 더욱 강화하는 법 제정으로 이어졌다. 이런 악순환과 함께 선거비용도 급격히 증가했다. 따라서 양대 정당은 기업계의 비위를 맞출 수밖에 없는 처지가 되었다. 공화당은 반사적으로 기업계의 요구에 영합했고, 민주당(이제는 초기에 온건했던 공화당과 비슷하다)은 기업계의 꽁무니를 바싹 뒤쫓았다.

1978년 전미 자동차 노동조합United Auto Workers의 더글러스 프레이저Douglas Fraser 위원장은 기업계 지도자들이 "이 나라에서 일방적인 계급 전쟁, 즉 우리 사회의 노동자와 실업자, 빈곤층과 소수집단, 청년과 노인, 심지어 다수의 중산층을 상대로 전쟁을 벌이기로 결정"했고, "성장과 진보의 시기가 도래하자 기존의 연약한 불문 협약을 깨뜨려 폐기했다"고 비난을 퍼부었다. 정확한 지적이었지만, 너무 때늦은 깨달음이었다.

기업 프로파간다 연구의 개척자인 앨릭스 케리^{Alex Carey}가 《민주주의에서 위험을 덜어내려면^{Taking the Risk Out of Democracy}》에서 말했듯이, 1930년대 노동자들이 기본권을 쟁취했을 때 기업 지도자들은 "민중의 정치력이 확대되는 상황에서 기업가들이 직면할 위험"을 경고하며, 그런 위험을 물리치기 위한 화급한 대책을 촉구했다. 기업가들은 무바라크만큼이나, 노동조합이 권리와 민주주의를 신장하는 첨병이라는 사실을 잘 알고 있었다. 미국에서도 노동조합은 기업 독재를 견제하는 주된 저항 세력이었다.

이제 미국에서 민간기업의 노동조합은 정부와 기업계의 집중적인 공격 아래 심각할 정도로 약화되었다. 얼마 전부터는 우파의 반대 세력이 금융산업과 정부에서 일하는 금융계 패거리들이 야기한 경제 위기를 악용해서 공공 부문의 노동조합을 매섭게 공격하기 시작했다.

민중의 분노가 금융 위기의 주범들에게 향하지 않도록 딴 데로 돌려야 한다. 그 주범들이 금융 위기를 이용해서 돈벌이를 하고 있기 때문이다. 경제지의 보도에 따르면 골드만삭스는 "작년에 임직원들에게 175억 달러를 보너스로 지급했고", 특히 최고 경영자 로이드 블랭크페인^{Lloyd Blankfein}에게는 1,260만 달러를 보너스로 주었으며 기본급도 세 배로 올려 200만 달러로 정했다.

대신, 프로파간다는 두둑한 봉급과 과도한 연금을 보장받는 교사를 비롯한 공공 부문의 노동자들에게 죄를 뒤집어씌워야 한다. 모든 것이 거짓말이다. 우리에게 너무나 익숙한 양식에 따라 조작된 거짓말이다.

공화당 출신이든 민주당 출신이든 다른 주지사들과 마찬가지로, 스콧 워커Scott Walker 위스콘신 주지사도 긴축의 고통을 함께 나누어야 한다고 목소리를 높인다. 물론 누구나 알듯이 예외적인 집단이 있다.

이런 프로파간다는 지금까지 상당한 효과를 거두었다. 워커는 파렴치하게 노동조합을 분쇄하려고 시도할 때 세력이 상당한 소수의 지원을 기대할 수 있을 것이다. 재정 적자를 핑계로 내세우지만, 그것은 새빨간 거짓말에 불과하다.

여러 면에서 민주주의의 운명은 카이로의 타흐리르 광장에 못지않게 위스콘신의 매디슨에도 걸려 있다.*

2011년 3월 1일

* 2011년 2월 미국 위스콘신 주의 주도州都 매디슨에서는 공화당 소속 스콧 워커 주지사의 반反공무원 노조법에 반대하는 시위가 있었다. 공무원들의 단체교섭권을 인정하지 않는 법안이 3월 10일에 위스콘신 의회에서 통과되었다.

리비아와 석유 세계

2011년 3월, 시에라리온 내전*에서 찰스 테일러 ^{Charles Taylor} 전 라이베리아 대통령이 저지른 범죄를 심판하기 위한 국제재판소의 재판에서 검찰 측은 증거 제출과 논고를 끝냈다.

수석 검사인 미국의 법학교수 데이비드 크레인 ^{David Crane} 은 런던《타임스 ^{The Times}》와의 인터뷰에서 이번 사건은 아직 끝나지 않았다고 말했다. 검사들이 리비아의 최고 지도자 무아마르 카다피 ^{Muammar Qaddafi} 를 기소할 예정이라며 크레인은 "120만 명을 불구로 만들고 학살한 궁극적인 책임"은 카다피에게 있다고 말했다. 그러나 기소는 힘들 것이다. 미국과 영국 및 몇몇 국가가 기소를 막으려고 끼어들었기 때문이다. 그

• 1985년 시에라리온의 일당제 선거에서 독재 정권이 지명한 후보가 대통령에 당선되자 반정부 세력인 혁명연합전선이 라이베리아를 거점으로 무력 투쟁을 개시했다. 이 과정에서 찰스 테일러 라이베리아 대통령이 '피의 다이아몬드'를 받은 대가로 반정부 세력에게 무기를 제공했다. 2001년 반군 무장해제로 인해 내전이 종결되었으며, 2005년 평화유지군도 공식 철수했다.

이유를 묻자, 크레인 검사는 "석유 세계 때문이다"라고 대답했다.

얼마 전에는 런던 정치경제대학 학장이던 하워드 데이비스^{Howard}
^{Davies}가 카다피 때문에 피해를 보았다. 해당 대학교와 리비아 독재자의
관계를 폭로하는 바람에 학장직에서 물러나야 했기 때문이다.

매사추세츠의 케임브리지에 본부를 둔 모니터그룹^{Monitor Group}은 하
버드 대학교 경영대학원 교수들이 설립한 경영 컨설턴트 회사로, 카다
피의 주옥같은 말씀을 대중에게 알리기 위해―저명한 국제 전문가들
이 그 위대한 인물이 대화를 하자고 해 리비아로 불려갔다―책을 편찬
하고, "리비아에 대한 카다피의 국제사회의 평가를 고양시키려는" 노력
들을 인정받아 두둑한 보상을 받았다.

석유 세계라는 배경은 이 지역과 관련된 문제에서 떼어놓고 생각할 수
없다. 아랍 세계에서 눈에 띄게 증가한 민주화 운동에 대한 서구 세계의
반응은 석유 세계를 기준으로 가늠해볼 수 있다. 믿을 만한 산유국 독재
자에게는 무제한의 자유가 보장된다. 사우디아라비아가 2011년 3월 5일
"사우디아라비아 왕국에서는 모든 형태의 시위와 행진, 연좌시위를 법
과 규정으로 금지한다. 샤리아* 원칙 및 사우디의 관습과 전통에 반대
하는 시위도 금지한다"고 선포했을 때 서구 사회에서는 별다른 반응이
없었다. 사우디 왕국은 치안 부대를 대거 동원해 시위 금지 조치를 엄
격하게 시행했다.

쿠웨이트에서는 소규모 시위들이 폭력적으로 진압되었다. 또 소수
수니파가 집권한 군주국 바레인에서는 시아파 및 다른 정치 세력이 민

● 이슬람교의 코란을 바탕으로 한 법체계로, 알라가 무함마드에게 내린 종교적 규칙이다.

주적 개혁 요구로 집권 세력을 위협하지 못하도록 사우디아라비아의 주도하에 군대가 개입했고 무력 진압을 했다. 바레인은 미국 제5함대의 모항인 데다, 사우디아라비아에서 시아파가 압도적으로 많은 곳이며 사우디 석유의 대부분이 매장된 지역에 접근이 가능한 요충지이기 때문에 전략적으로 무척 중요하다. 우연인지 몰라도 세계에서 가장 중요한 에너지자원이 페르시아 만(아랍인들은 아랍 만이라 부른다) 북부에 집중적으로 매장되어 있다. 그런데 그 지역은 시아파가 많은 곳이어서, 서구 세계의 정책 입안자들에게는 자칫하면 악몽으로 변하기 쉬운 곳이다.

이집트와 튀니지에서 민중 봉기는 주목할 만한 승리를 거두었다. 그러나 카네기 국제평화재단이 발표했듯이, 체제는 변하지 않아 "지금까지 형성된 친민주적 동력이 억제될 것으로 보인다. 엘리트 지배계급과 지배 체제의 변화는 아직 요원한 목표"이고 서구 세계가 지향하던 목표와도 동떨어진 것이다.

리비아의 경우는 다르다. 야만적이지만 신뢰할 수 없는 독재자가 지배하는 산유국이다. 미국에 완전히 의존하는 국가가 훨씬 낫다. 비폭력적 시위가 분출하자 카다피는 곧바로 시위를 진압하고 나섰다.

2011년 3월 22일, 카다피의 보안부대가 반정부 세력의 거점 도시인 벵가지로 진격하자, 오바마의 중동 담당 수석 보좌관 데니스 로스Dennis Ross는 학살극이 벌어지면 "모두가 우리에게 비난의 화살을 돌릴 것"이라고 대통령에게 조언했다. 그런 비난은 받아들이기 힘든 결과였다.

서구 세계는 카다피가 반란 세력을 진압함으로써 자신의 힘과 독자적 생존력을 과시하는 꼴을 보고 싶지 않았을 것이다. 따라서 미국은 비행금지구역을 설정하고 시민들을 보호하기 위해 조치를 취하자는 유엔 안전보장이사회의 결정에 적극적으로 참여했다. 그리고 프랑스와 영국과 미국, 즉 전통적으로 제국주의적인 성향을 띤 세 국가가 그 조치를 주도적으로 시행했다(리비아 국민은 물론이고 많은 사람이 기억하겠지만, 제1차 세계대전 이후 이탈리아는 리비아 동부 지역에서 대량 학살에 가까운 만행을 저질렀다).

비행금지구역을 설정한 덕분에 대량 학살은 막았지만, 위의 세 나라는 즉각적으로 유엔 결의안을 거부했고, 이는 반정부 세력을 직접 지원하겠다는 것으로 해석되었다. 카다피의 보안부대에게는 발포를 중단하라고 요구했고, 반정부 세력은 서방 세계의 도움을 받아 서쪽으로 진격할 수 있었다. 곧 반정부 세력은 리비아의 주요 유전들을 확보했다. 적어도 일시적으로는.

2011년 3월 28일, 런던에서 발간되는 아랍 일간지 《알-쿠즈 알-아라비*Al-Quds Al-Arabi*》는 서방 세계의 간섭으로 리비아가 "두 국가, 즉 반정부 세력이 장악하고 유전이 몰려 있는 동부 지역과 카다피가 지배하는 가난에 찌든 서부 지역"으로 분할될 가능성이 있다면서 "유전이 안전하게 확보되었다는 점을 고려하면 앞으로 우리는 드문드문 흩어져 살며 서구 세계에게 보호받는 리비아 에미레이트, 즉 페르시아 만의 왕족 국가들과 무척 유사한 국가를 맞이하게 될지도 모른다"고 경고했다. 그렇지 않으면, 반군 세력이 서구 세계의 지원을 받아가며 골칫덩이인 독재자를 제거하기 위한 지루한 투쟁을 계속해야 할지도 모른다.

서구 세계가 카다피 정권하에서도 석유를 충분히 확보했기 때문에, 석유가 리비아 문제에 간섭하는 동기일 수 없다고 흔히들 주장한다. 논리적으로는 맞지만 현실에는 부합하지 않는 주장이다. 사담 후세인 시대의 이라크나, 오늘날의 이란과 쿠바의 경우도 다를 바가 없다.

서구 세계의 목적은, 부시가 이라크 침략의 목적을 더는 감출 수 없게 되었던 2007, 2008년에 이라크에 관련해 했던 발언에서 찾을 수 있다. 지배하거나, 적어도 의존국으로 만드는 것이 목적이다. 또 리비아의 경우에는 엄청난 석유가 매장된 것으로 추정되지만 아직 개발되지 않은 방대한 지역에 접근할 권리를 확보하려는 목적이 더해진다.

서구 강대국들은 사실상 각자 행동하고, 이 지역의 국가들—터키와 이집트—역시 서구 강대국들과 거리를 두었다. 그러나 아프리카 국가들은 브릭스 국가들BRICS(브라질과 러시아, 인도와 중국, 남아프리카공화국*)과 마찬가지로 중국에서 가진 정상회담에서 외교와 협상을 요구했다. 페르시아 만의 독재자들이라면 카다피의 몰락을 반가워할 것이다. 그러나 오일달러를 재순환시키고 복종을 보장받기 위해서 제공된 첨단 무기의 무게에 시달리면서도 그들은 협상에 소극적으로 참여할 뿐이다.

아랍의 봄이 하루아침에 찾아온 것은 아니다. 북아프리카 지역은 오래전부터 부글부글 끓고 있었다. 저항의 첫 파도는 작년 서사하라에서 시작되었다. 아프리카에서 마지막으로 독립을 선언한 서사하라는 1975년에 모로코의 침략을 받았고, 그 이후 동티모르나 이스라엘이 점령한 팔레스타인처럼 불법적으로 점령당했다.** 2010년 11월 서사하라에서

• BRICS와 BRICs(브라질과 러시아, 인도와 중국)가 구분되어 쓰인다. 남아프리카공화국이 2010년 12월 다섯 번째 정규 회원이 되면서 BRICS로 명칭이 변경되었다.
•• 서사하라는 1976년에 에스파냐의 통치가 종료되면서 사하라 아랍 민주공화국이라는 명칭으로 독립을 선언하였으나, 모로코와 영토 분쟁 중이다.

비폭력 시위가 일어났지만 모로코 군대가 무력으로 시위를 진압했다. 여기에 프랑스가 개입해 프랑스의 종속국인 모로코의 범죄행위를 조사하려는 안전보장이사회의 활동을 방해했다.

그 후, 튀니지에 저항의 불꽃이 튀었고 그 불꽃이 들불처럼 번져 북아프리카 전역으로 확대되었다.

2011년 4월 1일

노동을 공격하는
국제사회

세계 거의 전역에서 노동절은 노동자의 휴일이다. 노동절은 하루 8시간 노동을 쟁취하기 위한 19세기 미국 노동자들의 처절한 투쟁과 밀접한 관계가 있다. 노동절을 막 지내고 나자 우울한 기억이 떠오른다.

10년 전, 이탈리아의 급진적인 노동운동가들이 노동절을 기리기에 적합한 단어를 만들어냈다. '프레카리티precarity'란 단어였다. 처음에 이 단어는 사회의 주변부에 있는 노동계급—여성과 청년, 이민자—의 점점 불확실해져가는 상황을 가리키는 데 사용되었다. 그 후 의미가 확대되어 핵심 노동인구에서 점차 증가하는 '프레카리아트precariat', 즉 세계 전역에서 노동을 공격하는 방법으로 활용되는 공공연한 비난, 노동의 유연성, 규제 완화 등과 같은 프로그램으로 고통받는 '불안정한 프롤레타리아precarious proletariat'에도 적용되었다.

노동역사가 로날도 먼크Ronaldo Munck가 울리히 벡Ulrich Beck을 인용하며 '서구의 브라질화'라고 칭한 현상, 즉 "지금까지는 완전고용의 보루

였던 서구 사회에서 임시적이고 불안정한 고용 및 불연속적이고 느슨한 비정규직이 확산"되는 현상에 대한 우려가 당시 유럽에서도 커져가고 있었다. 그러나 이제 브라질에서는 그런 문제들이 악화되기는커녕 차근차근 해결되고 있어, 그런 표현은 브라질에 대한 모욕이 아닐 수 없다.

노동조합을 파괴하려는 정부와 기업의 시도가 최근에 공공 부문으로까지 확대되었다. 단체교섭권을 비롯한 기본적인 권리들을 인정하지 않는 법들이 제정되었다. 지금까지 노동자들에게 우호적이었던 매사추세츠 주에서도 주 하원이 노동절을 앞두고 경찰 공무원과 교사 및 지자체 공무원들의 건강보험에 대한 단체교섭권을 대폭 제한하는 법안을 가결했다. 민간 건강보험 체계가 제대로 기능하지 못하고 비효율적이기 그지없다는 사실을 고려하면, 건강보험은 미국에서 무엇보다 중요한 문제이다.

세계 모든 나라에서는 5월 1일 노동절이면 기본권을 쟁취하기 위해 투쟁한 미국 노동자들을 떠올리겠지만, 정작 미국에서는 호전적인 애국주의를 부추기는 휴일과 맞물려 노동절의 연대 정신이 희석된다. 5월 1일은 "미국에 대한 충성을 재확인하고, 미국의 자유라는 유산에 감사하기" 위해서 1958년에 의회가 지정한 '충성의 날'이기도 하다. 게다가 아이젠하워Dwight Eisenhower 대통령은 충성의 날이 법의 날이기도 하다고 선포하며, 매년 국기를 게양하고 '모두를 위한 정의', '자유의 초석', '정의를 위한 투쟁'에 헌신할 것을 재확인했다.

미국 달력에는 어떤 산업국가보다 짧은 휴가를 즐긴 후에 노동으로 복귀하는 것을 축하한다는 뜻에서 9월에 노동절이 있다.*

노동에 대한 미국 기업계의 흉포한 공격은 결사의 자유를 보장하는 국제 노동법의 핵심 원칙을 60년이 지나도록 비준하지 못한 워싱턴의 실패로 잘 설명된다. 법률 분석가 스티브 차르노비치^{Steve Charnovitz}는 이를 "미국 정치에서 손댈 수 없는 조약"이라 칭하며, 이 문제에 대한 어떤 논의도 없었다고 지적한다.

　국제노동기구^{ILO}가 지원하는 일부 집회를 묵살한 워싱턴의 태도는 현대판 오웰리즘의 하나인 '자유무역'이라는 이름으로 기업의 일방적인 가격 결정권을 강화하려는 워싱턴의 헌신과 뚜렷이 대비된다.

　2004년 국제노동기구는 "세계화 및 그와 관련된 정책으로 말미암아 경제·사회적 위험이 증가했다. 세계 경제체제가 한층 불안정해지고 있으며, 연금과 건강보험 개혁에도 불구하고 노동자들이 부담해야 할 위험이 더욱 가중되었기 때문이다"라고 보고했다. 그런데도 경제학자는 '대안정^{Great Moderation}'의 시기라며, 시장의 자유화, 특히 '금융시장의 규제 완화'를 기반으로 미국이 주도한 "현대사에서 가장 위대한 변화 중 하나"라고 찬사를 보냈다. 《월스트리트저널》의 편집자 제러드 베이커^{Gerard Baker}는 2007년 1월에 미국식의 자유시장을 이렇게 찬양했지만, 그로부터 수개월이 지나지 않아 경제체제가 붕괴되며 세계경제가 거의 파산 직전까지 치달았다. 물론 자유시장에 기초한 경제 신학도 뿌리째 흔들렸다.

　경제 붕괴로 미국의 실질 실업률은 대공황 시대 수준으로 높아졌는데, 현재의 정책으로는 일자리가 회복되기 힘들기 때문에 많은 면에서

●　미국의 노동절은 9월의 첫 번째 월요일이다.

대공황 시대보다 더 나쁘다고 할 수 있다. 당시에는 제2차 세계대전 동안 정부가 앞장서서 경제 활성화 정책을 추진했고, 그 후로도 국가자본주의하에서 수십 년 동안 '황금시대'를 구가하지 않았던가.

대안정기 동안 미국 노동자들은 불안정한 상황에 익숙해졌다. 미국에서는 프레카리아트의 증가가 대안정기의 주된 요인으로 자랑스레 묘사되었다. 더구나 대안정기에 경제성장은 더 둔화되었고, 국민 대다수의 실질임금은 정체되었으며, 이런 역사적 변혁의 주역들로 이루어진 극소수 집단의 탐욕은 극에 달했다.

이런 휘황찬란한 경제를 이끈 대제사장이 앨런 그린스펀이다. 경제 언론은 그의 뛰어난 관리 능력을 높이 평가하며 그를 '성인聖人'이라고 일컫기도 했다. 그린스펀은 자신의 업적을 자랑스럽게 여기며, 의회에 출석해서 "노동자의 불안정이 심화된 결과로 보상에 대한 제약이 이례적으로 증가"한 덕분에 그런 성과를 이루어냈다고 증언했다.

대안정으로 인한 재앙은 가해자인 기업에 보답하려는 정부의 영웅적인 노력으로 해소되었다. 2011년 3월 30일 구제금융 프로그램 특별 감사관에서 물러난 닐 바로프스키Neil Barofsky는 《뉴욕타임스》에 기고한 기명 칼럼에서 구제금융이 어떻게 이루어졌는지에 대해 새로운 사실을 알려주었다.*

이론적으로, 구제금융을 허용하는 입법 행위는 일종의 흥정이었다. 요컨대 납세자의 돈으로 금융기관을 구해내고, 금융기관의 악행으로 피해를 본 사람들에게는 주택 가치를 보호해주고, 이렇게 주택 보유권

---

* Neil Barofsky, "Where the Bailout Went Wrong", *The New York Times*, 2011년 3월 29일.

을 보존해주는 조치를 통해 어느 정도 보상을 하겠다는 것이었다. 이런 합의는 일부만 지켜졌다. 금융기관만이 위기를 초래한 대가로 두둑하게 보상받고, 명백한 범죄행위들을 용서받았다. 그러나 구제금융 프로그램의 나머지 부분은 완전히 무시되었다.

바로프스키는 "압류가 끝없이 늘어나고 있어서 이 프로그램이 끝날 때까지 800~1,300만 가구가 집을 압류당할 것으로 보인다"며 "반면에 거대 은행들은 위기 이전보다 20퍼센트나 성장했고, 우리 경제에 대한 지배력도 더욱 커졌다. 거대 은행들은 필요하다면 언제라도 정부가 그들을 다시 구조해줄 거라고 생각하는데, 이런 생각이 틀린 것은 아니다. 신용평가 기관들이 정부의 향후 구제금융까지 고려해서 대형 은행들을 평가하고, 힘겹게 살길을 모색하는 소형 은행들보다 훨씬 나은 이점을 대형 은행들에 제공함으로써 시장 왜곡을 악화시키고 있는 것은 사실이다"라고 덧붙였다.

간단히 말해서, 오바마 대통령의 구제금융 프로그램은 "월스트리트 경영자들에게 보낸 경품"이었고, 은행을 이용하는 무력한 피해자의 명치를 타격한 것이었다.

따라서 정부 정책의 설계와 시행에 헛되이 희망을 걸었던 사람들만이 구제금융 프로그램의 결과에 놀랐을 뿐이다. 경제력이 고도로 집중되고, 국가자본주의가 조지프 슘페터^{Joseph Schumpeter}의 표현대로 '창조적 파괴'라는 새로운 단계에 접어들었지만, 부유층과 권력층에게 더 큰 부와 힘을 안겨주는 방식에서만 창조적일 뿐이어서 나머지 국민은 법의 날과 충성의 날을 기념하며 힘겹게 살아가고 있다.

2011년 5월 2일

오사마 빈라덴에게 복수하다

2011년 5월 1일, 오사마 빈라덴의 저택을 공격한 미국은 파키스탄 영토의 침범부터 시작해서 국제법에서 규정한 기본적인 규범들을 다수 위반했다.*

　실질적으로 어떤 저항도 받지 않았다면 79명의 특공대원이 당연히 빈라덴을 생포할 수 있었을 텐데도 무장하지 않은 그를 생포하려는 시도는 없었던 것으로 보인다.

　오바마 대통령은 "정의가 이뤄졌다"고 선언했지만, 많은 나라가 이에 동의하지 않았다. 심지어 가까운 동맹들마저 고개를 저었다.

　영국 인권 변호사 제프리 로버트슨Geoffrey Robertson은 이번 작전을 전반적으로 지지했지만, 오바마의 주장을 '터무니없는 소리'라고 표현하

---

* 　버락 오바마 미국 대통령은 5월 1일 파키스탄에 있던 오사마 빈라덴의 비밀 아지트를 공격해 빈라덴의 시신을 확보했다고 발표했다.

며 과거에 헌법학 교수였던 사람이라면 저 주장이 틀렸다는 걸 알 수 있을 것이라 말했다.*

로버트슨은 파키스탄의 법과 국제법에 따르면 "정부나 국지적 군사행동에 의해 죽음이 발생하면" 반드시 조사가 뒤따라야 한다며, 오바마가 "국제법에서 요구하는 부검도 거치지 않고 빈라덴의 시신을 서둘러 바다에 수장水葬"함으로써 사후 조사 가능성마저 없애버렸다고 지적했다.

이번 사건과 관련해서 로버트슨은 우리에게 중요한 사실을 일깨워주었다. "과거에도 이런 적은 없었다. 오사마 빈라덴보다 훨씬 잔혹한 짓을 저질렀던 사람들—나치 지도자들—의 운명을 결정해야 했을 때 영국 정부는 그들을 생포하게 되면 6시간 내에 교수형을 집행하기를 바랐다. 그러나 트루먼Harry Truman 대통령은 로버트 잭슨 판사(뉘른베르크 재판의 수석 검사)의 말을 인용해 즉결 처형이 '미국의 양심에 부응하지 않으며 우리 자녀들에게 자랑스러운 행위로 기억되지도 않을 것이다. …… 시간이 허락하는 범위 내에서 감정에 좌우되지 않고 피고들의 증언을 들은 후, 우리가 그들을 기소한 이유와 동기를 명확히 남긴 기록에 근거해 피고들의 유무죄를 결정하는 것이 유일한 방책이다'라며 이의를 제기했다."

이번 공격에 대한 또 다른 시각은 중동 전문가이며 종군기자인 요쉬 드레젠Yochi Dreazen과 그의 동료들이 시사 잡지 《애틀랜틱The Atlantic》에 기고한 글에서 찾아볼 수 있다.** 그들은 미국 고위 관리의 말을 인용해서, 빈라덴의 사살이 계획된 암살이라는 결론을 내렸다.

• 버락 오바마는 1992년부터 2004년까지 시카고 대학교 법과대학원에서 헌법학을 가르쳤다.

그들은 "거의 10년 전부터 빈라덴을 추적해온 펜타곤과 CIA의 많은 직원들에게는 테러리스트를 살해하는 것이 복수를 위해 필요하고 정당한 행위였다"며 "빈라덴을 생포했다면 행정부는 상당히 성가신 법적·정치적 문제들을 떠안았을 것이다"라고 덧붙였다. 또 그들은 "미국의 급습은 명백한 국제법 위반이었고 빈라덴은 체포되어 법의 심판을 받았어야 했다"고 비난한 헬무트 슈미트 Helmut Schmidt 전 서독 총리의 말을 인용했다. 슈미트와는 대조적으로 "빈라덴이 해군 특수부대원들에게 즉각적인 위협을 가하지는 않았지만 빈라덴을 사살한 결정을 옹호"했고 또 의회에 출석해 미국의 공격은 "적법하고 합법적이며 모든 면에서 적절했다"고 증언한 에릭 홀더 Eric Holder 법무장관의 견해를 소개하기도 했다.

그들은 이번 암살을 부시와 오바마의 대테러 정책의 중대한 차이를 보여주는 가장 확실한 사례로 꼽았다. 부시는 용의자들을 생포해서 관타나모 같은 수용소로 보냈다. 그 이후의 결과는 널리 알려져서 더는 언급할 것이 없을 정도이다. 반면에 오바마의 정책은 용의자들을 죽이는 것이다. 이 과정에서 부수적 피해는 필연적이다.

복수 살인의 뿌리는 상당히 깊다. 9·11 사태의 직접적인 여파로 미국은 복수심에 사로잡혀 법과 안전은 뒷전이었다. 지하드 운동의 학계 권위자인 파와즈 게르게스 Fawaz Gerges 는《머나먼 적The Far Enemy》에서 "9·11 사태에 대한 지하드 전사들의 반응을 분석해보면, 그들은 알카에다를

●●　Yochi Dreazen, Aamer Madhani & Marc Ambinder, "The Goal Was Never to Capture bin Laden", *The Atlantic*, 2011년 5월 4일.

명백하게 거부하고 지하드의 국제화를 철저하게 반대하는 성향을 보인다. …… 알카에다는 전 세계를 상대로 한 자신들의 성전^{聖戰}에 반대하는 〔무슬림 세계의〕 사회 세력들을 결집시켰다"고 말했다.

레바논의 영향력 있는 성직자 모하메드 후세인 파드랄라^{Mohammed Hussein Fadlallah}도 원칙에 근거해서 알카에다의 잔혹한 9·11 테러를 신랄하게 비난하며 "우리는 미국 정부와 아무런 관계도 없는 개인들, 심지어 간접적인 역할을 하는 사람에게도 폭력을 행사해서는 안 된다"고 말했다. 파드랄라는 1985년 CIA가 계획한 암살 작전, 즉 모스크 밖에 주차해둔 폭탄 탑재 트럭의 주요 표적이었다. 파드랄라는 가까스로 암살을 모면했지만 다른 8명이 목숨을 잃었고, 대부분이 여성과 소녀였다. 이 암살 작전은 테러 연감에 기록조차 되지 않은 무수한 범죄 중 하나일 뿐이다.

결국 9·11사태 이후 미국의 행동, 특히 이라크 침략이 알카에다에게 새로운 기회를 준 셈이었다.

빈라덴을 살해한 결과는 어떤 것일까? 아랍 세계에서 빈라덴의 살해는 별다른 의미를 갖지 못할 것이다. 빈라덴은 아랍 세계에서 오래전부터 잊혀가는 인물이었고, 지난 수개월 전부터는 아랍의 봄 때문에 완전히 잊혔다. 레바논에서 발행되는 한 신문은 아랍 세계의 전반적인 인식을 '빈라덴의 처형: 킬러들 간의 해묵은 계산 청산'이라는 제목으로 정확히 정리했다.

파키스탄에 직접적이면서 의미심장한 결과가 닥칠 가능성이 무척 높다. 파키스탄이 빈라덴을 넘겨주지 않은 데 대한 워싱턴의 분노를 언급하는 목소리는 많지만, 미국이 자국 영토를 침범해서 정치적 암살을 시도한 사실에 대한 파키스탄 국민의 분노를 언급하는 목소리는 별로 들리지 않는다.

파키스탄은 핵무기 능력을 신속히 키워가고 있는, 지상에서 가장 위험한 나라이다. 파키스탄 영토에서 벌어진 복수 살인은 오래전부터 축적되어온 반미 감정을 더욱 격화시켰을 뿐이다.

영국의 정책 분석가 아나톨 리븐Anatol Lieven 은 최근에 발표한《파키스탄: 녹록치 않은 나라Pakistan: A Hard Country》에서, "파키스탄 군인들이 명예와 애국심을 발휘해 미국과 싸워야겠다고 절감할 정도로 미국이 파키스탄을 핍박한다면, 파키스탄 군인들은 기꺼이 미국과 싸울 것이다"라며, 파키스탄이 붕괴되면 "잘 훈련된 상당수의 군인 및 폭발물 전문가와 공병이 극단적인 집단으로 흘러 들어갈 것이 불 보듯 뻔하다"라고 경고했다.

무엇보다 핵분열 물질이 지하드의 손에 들어간다면 생각만으로도 끔찍한 사건이 벌어질 수 있다.

파키스탄의 주권을 침해한 미국의 공격 때문에 파키스탄 군부는 이미 궁지에 몰려 있다. 오바마가 빈라덴을 살해한 직후에 무인항공기 공격을 강화하며 사태를 더욱 악화시킨 것도 궁지에 몰린 요인 중 하나이다. 그러나 미국이 아프가니스탄 탈레반과의 전쟁에서 파키스탄 군부에 협조를 요청한 사실을 비롯해 다른 많은 요인이 있다. 리븐의 책에 따르면, 파키스탄 국민 대다수가 탈레반이 침략군에 맞서 저항하는 정의로운 전쟁을 수행하고 있다고 생각한다. 또 침략군이 파키스탄 군부의 양해를 얻지 않고 독자적으로 기습 작전을 진행했다면, 빈라덴의 살해는 큰불을 일으킬 불똥이 되었을 것이고 심각한 결과를 야기했을 것이다.

　로버트슨은 이번 암살이 '복수 행위'로 인식될 것이라고 결론지었다. 동기가 무엇이었든 간에 안보를 위한 암살이었을 가능성은 거의 없다.

2011년 6월 1일

이스라엘에 닥친
쓰나미 경고

2011년 5월, 이스라엘 기업계 지도자들의 비공개회의에서 지주회사 소유주 이단 오페르^{Idan Ofer}는 "우리나라는 급속도로 남아프리카공화국처럼 변해가고 있다. 제재가 경제에 미친 악영향을 조만간 이스라엘의 모든 가정에서 피부로 절감하게 될 것이다"라고 경고했다.

기업계 지도자들은 특히 이번 9월에 열릴 유엔 정기총회에 신경을 곤두세웠다. 팔레스타인 자치정부가 팔레스타인 국가를 인정해달라고 요구할 계획이기 때문이다. 유엔 주재 이스라엘 대사를 역임한 댄 길러먼^{Dan Gillerman}은 회의 참석자들에게 "우리 예상대로 팔레스타인 국가를 인정한다고 선언하면, 바로 다음 날 아침부터 고통스럽고 비극적인 남아프리카화 과정이 시작될 것이다"라고 예고했다. 이스라엘이 국제사회의 제재를 받는 천덕꾸러기가 될 것이라는 뜻이었다.

당시와 그 이후의 모임에서, 기업계 지도자들은 이스라엘 정부에게 사우디아라비아(즉 아랍연맹)의 제안[•]과, 세계 대부분의 국가가 환영하지만 이스라엘이 거부하고 미국이 묵살해온 두 국가론이라는 해결책을 팔레스타인과 이스라엘의 고위급 협상가들이 자세히 다듬은 2003년의 비공식적인 제네바 합의에 기초한 노력을 시작하라고 촉구했다.

2011년 3월에 에후드 바라크 이스라엘 국방장관은 곧 있을 유엔의 결정을 '쓰나미'에 비유하며 경고했다. 이스라엘로서는 이미 국제법을 위반하고 있을 뿐 아니라 유엔이 인정한 국가를 점령하고 범죄까지 저지른다고 전 세계로부터 비난받을까 봐 두려운 것이다. 따라서 미국과 이스라엘은 쓰나미를 저지하기 위해 치열한 외교전을 펼치고 있다. 이 외교전이 실패하면 팔레스타인은 유엔에서 국가로 인정받을 가능성이 아주 높다.

이미 100개국 이상이 팔레스타인을 국가로 인정한 상태이고, 빅터 카텐Victor Kattan이 《미국 국제법 저널American Journal of International Law》에서 말했듯이 영국과 프랑스를 비롯한 몇몇 유럽 국가는 팔레스타인 일반 대표부를 "외교 사절단과 대사관—정식 국가에게만 허용하는 지위"로 격상시켰다. 또 미국이 지원을 철회할까 두려워—결코 무시할 수 없는 위협이다—팔레스타인 문제를 회피해온 유네스코와 세계보건기구 WHO, World Health Organization를 제외하고, 팔레스타인은 이미 유엔의 여러 기구에 회원국으로 가입했다.

2011년 6월, 미국 상원은 팔레스타인 자치정부가 유엔 가입을 계속 고집하면 원조를 유보하겠다고 협박하는 결의안을 통과시켰다. 런던의

● 아랍연맹의 제안은 이스라엘이 두 국가론을 받아들인다는 조건에서 이스라엘과의 관계를 정상화하겠다는 것이다.

《데일리 텔레그래프 *Daily Telegraph*》의 보도에 따르면, 유엔 주재 미국 대사 수전 라이스 ^{Susan Rice}는 "국가의 지위를 얻으려는 팔레스타인의 기대가 회원국들에게 승인받는 경우"보다 미국이 부담하는 유엔 기금을 위협하는 경우는 없을 것이라고 경고했다. 유엔 주재 신임 이스라엘 대사 론 프로소르 ^{Ron Prosor}는 이스라엘 언론에 "유엔의 팔레스타인 승인은 폭력과 전쟁으로 이어질 것"이라고 알렸다.

유엔은 국제적으로 인정된 경계선을 기준으로 서안 지구와 가자 지구를 포함하는 팔레스타인을 인정할 가능성이 크다. 골란 고원도 시리아에 반환하라고 결정할 가능성이 있다. 골란 고원은 1981년 12월 이스라엘에 합병되었지만, 이는 유엔 안전보장이사회의 결의안을 위반한 행위였다.

서안 지구에서의 정착촌 건설과 이와 관련된 모든 행위는 국제사법재판소와 안전보장이사회에서도 확인되었듯이 명백한 국제법 위반이다.

2006년 2월, 미국과 이스라엘은 '나쁜 편', 즉 하마스가 자유롭고 공정하게 치러졌다고 인정받은 팔레스타인 선거에서 승리하자 가자 지구를 봉쇄했다. 게다가 그해 7월, 미국이 합법적으로 선출된 정부를 전복하려고 지원한 쿠데타가 실패한 후에는 봉쇄가 더욱 가혹해졌다.

2010년 6월, 국제적십자위원회는 가자 지구의 봉쇄를 "명백하게 국제인도법을 위반하며 가한 집단 징벌^{collective punishment}"이라고 비난했다. 국제적십자위원회가 이런 보고서를 발표하는 경우는 무척 드물다. BBC의 보도에 따르면, 국제적십자위원회는 "가자 지구의 경우 병원에 비품이 부족하고, 매일 몇 시간씩 전기가 끊기며, 마실 물조차 없는 처참한 상황에 처해 있다고 설명했다". 물론 투옥된 주민도 많다.

이런 범죄적인 봉쇄는 1991년 가자 지구와 서안 지구를 완전히 떼어 놓음으로써 설령 팔레스타인이 국가로 인정받더라도 적대국—이스라엘과 요르단 독재 정권—이 실질적으로 팔레스타인을 포위할 수 있게 하려던 미국과 이스라엘 정책의 연장선이다. 하지만 이스라엘과 팔레스타인해방기구PLO, Palestine Liberation Organization가 1993년에 서명한 오슬로협정*에서 가자 지구와 서안 지구를 완전히 분리시키려는 시도는 금지되었다.

미국과 이스라엘의 거부주의가 직면한 더 큰 위협은 인도주의적 지원을 계속함으로써 가자 지구의 봉쇄를 무력화하려는 자유의 선단이다. 2010년 5월, 가자 지구로 향하던 자유의 선단은 공해에서 이스라엘 특공대의 공격을 받았다. 그 자체로도 중대한 범죄이며, 9명의 승객이 목숨을 잃기까지 했다. 미국을 제외한 모든 나라가 이스라엘의 만행에 통렬한 비난을 퍼부었다.

이스라엘에서는 국민 대부분이 오히려 특공대원들이 승객들에게 공격을 받은 무고한 피해자라 확신한다. 이스라엘 사회에 만연된 자기 파괴적인 불합리성을 보여주는 또 다른 증거이다.

요즘 미국과 이스라엘은 가자 지구에 물품을 전달하려는 소형 선박들을 차단하는 데 주력하고 있다. 힐러리 클린턴 국무장관은 "소형 선단이 이스라엘 영해를 침범해 반발심을 자극한다면 이스라엘에게는 스스로를 방어할 권리가 있다"고 말하며, 무력 사용을 실질적으로 허용

* 오슬로협정은 1993년 이스라엘의 이츠하크 라빈Yitzhak Rabin 총리와 팔레스타인해방기구의 아라파트 Yasser Arafat 의장이 만나 팔레스타인 독립국가와 이스라엘이 평화적으로 공존하는 방법을 모색한 합의로, 팔레스타인 임시 자치정부가 출범하는 계기가 되었다.

했다. 가자 지구가 이스라엘의 일부이기 때문에 가자 지구의 영해 또한 이스라엘의 영해라는 것이다.

그리스는 선박들(즉 아직 나포되지 않은 선박들)이 그리스 항구에서 출항하는 걸 막는 데 동의했지만, 힐러리 클린턴과 달리 "가자 지구의 해양 구역"이라고 정확히 지칭했다. 2009년 1월, 그리스는 미국과 이스라엘이 가자 지구를 무자비하게 공격하는 동안 이스라엘로 향하는 미군 무기가 그리스 항구에서 선적되는 것을 허용하지 않겠다는 뜻을 분명히 밝힌 적도 있었다. 하지만 현재 그리스는 혹독한 금융 위기에 빠져 더는 독립적인 국가가 아닌 까닭에 예전처럼 용기 있는 강직함을 보여주기 힘들다.

자유의 선단이 행동을 자극하는 '도발'이냐는 질문에, 가자 지구의 주된 구호기관인 유엔 난민구호 사업기구의 대변인 크리스 건니스Chris Gunness는 상황이 절망적이라고 표현하며 이렇게 말했다. "인도주의의 위기가 없다면, 가자 지구가 삶의 거의 모든 차원에서 위기에 처해 있지 않다면 자유의 선단도 필요 없을 것이다. …… 현재 가자 지구에 있는 물의 95퍼센트가 마실 수 없는 물이고, 질병의 40퍼센트가 수인성 질병이다. …… 노동인구의 45.2퍼센트가 실업자이고, 80퍼센트가 원조에 의존한다. 봉쇄가 시작된 이후로 극빈층이 세 배나 증가했다. 당장 봉쇄를 풀어야 한다. 봉쇄를 풀면 자유의 선단은 더 이상 필요 없다."

팔레스타인 국가로 인정받기 위한 외교적 노력*과 비폭력적 행동은

---

* 팔레스타인은 정식 국가로 인정받겠다며 2011년 9월 유엔에 가입을 신청했지만 거부권이 있는 미국이 반대하자 전략을 바꿔 유네스코 회원국으로 가입을 시도했고 결국 성공을 거두었다.

주로 폭력을 전유물처럼 휘두르는 국가들에게 위협으로 다가온다. 미국과 이스라엘은 결코 옹호할 수 없는 입장을 좀처럼 굽히지 않고 있다. 점령 그리고 이를 통해 오래전부터 외교적 해결을 요구하는 국제사회의 합의를 뒤집으려는 입장을 어떻게 옹호할 수 있겠는가.

2011년 7월 6일

쇠락하는 미국

밴더빌트 대학교 정치학과 교수 자코모 키오차^{Giacomo Chiozza}는 며칠 전에 발행된 《폴리티컬 사이언스 쿼털리^{Political Science Quarterly}》에서 "수년 전만 해도 압도적인 힘과 견줄 데 없는 매력이 있는 거인으로 세계를 활보하며 환영받던 미국이 이제 쇠락의 길에 접어들어 결국 몰락하게 될 거라는 어두운 전망에 직면했다는 게 통설이다"라고 말했다.

이런 통설이 폭넓게 인정되는 것이 사실이다. 다양한 이유가 있겠지만, 몇몇 설명이 설득력 있게 들린다. 우선 미국의 힘이 제2차 세계대전 직후 정점에 이른 후로 쇠락하기 시작했다는 이론이 있다. 1990년대 걸프전 이후 승리를 자축하던 모습은 자기기만에 불과했다.

미국의 진면목에 일부러 눈을 돌리지 않는 사람들이 흔히 말하는 또 다른 통설은, 미국이 쇠락을 자초했다는 것이다. 2011년 여름, 미국 국민들을 역겹게 만들고 세계를 당혹감에 빠뜨린 워싱턴의 코미디는 의회 민주주의 역사상 비슷한 사례를 찾아보기 힘들 지경이다. 오죽하면 그 뻔한 속임수를 후원한 사람들까지 경악하고 있겠는가. 지금 기업계는 자신들의 도움으로 공직을 차지한 극단주의자들이 기업계의 부와 특권을 유지하는 데 반드시 필요한 조직, 즉 자신들의 이익에 영합하는 강력하면서도 온순한 정부 구조를 무너뜨릴지도 모른다는 걱정에 사로잡혀 있다.

기업, 특히 금융기관의 힘이 정치와 사회를 압도하는 바람에 전통적인 정당의 이념을 완전히 망각한 양대 정당 모두가 현재 논의 중인 중요한 쟁점들에 대해 지나치게 오른쪽으로 치우쳤다.

미국 국민이 당면한 국내 문제는 실업이다. 현 상황에서, 실업의 위기는 정부의 적극적인 경기 부양책을 통해서만 해소될 수 있다. 최근의 제한적인 조치로도 수백만의 일자리를 구했지만, 그 정도의 재정지출로는 경기 하락을 상쇄하지 못했기 때문에 현재의 부양책을 훨씬 넘어서야 한다.

반면에 금융기관들의 주된 관심사는 재정 적자이다. 따라서 재정 적자만이 논의의 대상이다. 《워싱턴포스트》와 ABC 뉴스가 합동으로 실시한 여론조사에 따르면, 국민 대다수가 부자들에게 과세해 재정 적자를 해소하는 것에 찬성한다(72퍼센트, 27퍼센트만 반대). 건강보험 프로그램 비용을 삭감하자는 의견에는 압도적 다수가 반대한다(메디케이드 69퍼센트, 메디케어 78퍼센트)*. 정부 정책은 정반대로 결론지어질 가능성이 높다.

---

* 메디케이드는 기본적으로 65세 미만의 저소득층과 장애인을 위한 의료보험제도이고, 메디케어는 주로 65세 이상의 인구와 장애인을 위한 의료보험제도이다.

국제정책태도 프로그램^{PIPA}도 재정 적자를 해소하는 방법에 대한 국민 의견을 조사했다. 스티븐 컬^{Steven Kull} PIPA 소장은 "공화당이 다수를 차지한 하원과 행정부는 예산에서 국민의 가치관 및 우선순위와 완전히 다른 생각을 드러냈다"고 진단했다. PIPA의 조사에서 그 간극이 확연히 드러난다. "재정지출에서의 가장 큰 차이라면, 국민은 국방비의 대폭 삭감을 원하는 반면에 행정부와 하원은 오히려 약간의 증액을 제안한 것이다. …… 행정부와 하원이 직업훈련과 교육 및 오염 방지에 대한 지출을 늘리긴 했지만, 국민은 더 많은 증액을 바랐다."

최종 '타협', 더 정확히 말하면 극우에의 항복은 민의의 철저한 배신인 데다, 그 결과는 저성장으로 이어지고 기록적인 이익을 누리는 기업과 부유층을 제외한 나머지 국민에게는 장기적으로 피해가 미칠 것이 뻔하다.

경제학자 딘 베이커가 증명했듯이, 난맥상에 빠진 미국의 의료보험체계가 미국의 절반에 불과한 1인당 비용으로 비슷하거나 더 나은 혜택을 주는 다른 산업국가들의 의료보험체계와 유사한 수준으로 대체된다면 재정 적자가 해소된다는 의견은 논의조차 되지 않는다. 금융기관과 대형 제약회사의 힘이 워낙 막강해서 그런 쟁점은 고려조차 되지 않지만 그런 생각은 결코 실현 불가능한 것이 아니다. 경제적으로 민감한 다른 사안들, 금융거래세와 같은 문제도 비슷한 이유로 의제에 포함되지 않는다.

그 사이에 월스트리트에는 새로운 선물들이 잔뜩 안겨졌다. 하원 세출위원회는 금융 사기를 단속하는 핵심 단체인 증권거래위원회가 요구한 예산을 삭감했다. 하기야 증권거래위원회가 규제해야 할 대상들과 친밀한 관계를 맺으며 지독히 부패했기 때문에 증권거래위원회를 아예 없애자는 의견까지 제기되는 실정이다. 소비자 보호국이 요청한 예산도 삭감되지 않고 통과되기는 힘들 것으로 보인다.

의회는 미래 세대들과의 전쟁에서 다른 무기들도 휘두른다.《뉴욕타임스》의 보도에 따르면, 공화당이 환경보호를 반대하자 미국 최대 전력회사인 아메리칸 일렉트릭 파워는 "석탄을 이용한 기존 화력발전소에서 발생된 이산화탄소를 억제하려는 미국 최대의 노력"을 무기한 연기하며, "지구온난화와 관련된 배기가스에 고삐를 죄려던 노력에 치명타"를 가했다. 점점 빈도가 심해지는 이런 자충수는 어제오늘의 일이 아니다. 미국의 정치·경제가 중대한 변화를 겪으며 국가자본주의하의 '황금시대'에 종언을 고했던 1970년대까지 거슬러 올라간다.

가장 큰 변화는 금융화(투자의 우선순위가 산업 생산에서 이른바 'FIRE'*, 즉 금융, 보험, 부동산으로 옮겨갔다)와 생산 시설의 해외 이전이었다. 항상 그랬듯이 선별적으로 적용된 '자유시장제도'의 이데올로기적 승리가 미국 경제에 다시 치명타를 가했다. 자유시장제도가 조세와 재정 정책에 적용되어 규제 완화 그리고 최고 경영자에게 막대한 보상을 안겨주는 대신 단기적인 이익을 추구하는 방향으로의 기업 지배 구조의 변화 등으로 나타났다. 그 결과로 빚어진 부의 집중은 정치력의 강화로 발전했고, 막강한 정치력을 바탕으로 국민 1퍼센트 중에서도 일부 최상위가 부를 거의 독식하는 반면에 대다수 국민의 실질임금은 정체되는 악순환이 가속화되었다.

● 금융finance, 보험insurance, 부동산real estate의 약어이다.

그와 동시에 선거비용도 급등해서 양당은 기업의 주머니에 더욱 의존할 수밖에 없었다. 정치경제학자 토머스 퍼거슨이 《파이낸셜 타임스》에서 개략적으로 말했듯이, 공화당과 민주당, 양당 모두가 의회 지도부를 경매식으로 결정하면서 얼마 남지 않은 정치적 민주주의조차 크게 훼손되었다. 퍼거슨은 "주요 정당들이 월마트, 베스트바이, 타깃 등과 같은 대형 할인 소매점의 장사 수법을 도입했다. 선진국의 입법부와 달리, 미국의 의회를 차지한 정당들은 이제 입법 과정의 핵심적 위치에 가격표를 붙인다"고 말했다.* 정당에 가장 많은 기금을 끌어온 의원이 요직을 차지하는 것이다.

퍼거슨에 따르면, 그 결과로 토론은 "정당 지도부가 의존하는 투자 그룹과 이익 단체의 비위를 맞추려고 갈고닦은 한 줌의 슬로건들을 끝없이 반복하는 정도에 그친다". 무슨 이런 나라가 있는가!

황금시대 후의 금융기관들에 거의 전적인 책임이 있는 2007년의 붕괴가 있기 직전까지, 금융계는 엄청난 경제력을 과시하며 기업 이익에서 그들의 몫을 세 배 이상 불렸다. 금융시장이 붕괴된 후에야 상당수의 경제학자가 오로지 경제적인 관점에서 금융의 역할에 의문을 제기하기 시작했다. 노벨 경제학상을 수상한 로버트 솔로Robert Solow는 금융이 전반적으로 부정적인 영향을 미칠 수 있다고 결론지으며 "금융의 성공은 실물경제의 효율성에 거의 혹은 전혀 기여하지 못하는 반면에, 금융이 붕괴되면 부가 납세자에게서 금융업자에게로 전이된다"고 말했다.

정치적 민주주의에서 겨우 남은 것마저 찢어발김으로써 금융기관은

• Thomas Ferguson, "Best Buy targets are stopping a debt deal", *Financial Times*, 2011년 7월 26일.

파괴적인 과정을 계속 추진할 토대를 놓았다. 피해를 입은 사람들이 그 고통을 침묵으로 견딘다면 금융기관들의 탐욕은 계속될 것이다.

2011년 8월 5일

9·11 사태 이후,
전쟁만이 유일한 선택이었는가?

올해는 2001년 9월 11일의 끔찍한 잔혹 행위가 있은 지 10주년이 되는 해이다. 모두가 이구동성으로 말하듯이, 9·11 사태는 세상을 바꿔놓았다.

9·11 테러의 후폭풍은 의심의 여지가 없다. 서아시아와 중앙아시아만 살펴봐도 아프가니스탄은 겨우 숨을 쉬는 지경이고, 이라크는 철저하게 파괴되었으며, 파키스탄은 대재난으로 발전할지도 모를 재앙에 점점 다가가고 있다.

2011년 5월 1일에는 테러의 주범으로 추정되던 오사마 빈라덴이 파키스탄에서 암살당했다. 즉각적이면서 중요한 결과가 파키스탄에서 발생했다. 파키스탄이 빈라덴을 넘겨주지 않은 데 대한 워싱턴의 분노를 언급하는 목소리는 많았지만, 미국이 자국 영토를 침범해서 정치적 암살을 시도한 사실에 대한 파키스탄 국민의 분노를 언급하는 목소리는 거의 들리지 않았다. 그렇지 않아도 파키스탄에서는 반미 감정이 드셌는데 이런 사건들로 인해 반미 감정이 더욱 격화되었다.

파키스탄 전문가로 손꼽히는 영국의 군역사학자 아나톨 리븐은 2011년 2월 《내셔널 인터레스트》에 기고한 글에서, 아프가니스탄 전쟁으로 "파키스탄이 불안정해지고 급진화되고 있으며, 미국과 세계는 지정학적 재앙을 각오해야 할지도 모른다. 아프가니스탄에서 발생할 수 있는 그 어떤 참사도 그 재앙에 비하면 아무것도 아닐 것이다"라고 말했다. 또한 리븐의 판단에 따르면, 파키스탄의 모든 사회계층에서 아프가니스탄 탈레반을 심정적으로 동정하는 반응이 압도적으로 많다. 탈레반을 좋아해서가 아니라 "탈레반이 자신들의 영토를 점령한 외국군에 맞서 저항하는 정당한 무장 세력이라고 생각"하기 때문이다. 이런 점에서, 아프가니스탄 무자헤딘이 1980년대에 러시아 점령에 맞서 저항했을 때의 인식과 무척 유사하다.

파키스탄 군부 지도자들도 이런 국민감정을 공유하며, 미국과 탈레반의 전쟁에서 자신들에게 희생을 강요하는 워싱턴의 압력을 마뜩잖게 생각한다. 게다가 오바마가 대통령에 취임한 이후로 더욱 잦아진 미국 무인항공기의 테러 공격, 그것도 파키스탄 영토 내에서 벌이는 공격도 마뜩잖기는 마찬가지이다. 또 영국 통치하에서도 상당한 자치권을 누렸던 파키스탄 부족 지역에서까지 워싱턴의 전쟁을 확대하라는 미국의 요구도 불만스럽다.

파키스탄에서 군부는 국가를 하나로 결집시키는 비교적 안정된 조직이다. 리븐은 미국의 오만한 행위로 인해 "군부의 일각에서 반란을 일으킬 수 있고", 그렇게 되면 "파키스탄 국가는 급속히 붕괴되어 엄청난 재앙이 닥칠 것이다"라고 경고했다. 파키스탄의 핵무기력이 급속히 신장된 데다 지하드 세력도 상당해서 재앙의 가능성이 대폭 증가했다. 핵무기와 지하드, 둘 다 레이건 행정부의 유산이다. 레이건 시대의 관리들은 파키스탄 독재자 중에서도 가장 잔혹한 데다 워싱턴의 총애를 받은 무함마드 지아 울하크가 핵무기를 개발하고 사우디아라비아의 자금을 지원받아 급진적 이슬람화를 추진하는 걸 모른 척했다. 재앙의 가능성은 이러한 배경에서 싹텄다. 두 유산이 결합되어 핵분열 물질이 지하드의 손에 들어간다면 재앙이 발생할 수 있다. 따라서 언젠가 런던과 뉴욕에서 핵무기 혹은 '더러운 폭탄'*이 터질 날이 닥칠지도 모른다.

리븐은 이렇게 정리했다. "미국과 영국 군인들이 아프가니스탄에서 죽어가면서 세상을 미국인과 영국인에게 더욱 위험한 곳으로 만들고 있다."

이른바 아프팍이라 불리는 아프가니스탄과 파키스탄에서 미국이 펼친 작전의 결과로 파키스탄이 더욱 불안정해지고 급진화될 수 있다는 사실을 워싱턴도 분명히 알고 있다. 지금까지 폭로된 위키리크스 문서 중에서 가장 의미 있는 문서는 이슬라마바드 주재 미국 대사 앤 패터슨 Anne Patterson이 보낸 전문이다. 이 전문에서, 패터슨 대사는 아프팍에서 전개하는 미군의 작전을 지원하지만 "미군의 작전이 파키스탄 국가의 정국을 더욱 불안하게 만들고, 민간 정부와 군부 지도자들을 이간하여 파키스탄의 전반적인 지배 구조를 위기에 빠뜨릴 수 있다"고 경고했다. 또한 패터슨 대사는 "[파키스탄 정부의] 핵시설에서 일하는 누군가가 핵무기를 만들기에 충분한 핵분열 물질을 밀반출"할 가능성을 언급하며, "운송 과정에서의 핵무기의 취약성"에 따른 위험을 경고하기도 했다.

---

* dirty bomb. 재래식 폭탄에 방사능 물질을 채운 기초적 수준의 핵무기를 가리킨다.

빈라덴이 미국을 상대로 한 전쟁에서 상당한 성공을 거두었다고 평가하는 분석가들이 적지 않다. 중동과 이슬람 문제 전문가인 에릭 마골리스Eric S. Margolis는 2011년 5월 월간지 《아메리칸 콘서버티브The American Conservative》에 기고한 글에서, 빈라덴이 "미국을 무슬림 세계에서 축출하고 미국의 아첨꾼들을 몰아낼 유일한 방법은 소규모이지만 비용이 많이 드는 전쟁에 미국을 끌어들여 결국 파산하게 만드는 것이라고 거듭해서 주장했다"고 썼다. 실제로 9·11 사태 직후부터 워싱턴은 빈라덴의 바람대로 반응하는 경향을 뚜렷하게 보여주었다.

한편 1996년부터 오사마 빈라덴을 추적한 CIA의 선임 분석가 마이클 슈어Michael Scheuer는 2004년에 발표한 《제국의 오만Imperial Hubris》에서, "빈라덴은 우리와 전쟁을 벌이는 이유를 분명히 말해왔다. 그는 무슬림 세계에 대한 미국과 서구의 정책을 철저하게 바꿔놓으려고 애썼다"고 설명했다. 이런 점에서 빈라덴은 자신의 목표를 대체적으로 이루었다. 슈어는 "미국의 무력 행사와 정책이 이슬람 세계의 급진화를 초래하고 있다. 오사마 빈라덴이 목표한 이슬람 세계의 급진화는 1990년대 초 이후로 불완전하지만 상당한 성과를 거두었다. 따라서 내 생각에는 미국이 빈라덴에게는 없어서는 안 될 유일한 동맹이라고 결론지어도 무리는 없을 것이다"라고 덧붙였다. 빈라덴이 죽은 후에도 이런 결론은 여전히 유효하다.

지난 10년 동안 계속 전쟁에 시달린 까닭에 "9·11 테러에 서구 세계가 달리 반응할 방법은 없었는가?"라는 의문이 자연스레 제기된다.

지하드 조직 대다수는 빈라덴을 신랄하게 비난했다. 9·11 테러를 당연히 '인류에 대한 범죄'라 부르듯이, 9·11 테러를 범죄로 접근하며 용의자들을 체포하는 데 국제 공조를 벌였다면 지하드 조직은 9·11 테러 이후에 분열되고 와해될 수 있었을 것이다. 당시에도 이런 인식이 있었지만, 그런 생각은 전쟁 분위기에 휩쓸려 고려조차 되지 않았다. 빈라덴이 9·11 테러에 관여했다는 이유로 많은 아랍 국가에서 비난을 받았다는 사실도 주목할 필요가 있다.

빈라덴은 암살당할 무렵 이미 아랍 세계에서는 오래전부터 잊혀가는 인물이었고, 지난 수개월 전부터는 아랍의 봄 때문에 완전히 잊혔다. 아랍 세계에서 그의 위치는 중동 전문가 질 케펠Gilles Kepel이《뉴욕타임스》에 기고한 글의 제목, '빈라덴은 진작 죽었다'에 잘 드러난다. 미국이 아프가니스탄과 이라크에서 복수전을 벌이며 지하드 운동을 자극하지 않았더라면 이런 제목이 붙은 기사가 훨씬 일찍 쓰였을 것이다.

지하드 조직 내에서 빈라덴이 존경받는 상징적 인물이었던 것은 확실하지만, 그가 알카에다를 위해 많은 역할을 하지는 않은 것으로 보인다. 분석가들이 '네트워크 중 네트워크'라 칭하는 알카에다는 주로 독자적으로 작전을 펼친다.

9·11 사태와 그 이후의 결과 및 장래에 예상되는 상황을 고려해보면, 지난 10년에 대한 가장 명확하고 기초적인 사실들조차 처절한 반성으로 이어진다.

2011년 9월 5일

Note

Noam Chomsky, *9―11: Was There an Alternative?*(10th―anniversary edition of 9―11), Open Media Series by Seven Stories Press, 2011의 일부를 요약한 것이다. 한국어판은《촘스키, 9-11》(이종삼·박행웅 옮김, 김영사, 2001)로 나왔다.

해군기지 건설로 위협받는
'세계 평화의 섬'

한국 본토에서 남동쪽으로 약 80킬로미터 떨어진 제주도는 예부터 지상에서 가장 목가적인 곳으로 일컬어졌다. 원시적인 아름다움을 간직한 약 1,850평방킬로미터의 화산섬인 제주도에는 유네스코가 지정한 세계자연유산 세 곳이 있기도 하다.

하지만 제주도의 역사는 결코 목가적이지 않다. 한국전쟁이 발발하기 2년 전인 1948년, 섬 주민들은 한반도가 남북으로 분할되는 것에 반대하는 봉기를 일으켰다.* 당시 미군 점령하에 있던 본토의 정부는 봉기를 일으킨 주민들에게 단호한 조치를 취했다. 남한 경찰과 군대가 섬 주민들을 학살하고 마을들을 파괴했다. 한국사 전문가 존 메릴^{John Merrill}의 추정에 따르면, 사망자가 3만 명을 넘었다. 당시 제주도 인구의 15퍼센트에 해당하는 숫자였다.

* 제주 4·3항쟁을 가리킨다.

그로부터 수십 년이 지난 후, 정부 산하의 한 위원회가 제주 항쟁을 조사했다.* 2005년, 당시 한국 대통령 노무현은 잔혹 행위를 사과하고, 제주도를 '세계 평화의 섬'으로 지정했다. 그런데 지금 제주도가 미국과 한국의 연합 군사화와 폭력으로 다시 위협받는 처지가 되었다. 많은 사람이 제주도에서 가장 아름다운 해안이라 생각하는 곳에 해군기지가 건설되려 하기 때문이다.

4년이 넘는 동안, 섬 주민들과 평화운동가들은 목숨과 자유를 위협받으며 해군기지 건설에 반대하는 저항에 참여했다.

제주도에 건설될 예정인 해군기지는 세계 평화에도 위험하다. 서울에서 발행되는 《중앙일보》는 제주도를 '국가 방어선의 최전선'이라 묘사했다. 중국에서부터 겨우 480킬로미터 떨어진 전선이라는 것이다. 이처럼 긴장감이 감도는 바다를 앞에 둔 제주도에 잠수함과 항공모함 및 구축함을 비롯해 미군과 한국군의 전함 20척이 정박할 수 있는 해군기지가 건설될 예정이다. 게다가 일부 구축함에는 이지스 탄도미사일 방어 체제까지 갖추어질 예정이다.**

미국이 제주도에 해군기지를 건설하려는 목적은 중국에 군사적 압력을 가하고, 중국과 군사적 충돌이 일어날 경우에 대비해 전방에 작전 부대를 배치하는 데 있다. 현재 세계가 가장 두려워하는 것이 미국과 중국 간의 벼랑 끝 대치인데도 말이다.

현재 제주도에서 계속되는 시위는 아시아에서 발생할 수 있는 파괴

- 제주 4·3사건 진상규명 및 희생자 명예회복위원회를 가리킨다.
- 이지스 시스템은 미국 해군이 개발한 대공·대잠수함·대해전 용 컴퓨터 시스템이다.

적인 전쟁과 세계를 극한의 갈등 구도로 몰아가는 뿌리 깊은 제도적 구조에 반대하는 중요한 투쟁으로 여겨진다.

중국이 제주도의 해군기지를 자국 안보에 대한 위협으로 생각하는 것은 당연하다. 아무리 좋게 해석해도 해군기지는 한국과 중국 간의 대립 및 군비경쟁을 부추길 가능성이 크다. 여기에 미국은 거의 필연적으로 개입할 것이다. 이런 위험하고 파괴적인 계획을 막지 못한다면 그 결과는 아시아를 넘어서까지 영향을 미칠 것이다.

중국이 미국 해안 근처에 해군기지를 건설하려 한다면 워싱턴이 어떻게 반응하겠는가?

새로운 해군기지가 건설되는 제주도 강정 마을은 한가한 농어촌 마을이었지만, 본의 아니게 평화를 위한 투쟁의 장이 되었다. 저항은 제주도의 군사화라는 쟁점에 국한되지 않는 풀뿌리 운동이다. 인권과 환경과 언론의 자유까지 위협받고 있다. 강정 마을은 아담하고 외진 곳이지만, 세계 전역에서 사회정의를 믿는 모든 사람들에게 중요한 전쟁터가 되었다.

한국은 2011년 1월에 해군기지 건설을 시작했지만, 시위로 인해 공사는 6월에 중단되었다.

한 목격자의 증언에 따르면, 마을 사람들의 비폭력 저항은 영화 제작자와 블로거, 성직자, 소셜 네트워크 활동가, 특히 시위를 주도한 사람들을 표적으로 한 검거로 이어졌다.

2011년 8월 24일, 경찰 기동대는 비폭력 집회를 해산시키고, 30여 명의 행동주의자를 체포했다. 이 과정에서 강정 마을 이장과 한국에서 가장 활동적인 평화 단체의 지도자, 그리고 가톨릭 신부가 연행되었다.

민주주의의 기본적 이상마저 위협받고 있다. 해군기지 유치 여부를 결정하는 2007년 투표에서, 87명의 주민—보도에 따르면 일부는 뇌물을 받았다—이 1,900명에 이르는 마을 주민 전체, 더 나아가서는 50만이 넘는 섬 주민 전체의 운명을 결정했다.

군사기지가 크루즈 유람선이 정박할 수 있는 관광 거점으로 활용될 거라는 주장이 있었다. 해군기지가 크루즈 유람선이 제주도에 정박해서 경제적 이득을 구할 수 있는 유일한 수단인 것은 사실이다. 하지만 이런 주장은 신빙성이 적다. 현재 다른 해안에서 거대한 항구 확장 공사가 진행 중이고 2012년 여름에 완료될 예정이기 때문이다. 이 신항에 크루즈 유람선이 정박하게 될 거라는 발표가 이미 있었다.

강정 마을 사람들은 평화를 원하는 자신들의 요구가 관철되지 않으면 자신들에게 어떤 미래가 닥칠지 잘 알고 있다. 이미 충분히 고통을 겪은 조그마한 섬에 한국과 외국의 군인들, 첨단 무기, 그리고 엄청난 고통이 물밀듯이 밀려들 것이다. 얄궂게도 향후 초강대국들이 벌일 갈등의 씨앗이 생태보존지역인 평화의 섬에 뿌려지고 있다.

2011년 10월 5일

미래를 점령하라

이 글은 노엄 촘스키가 2011년 10월 22일 듀이 광장을 점령한 '보스턴을 점령하라' 집회에서 강연한 내용을 정리한 것이다. '보스턴을 점령하라'의 현지 자유 대학교*가 주최한 하워드 진 추모 강연의 일부분이다.

나로서는 하워드 진을 추모하는 강연을 한다는 게 무척 가슴 아픈 일입니다. 하워드가 여기에 참석해서, 그가 평생 꿈꾸며 꿋꿋하게 초석을 놓았던 이 운동에 용기를 북돋워주지 못한다는 게 안타까울 뿐입니다.

'점령하라' 운동은 가슴 설레고 감동적이기까지 합니다. 승리는 곧바로 오는 것이 아니기 때문에, 이 주목할 만한 사건을 통해 확립되고 있는 연대와 결사가 앞으로 힘들고 지루한 시간을 견뎌내 지속된다면, '점령하라'라는 저항운동은 미국 역사에서 진정으로 중요하고 의미 있는 순간으로 기록될 수 있을 것입니다.

나는 이곳과 세계 전역에서, 규모와 특징에서 '점령하라' 운동과 같은 조직을 여태껏 본 적이 없습니다. '점령하라' 운동이 만들어가려는

---

* '보스턴을 점령하라'의 현지 자유 대학교Occupy Boston's on-site Free University는 '보스턴을 점령하라'가 시위 현장에서 운영한 학습 공동체이다.

협동조합식의 공동체만이 우리 앞을 가로막는 장벽을 허물고, 이미 꿈틀대기 시작한 반발을 극복하는 데 반드시 필요한 지속적인 조직을 건설하는 기초가 될 것입니다.

'점령하라' 운동은 많은 점에서 전례가 없는 현상이며 무척 자연스러운 현상이기도 합니다. 하기야 지금이 전례 없는 시대입니다. 지금 이 순간만이 아니라, 1970년대부터가 그렇습니다.

1970년대는 미국 역사에서 중대한 전환점이었습니다. 건국 이후 미국 사회는 끊임없이 발전했지만 항상 바람직한 방향으로 발전한 것은 아니었습니다. 그러나 미국은 산업화와 풍요 및 권리의 확대를 향해 꾸준히 발전하는 사회였습니다. 지극히 암울했던 시기에도 진보적인 발전이 지속될 거라는 기대감이 있었습니다. 나이를 상당히 먹은 탓에 나는 대공황을 직접 겪었습니다. 1930년대 중반쯤, 상황은 객관적으로 생각해도 지금보다 훨씬 어려웠지만, 시대정신은 지금과 상당히 달랐습니다.

산업별 노동조합 회의를 비롯해 전투적인 노동조합이 결성되었습니다. 조직화는 꾸준히 계속되어, 연좌시위까지 벌어졌습니다. 연좌시위는 노동자가 공장을 접수해서 직접 운영하기 바로 전 단계이니까, 기업계가 얼마나 놀랐겠습니까.

민중의 압력으로 뉴딜 입법이 통과되었습니다. 뉴딜 정책으로 대공황이 종식되지는 않았지만 많은 사람의 삶이 크게 개선되었습니다. 암울한 시기였지만, 우리는 어떻게든 이 상황을 벗어날 거라는 자신감이 있었습니다.

하지만 지금은 절망감, 때로는 자포자기가 만연합니다. 1930년대에 노동자들은 당장에는 일자리가 없어도 조만간 그들에게 일자리가 다시 생길 거라고 기대할 수 있었습니다. 실제 대공황 당시와 실업률이 비슷한 현재 제조업 상황에서, 만약 당신이 지금 제조업 노동자이고 현재의 정책이 지속된다면, 사라진 일자리가 회복될 가능성은 거의 없습니다.

민중 의식의 이런 변화는 1970년대에 시작되었습니다. 이때 사회질서에도 중대한 변화가 있었습니다.

수백 년 동안 지속되던 산업화의 방향이 완전히 바뀌어, 탈산업화로 선회했습니다. 물론 제조업 생산은 해외에서 계속됐습니다. 따라서 기업에게는 높은 수익이 보장되었지만, 노동자들에게는 좋을 게 없었습니다.

그와 더불어 경제의 금융화가 본격적으로 시작됐습니다. 금융기관들이 엄청나게 성장했고, 악순환이 시작되었습니다. 부가 금융 부문에 집중되었습니다. 선거비용도 급격하게 치솟아 정치 지도자들이 부유한 후원자들의 주머니, 특히 금융기관에 더욱 의존할 수밖에 없었습니다.

공직에 당선된 정치인들이 후원자에게 보상하는 건 당연했습니다. 따라서 정치인들은 월스트리트에 유리한 정책들을 법제화했습니다. 규제 완화와 감세, 기업 지배구조와 관련된 규율의 완화 및 그 밖의 조치들로 부의 집중이 더욱 가속화되었고, 악순환은 더욱 심화되었습니다. 이런 새로운 정책들은 금융 위기로 이어졌습니다. 뉴딜 법안들이 제자리를 잡던 초기와는 완전히 달랐습니다. 당시에는 금융 위기라고는 없었습니다. 레이건이 집권한 초기부터, 위기가 닥칠 때마다 그 파급력은 더욱 커졌고, 결국에는 2008년의 붕괴에 이르렀습니다. 정부는 월스트리트 금융기관의 덩치가 너무 커서 방치할 수 없다고 판단한 끝에 다시 금융기관들을 구원하러 나섰습니다. 이처럼 정부라는 든든한 보험이 있기 때문에, 금융회사들이 위험을 우습게 생각하는 것입니다. 물론 금융기관의 경영자들은 대단한 거물들이어서 감옥에 보내지 못했습니다.

오늘날, 지난 30년 동안 탐욕과 속임수로 막대한 부를 축적한 국민 1퍼센트, 그중에서도 10퍼센트에게는 모든 것이 더없이 좋은 시절이었습니다. 반면에 대다수 국민의 실질임금은 지난 30년 동안 거의 정체됐거나 줄었습니다.

2005년 시티그룹—정부의 구제금융에 의해 다시 살아났습니다—은 투자자들을 위한 책자*를 발간하며, 투자자들에게 '플루토노미** 지수'에 투자하라고 역설했습니다. 플루토노미 지수는 부자들의 구미에 맞는 기업들의 주식을 가리킵니다. 시티그룹은 자신들이 선정한 플루토노미 지수가 1980년대 중반, 즉 레이건-대처 체제가 완전히 자리 잡은 때부터 수익률에서 주식시장의 평균을 훌쩍 넘어섰기 때문에 마땅히 플루토노미 지수에 투자해야 한다고 투자자들을 꼬드겼습니다.

시티그룹은 "세계가 두 블록, 즉 플루토노미와 나머지로 나뉘고 있다"며 "미국과 영국과 캐나다가 핵심 플루토노미, 즉 경제가 부자에 의해 굴러가는 국가"라고 요약했습니다.

부자가 아닌 사람들은 간혹 '프레카리아트precariat'라고 불립니다. 사회의 변방periphery에서 불안정한 삶을 살아가는 사람이란 뜻입니다. 하

---

* 'Plutonomy: Buying Luxury, Explaining Global Imbalances(플루토노미: 사치품을 사라. 세계의 불균형을 설명한다)'라는 제목의 책자였다.

** Plutonomy. 부유층을 의미하는 플루토크라트plutocrat와 경제를 뜻하는 이코노미economy를 합친 말로 부유층에 부가 집중된 소득 불균형 상태를 뜻한다.

지만 이 '변방'은 미국, 또 다른 나라들에서도 인구의 상당 부분을 차지하게 되었습니다.

지금 세계가 플루토노미와 프레카리아트로 나뉘고 있는 건 사실입니다. '점령하라' 운동의 표현을 빌면, 1퍼센트와 99퍼센트로 나뉘고 있습니다. 정확한 수치는 아니겠지만, 현 상황을 적절히 표현한 숫자입니다.

미래에 대한 국민의 자신감이 완전히 사라졌다는 사실은 현재의 추세가 달라지지 않을 거라는 자포자기가 반영된 결과입니다. '점령하라' 운동은 현재의 상황을 되돌릴 수 있는 최초의 민중 운동입니다.

지금까지 나는 국내 문제에 한정해서 말했지만, 국제 세계에서는 모든 것을 압도하는 두 가지 무척 위험한 개발이 진행되고 있습니다. 이 때문에 인류 역사상 처음으로 인간의 생존이 실질적으로 위협받는 처지가 되었습니다. 첫째로는 1945년 이후로 계속된 핵무기의 위협입니다. 지금까지 이 문제가 터지지 않았다는 것만도 거의 기적입니다. 그런데 오바마 정부와 그 동맹국들의 정책 때문에 핵무기의 위협이 더욱 높아졌습니다.

물론 다른 하나는 환경 재앙입니다. 실질적으로 모든 나라가 환경 재앙을 막기 위해서 불완전하나마 긍정적인 방향으로 노력하고 있습니다. 그런데 미국은 오히려 환경 재앙을 촉진하는 조치들을 취하고 있습니다. 이런 현상은 기후변화가 진보주의자들의 속임수에 불과하다고 국민을 설득하는 대규모 프로파간다 작전과 밀접한 관계가 있습니다. 기업계는 공개적으로 "왜 그런 과학자들의 쓸데없는 말에 귀를 기울이는가?"라고 반문하지 않습니까. 게다가 공화당 의원들은 닉슨 행정부가 부족하게나마 힘들게 제정한 환경보호법들을 하나씩 해체하고 있습니다. 1970년대에 경제구조가 바뀐 이후로 권력 구조가 어떻게 퇴보했는지 보여주는 극명한 사례가 아닐 수 없습니다. 세계에서 가장 강력하고 부유한 나라에서 이런 반환경적인 행태가 계속된다면, 환경 재앙은 피할 수 없을 것입니다.

당장에 획기적인 대책이 세워져서 헌신적이고 지속적인 방법으로 추진되어야 합니다. 어떤 일이든 시작해서 지속적으로 끌고 가기는 쉽지 않습니다. 어려움이 있을 것이고, 당연히 실패도 있을 것입니다. 그런 힘든 과정을 피해갈 수는 없습니다. 하지만 미국에서, 또 세계 각지에서 지금 일어나고 있는 변화가 계속되지 않는다면, 그래서 사회와 정치에서 주된 세력으로 성장하지 못한다면, 바람직한 미래가 열릴 가능성은 그다지 높지 않습니다.

민중의 적극적이고 대대적인 지지가 없으면, '점령하라' 운동의 힘만으로는 의미 있는 결실을 이루어낼 수 없을 것입니다. 나라 곳곳으로 달려가, 국민들에게 '점령하라' 운동에 대해 알려야 합니다. 또 그들이 무엇을 할 수 있는지, 그들이 아무 행동도 취하지 않는다면 어떤 결과가 닥칠지에 대해서도 알려야 합니다. 이런 기반을 조직화하기 위해서는 교육과 정치적 목적을 띤 행동이 있어야 합니다. 특히 교육은 단순히 사람들에게 무엇을 믿으라고 주장하는 것이 아닙니다. 그들로부터 배우고, 그들과 함께 배우는 것입니다.

카를 마르크스는 "우리에게 주어진 과제는 세상을 이해하는 데 그치지 않고 세상을 변화시키는 것"이라는 유명한 말을 남겼습니다. 이와 관련해서 또 하나 잊지 말아야 할 것은, 세상을 변화시키려 한다면, 세상을 제대로 이해하려는 노력이 있어야 한다는 것입니다. 세상을 이해하려는 건 단순히 강연을 듣고 책을 읽으라는 뜻이 아닙니다. 물론 강연과 책이 때로는 도움이 되겠지만, 세상을 이해하라는 건 참여를 통해 배우라는 뜻입니다. 다른 사람들에게서 배워야 합니다. 우리가 조직화하려는 민중에게도 배워야 합니다. 미래로 나아갈 방법을 계획해서 실행하기 위해서는 세상을 경험하고 이해할 수 있어야 합니다.

'점령하라' 운동에서 가장 흥미로운 점은 장소에 구애받지 않고 어디에서나 연대를 구축한다는 것입니다. 그런 연대가 유지되고 확대될 수 있다면, '점령하라' 운동은 우리 사회를 한층 인간적인 방향으로 끌어가기 위한 헌신적인 노력으로 이어질 수 있을 것입니다.

2011년 10월 31일

민주주의란
무엇인가

민주주의란 무엇일까? 국민은 이런 의문을 정치학자나 지식인에게 물을 필요가 없다. 자기가 선호하는 이념에 사로잡혀 민주주의를 편향적으로 해석할 가능성이 있기 때문이다. 간단하게, 누구도 부인할 수 없는 국어사전을 찾아보면 된다. 국어사전에서 민주주의는 "국민이 권력을 가지고 그 권력을 스스로 행사하는 제도"라고 정의되어 있다. 과연 우리는 그 권력을 스스로 행사하고 있는가? 4년이나 5년마다 한 번씩 치르는 선거에서 그 권력을 행사하고 있는가? 투표율만을 말하는 것은 아니다. 마음에 맞는 후보가 없어 투표를 포기하고 있지는 않은가? 최선은 없으니 차선, 아니 차악을 선택하라는 프로파간다에 속고 있는 것은 아닌가? 각 정당에게 최선의 후보를 내놓으라고 압박해본 적이 있는가? 이런 의문들을 생각해볼 때 권력의 주인인 우리는 본래의 의무를 망각하고 좌우의 프로파간다에 속아 지낸 듯하다. 또 대통령도 탄핵 대상이 될 수 있고 모든 선출직 지차체 단체장을 소환하는 것이 가능한데도 현행법으로는 국회의원을 소환할 방법이 없다. 국회의원이 국민의 뜻을 정부에 요구할 수 있는 유일한 창구라면, 그들이 유권자의 대표가 아니라 대리인이란 의식을 갖도록 국회의원도 언제든 소환할 수 있어야 하지 않겠는가.

언론마다 국민의 뜻을 물었다는 여론조사를 발표하지만 결과만이 우리에게 주어진다. 여론조사 결과가 질문하는 방법에 따라 달라진다는 것은 상식이다. 그런데 질문을 어떻게 했는지 소개되는 경우는 거의 없다. 만약 "북한을 지원해야 한다고 생각하는가?"라는 막연한 질문이 아니라, "수해로 고통받는 북한 주민을 지원해야 한다고 생각하는가?" 혹은 "평양의 정권 유지를 위해 북한을 지원해야 한다고 생각하는가?"라고 물으면 결과가 어떻겠는가? 이런 의문을 제기하는 이유는 촘스키가 이 책에서 워싱턴의 정책이 미국민의 민의를 무시하는 데서 반미 감정이 세계 전역에서 들불처럼 확산된다고 지적하기 때문이다.

촘스키는 금융 자유화에 따른 빈부 격차의 확대도 문제라고 말한다. 우리가 1997년 이후에 경험했던 현상들이 미국에서는 2007~2008년의 금융 위기 이후에 고스란히 재현되었다. 납세자, 결국 국민의 돈으로 기사회생한 금융기관이 더욱 대형화되었고 돈잔치를 벌였지만, 그 사이에 많은 노동자는 일자리를 잃었다.

이런 문제를 해결할 방법은 하나뿐이다. 권력의 주인인 우리가 4년 혹은 5년마다 한 번씩이 아니라 매일 권력을 행사할 수 있어야 한다. 국민이 권력의 진정한 주인이 되어 인간다운 삶을 살기 위한 방법이 무엇일까? 해답은 간단하다. '참여'이다. 그렇다고 모든 것을 일순간에 뒤집는 혁명을 하자는 것은 아니다. 개혁이 반복되면 처음의 모습과 완전히 다른 세상을 이루어낼 수 있다. 개혁에는 전제조건이 있다. 세상이 어떻게 돌아가는지 제대로 이해하려는 노력이 있어야 한다는 것이다. 시위에 참석하거나 강연을 듣고 책을 읽는 것도 도움이 되겠지만 참여를 통해서 배워야 한다. 이념의 스펙트럼을 넓혀 민중이라는 우리 주변 사람들이 무엇을 원하고 어떤 생각을 하는지 배워야 한다. 그래야 선거 때마다 우리를 찾아와 무엇을 해주겠다고 공약하는 정치인들에게 우리 요구를 먼저 듣고, 그 요구를 어떻게 해결할 것인지에 대한 대답을 줄 것을 강요할 수 있지 않겠는가? 특히 각 정당이 진정으로 오픈 프라이머리를 한다면, 이 과정을 거쳐 우리가 차선이나 차악이 아닌 최선의 후보를 선택할 수 있지 않겠는가? 오픈 프라이머리 현장에서 후보자들의 일방적인 연설을 듣는 데 그치지 않고, 현장에 참여한 유권자들이 그들에게 질문하고 대답을 듣는 형식이 가능할 수 있을까? 시간이 없어서 불가능하다, 질서 정연한 진행을 위해서 불가능하다……. 이런 생각 자체가 권력의 주체인 국민을 무시하려는 태도가 아닐까? 이런 꿈이 실현된다면 우리가 국민으로서 권력을 행사하는 진정한 민주주의를 완성해갈 수 있을 것이다.

충주에서
강주헌

찾아보기